철학용어 도감

다나카 마사토 지음 | 사이토 테츠야 편집·감수 | 김선숙 옮김

 BM 성안당

차 례

이 책의 사용법 ---------------------------------- 012

중국 철학

▶연표
중국 철학자 -------------------------------------- 016

▶인물 소개
공자 l 노자 --------------------------------------- 018
손자(손무) l 묵자 --------------------------------- 019
장자 l 맹자 --------------------------------------- 020
추연 l 소진 --------------------------------------- 021
장의 l 허행 --------------------------------------- 022
공손룡 l 순자 ------------------------------------- 023
한비자 l 동중서 ----------------------------------- 024
주자(주희) l 왕양명 ------------------------------- 025

▶용어 해설
중국 철학 --- 026
제자백가 ----------------------------- 공자 등 ---------- 028
유가 l 유교 --------------------------- 공자 등 ---------- 030
인 l 예 ------------------------------- 공자 ------------ 032
덕치주의 ----------------------------- 공자 ------------ 034
도(道) -------------------------------- 공자 ------------ 035
《논어》 ------------------------------- 공자 ------------ 036
성선설 -------------------------------- 맹자 ------------ 038
오륜오상 ----------------------------- 맹자 ------------ 040
인의 ---------------------------------- 맹자 ------------ 042
대장부 -------------------------------- 맹자 ------------ 043
왕도(정치) ---------------------------- 맹자 ------------ 044
역성혁명 ----------------------------- 맹자 ------------ 045
성악설 -------------------------------- 순자 ------------ 046
예치주의 ----------------------------- 순자 ------------ 048
묵가 ----------------------------- 묵자 등 ------------- 049

겸애-------------------------------- 묵자 ----------- **050**

비공-------------------------------- 묵자 ----------- **052**

병가-------------------------------- 손자 등 --------- **054**

명가-------------------------------- 공손룡 등 ------- **056**

음양가------------------------------ 추연 등 --------- **058**

종횡가------------------------------ 소진 등 --------- **059**

법가-------------------------------- 한비자 등 ------- **060**

법치주의---------------------------- 한비자 --------- **061**

도가 | 도교-------------------------- 노자 등 --------- **062**

도(타오)---------------------------- 노자 ----------- **064**

큰 도가 사라지자 인의가 나왔다 ------- 노자 ----------- **066**

무위자연---------------------------- 노자 ----------- **067**

상선은 물과 같다 -------------------- 노자 ----------- **068**

유약겸하---------------------------- 노자 ----------- **070**

절학무우---------------------------- 노자 ----------- **072**

지족-------------------------------- 노자 ----------- **073**

소국과민---------------------------- 노자 ----------- **074**

노장사상---------------------------- 장자 등 --------- **076**

나비의 꿈--------------------------- 장자 ----------- **077**

만물제동---------------------------- 장자 ----------- **078**

조삼모사---------------------------- 장자 ----------- **079**

무용지용---------------------------- 장자 ----------- **080**

소요유------------------------------ 장자 ----------- **081**

심재좌망---------------------------- 장자 ----------- **082**

사서오경---------------------------- 주자 등 --------- **084**

주자학------------------------------ 주자 ----------- **086**

이기이원론-------------------------- 주자 ----------- **088**

성즉리------------------------------ 주자 ----------- **090**

거경궁리---------------------------- 주자 ----------- **092**

격물치지---------------------------- 주자 ----------- **094**

양명학------------------------------ 왕양명 --------- **095**

심즉리------------------------------ 왕양명 --------- **096**

양지-------------------------------- 왕양명 --------- **098**

지행합일---------------------------- 왕양명 --------- **099**

일본 철학

▶연표

일본 철학자--**102**

▶인물 소개

니시 아마네 ┃ 니시다 기타로 --**104**

스즈키 다이세츠 ┃ 다나베 하지메----------------------------------**105**

구키 슈조 ┃ 와츠지 데츠로 ---**106**

미키 기요시 ┃ 도사카 준 --**107**

▶용어 해설

일본 철학--**108**

순수 경험------------------------------------- 니시다 기타로 -----**110**

주객미분------------------------------------- 니시다 기타로 -----**112**

선--- 니시다 기타로 -----**114**

술어적 논리---------------------------------- 니시다 기타로 -----**116**

장소적 논리---------------------------------- 니시다 기타로 -----**118**

절대무--- 니시다 기타로 -----**120**

절대 모순적 자기 동일-------------------- 니시다 기타로 -----**122**

참회도--- 다나베 하지메 -----**124**

구상력--- 미키 기요시 -------**126**

이키-- 구키 슈조 ---------**128**

우연-- 구키 슈조 ---------**129**

자연-- 구키 슈조 등 ------**130**

풍토-- 와츠지 데츠로 -----**132**

관계적 존재---------------------------------- 와츠지 데츠로 -----**134**

무분별지-------------------------------------- 스즈키 다이세츠 ---**136**

묘호인--- 스즈키 다이세츠 ---**138**

대륙 철학

▶연표

대륙 철학자--- **142**

▶인물 소개

앙리 베르그송 I 발터 벤야민 ----------------------------- **144**
조르주 바타유 I 한스 게오르그 가다머 --------------------- **145**
자크 라캉 I 테오도르 아도르노 --------------------------- **146**
롤랑 바르트 I 루이 알튀세르 ---------------------------- **147**

▶용어 해설

대륙 철학-- **148**
이마주------------------------------- 베르그송 --------- **150**
순수 지속---------------------------- 베르그송 --------- **152**
엘랑 비탈---------------------------- 베르그송 --------- **154**
소진-------------------------------- 바타유 ---------- **156**
에로티시즘--------------------------- 바타유 ---------- **158**
부정변증법--------------------------- 아도르노 --------- **160**
아우라------------------------------ 벤야민 ---------- **162**
파사주론---------------------------- 벤야민 ---------- **164**
지평-------------------------------- 가다마 ---------- **166**
거울상 단계-------------------------- 라캉 ------------ **168**
상상계 I 상징계 ----------------------- 라캉 ------------ **170**
현실계------------------------------ 라캉 ------------ **172**
에크리튀르--------------------------- 바르트 ---------- **174**
신화 작용---------------------------- 바르트 ---------- **176**
저자의 죽음-------------------------- 바르트 ---------- **178**
인식론적 단절------------------------ 알튀세르 --------- **180**
중층적 결정-------------------------- 알튀세르 --------- **182**
국가의 이데올로기 장치----------------- 알튀세르 --------- **184**

영미 철학(분석 철학)

▶연표

영미 철학자-- **188**

▶인물 소개

찰스 샌더스 퍼스 | 윌리엄 제임스----------------------------- **190**

존 듀이 | 고틀로프 프레게 --------------------------------- **191**

알프레드 노스 화이트헤드 | 존 맥타가트 ------------------- **192**

버트런드 러셀 | 조지 에드워드 무어 ------------------------ **193**

알베르트 아인슈타인 | 루트비히 비트겐슈타인 ------------- **194**

루돌프 카르나프 | 길버트 라일 --------------------------- **195**

칼 포퍼 | 윌러드 밴 오먼 콰인------------------------------ **196**

앨프리드 에이어 | 로버트 킹 머튼 ------------------------- **197**

존 오스틴 | 앨런 튜링 ----------------------------------- **198**

도널드 데이비슨 | 리처드 마빈 헤어------------------------- **199**

J. J. C. 스마트 | 존 롤스 ------------------------------- **200**

토마스 쿤 | 파울 파이어아벤트 --------------------------- **201**

힐러리 퍼트남 | 해리 G. 프랭크퍼트---------------------- **202**

리처드 로티 | 존 설 ------------------------------------- **203**

토마스 네이글 | 로버트 노직 ----------------------------- **204**

솔 크립키 | 데이비드 루이스 ----------------------------- **205**

폴 처칠랜드 | 대니얼 데닛 ------------------------------- **206**

네드 블록 | 피터 반 인와겐 ------------------------------ **207**

프랭크 잭슨 | 피터 싱어 --------------------------------- **208**

앨런 데이비드 소칼 | 데이비드 차머스 ------------------- **209**

▶용어 해설

영미 철학(분석 철학)--- **210**

⊙ 프래그머티즘

프래그머티즘---------------------------- 퍼스 등 ---------- **214**

오류가능주의 ---------------------------- 퍼스 ----------- **216**

애브덕션---------------------------------- 퍼스 ----------- **218**

진리의 유용성----------------------------- 제임스 --------- **220**

도구주의 ---------------------------------- 듀이 ---------- **222**

보증된 주장 가능성 ---------------------- 듀이 ------------ **224**
창조적 지성 ---------------------------- 듀이 ------------ **226**

⊙ 언어 철학과 과학 철학

(언어) 분석 철학 ------------------------- 비트겐슈타인 등 ---- **230**
의미 --------------------------------- 프레게 ---------- **232**
문장(명제) ---------------------------- 프레게 ---------- **234**
의의 --------------------------------- 프레게 ---------- **236**
기술 이론 ----------------------------- 러셀 ------------ **238**
그림 이론 ----------------------------- 비트겐슈타인 ----- **240**
언어 게임 ----------------------------- 비트겐슈타인 ----- **242**
가족 유사성 --------------------------- 비트겐슈타인 ----- **244**
과학 철학 ----------------------------- 카르나프 등 ------ **246**
논리실증주의 -------------------------- 카르나프 등 ------ **248**
반증 가능성 --------------------------- 포퍼 ------------ **250**
홀리즘(전체론) ------------------------- 콰인 ------------ **252**
자연주의 ----------------------------- 콰인 등 --------- **254**
경험주의의 두 도그마 -------------------- 콰인 ----------- **256**
번역의 불확정성 ----------------------- 콰인 ----------- **258**
네오프래그머티즘 ---------------------- 콰인 등 --------- **260**
과학적 실재론 I 반실재론 ----------------- 퍼트남 등 ------- **262**
기적 논법 I 비관적 귀납법 ---------------- 퍼트남 등 -------- **263**
패러다임 ----------------------------- 쿤 -------------- **264**
신과학 철학 --------------------------- 쿤 등 ---------- **266**
지의 아나키즘 ------------------------- 파이어아벤트 ----- **268**
반기초주의 --------------------------- 로티 ------------ **270**
언어 행위론 -------------------------- 오스틴 ---------- **272**

⊙ 마음의 철학

마음의 철학 -------------------------- 라일 등 --------- **276**
실체 이원론 I 성질 이원론 ---------------- 데카르트 등 ------ **278**
물리주의 ----------------------------- 라일 등 --------- **280**
기계 속의 유령 ----------------------- 라일 ----------- **282**
카테고리 오류 ------------------------- 라일 ----------- **283**
행동주의 ----------------------------- 라일 등 --------- **284**
동일설 ------------------------------- 스마트 ---------- **286**

유형 동일설 | 토큰 동일설 ----------------- 데이비슨 등 ------ **288**

기능주의------------------------------ 퍼트남 등 -------- **290**

컴퓨터 기능주의 | 블랙박스 기능주의------------ 퍼트남 등 -------- **292**

튜링 테스트----------------------------- 튜링-------- **294**

소거주의------------------------------- 처칠랜드---------- **296**

데카르트 극장--------------------------- 데닛----------- **298**

현상적 의식---------------------------- 차머스 등 -------- **300**

퀄리아 ------------------------------- 차머스 등 -------- **302**

수반 현상설---------------------------- 잭슨 등 --------- **304**

마리의 방----------------------------- 잭슨---------- **306**

철학 좀비----------------------------- 차머스 --------- **308**

자연주의적 이원론----------------------- 차머스 --------- **309**

중국 인민 ----------------------------- 블록 ----------- **310**

중국어 방----------------------------- 설 ---------- **311**

생물학적 자연주의----------------------- 설 ---------- **312**

박쥐가 된다는 것은 어떤 것일까?------------- 네이글 ---------- **314**

⊙ **윤리학**

(현대) 윤리학 -------------------------- 무어 등 ---------- **318**

직관주의------------------------------- 무어 ----------- **320**

정동주의------------------------------- 에이어 ---------- **322**

지령주의------------------------------- 헤어 ----------- **324**

비인지주의----------------------------- 헤어 등 --------- **325**

리버럴리즘----------------------------- 롤스 ----------- **326**

동물의 권리---------------------------- 싱어 ----------- **328**

생명 윤리 | 환경 윤리--------------------- 싱어 등 --------- **330**

⊙ **형이상학**

(현대) 형이상학 ------------------------ 퍼트남 등 -------- **334**

통 속의 뇌----------------------------- 퍼트남 ---------- **336**

경험 기계----------------------------- 노직 ----------- **337**

시간의 비실재성-------------------------- 맥타가트 --------- **338**

가능 세계----------------------------- 크립키 ---------- **340**

양상 실재론 --------------------------- 루이스 등 -------- **342**

스웜프맨----------------------------- 데이비슨 --------- **344**

결정론-------------------------------------- 데닛 등 ---------- 346
딱딱한 비양립론----------------------------- 인와겐 등 -------- 348

부록

역대 철학자--- 352

▶용어 해설

이데아--------------------------------- 플라톤 ----------- 356
나는 생각한다. 그러므로 나는 존재한다 -------------- 데카르트 ---------- 358
주관 | 객관------------------------------- 데카르트 ---------- 360
심신 이원론 ----------------------------- 데카르트 -------- 361
범신론----------------------------------- 스피노자 ---------- 362
영원의 상 아래에서---------------------------- 스피노자 -------- 364
물자체----------------------------------- 칸트 ----------- 366
도덕법칙--------------------------------- 칸트 ----------- 368
정언명법--------------------------------- 칸트 ----------- 369
변증법----------------------------------- 헤겔 ----------- 370
공리주의 --------------------------------- 벤 무 ----------- 372
쾌락 계산--------------------------------- 벤담 ----------- 373
최대 다수의 최대 행복 --------------------------- 벤담 ----------- 374
생산관계--------------------------------- 마르크스 ---------- 375
(노동의) 소외 ------------------------------ 마르크스 ---------- 376
상부 구조 | 하부 구조--------------------------- 마르크스 -------- 377
무의식----------------------------------- 프로이트 ---------- 378
에스 | 자아 | 초자아-------------------------- 프로이트 ---------- 379
현상학----------------------------------- 후설 ----------- 380
실존주의--------------------------------- 키르케고르 -------- 382
실존은 본질에 앞선다----------------------------- 사르트르 ---------- 383
언어의 자의성----------------------------- 소쉬르 ---------- 384
구조주의--------------------------------- 레비스트로스 ------ 386

주요 참고 문헌 --- 388
색인 -- 393

이 책의 사용법

이 책은 '중국 철학' '일본 철학' '대륙 철학' '영미 철학(분석 철학)'으로 구성되어 있다. 중국 철학은 제자백가라 불리는 학자들의 사상을 중심으로 소개한다. 일본 철학은 일본에 철학이라는 말이 처음 생겨난 메이지 시대 이후의 철학을 소개한다. 대륙 철학에서는 대륙 철학자 베르그송 등 8명의 철학자를 소개한다. 이 책에서는 대륙 철학과 같은 20세기에 생겨난 영미 철학(분석 철학)을 자세하게 소개한다.

인물 소개 페이지

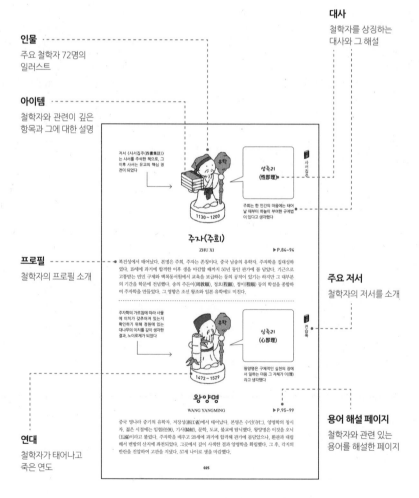

인물
주요 철학자 72명의
일러스트

아이템
철학자와 관련이 깊은
항목과 그에 대한 설명

프로필
철학자의 프로필 소개

연대
철학자가 태어나고
죽은 연도

대사
철학자를 상징하는
대사와 그 해설

주요 저서
철학자의 저서를 소개

용어 해설 페이지
철학자와 관련 있는
용어를 해설한 페이지

이 책은 어느 페이지부터 봐도 상관없지만, 각 장의 앞부분에 설명된 용어는 뒷부분에도 나오기 때문에, 각 장의 첫 부분부터 읽는 것이 내용 이해에 도움이 될 것이다. 이 책을 용어 사전처럼 사용할 경우에는, 권말 색인을 보면 편리하다. 용어는 해당 페이지뿐만 아니라 그 용어와 관련된 페이지도 훑어보면 더욱 이해하기 쉽다.

용어 해설 페이지

타이틀 용어
150개 이상의 주요
철학 용어를 소개

데이터
[의미] 용어의 의미를 알기 쉽게 한 문장으로 설명
[사례] 어떤 범주나 그룹에 들어가는 구체적인 예
[대의어] 이 용어와 대립하는 개념이나 사상을 소개
[문헌] 등장하는 용어를 중점적으로 다룬 문헌
[관련] 관련된 타이틀 용어
[메모] 용어를 더 쉽게 이해하는 데 필요한 유용한 정보

관련 인물 소개
페이지
관련 인물이 소개되어
있는 페이지

관련 인물
타이틀 용어와 관련있
는 철학자 일러스트

해설
타이틀 용어를 설명

기타 중요 용어
타이틀 용어와 다른
철학 용어. 중요도는
타이틀 용어와 동일

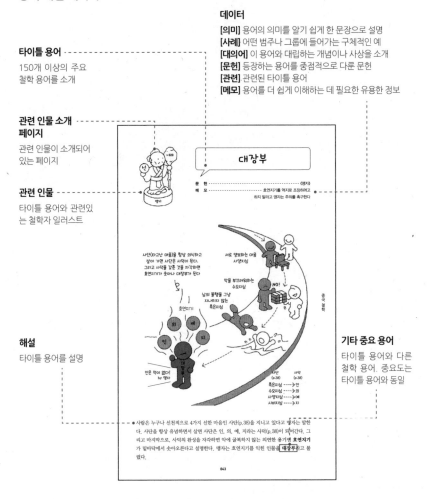

중국 철학

중국 철학자

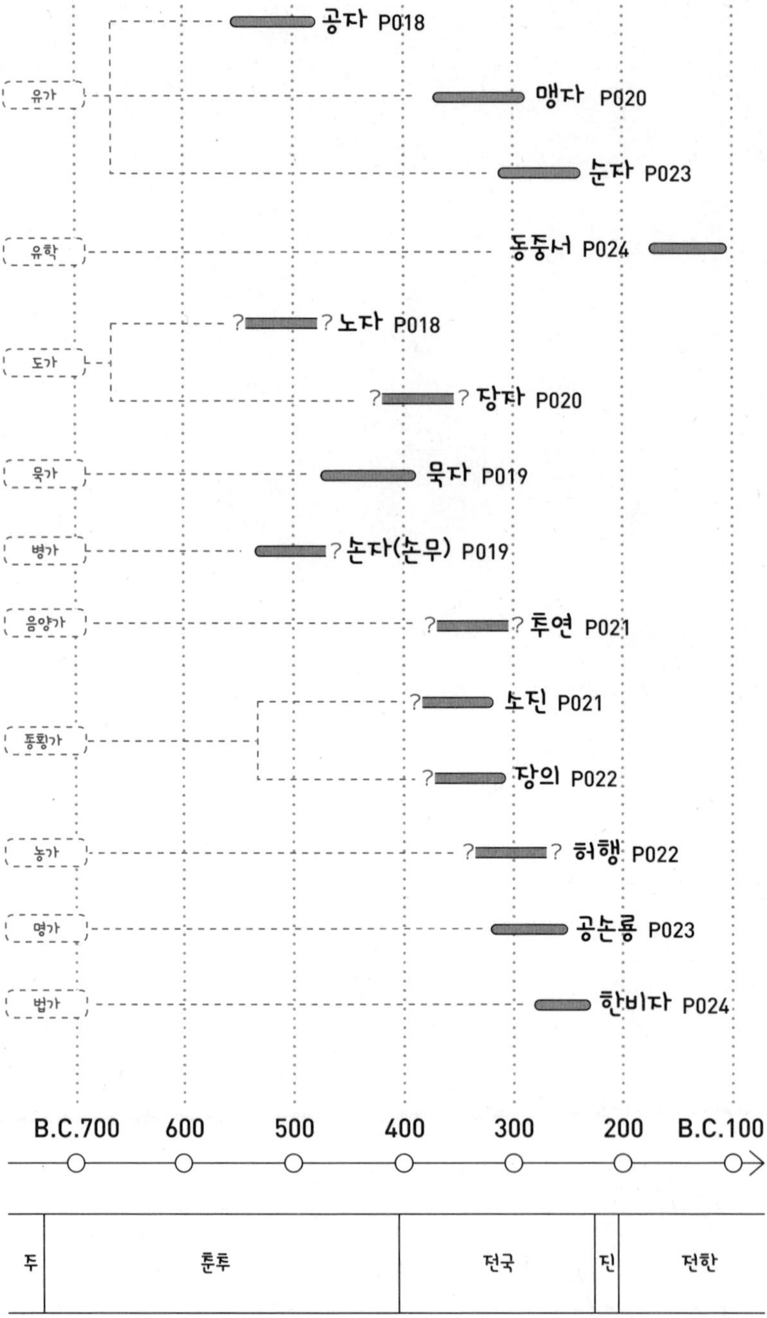

유가	공자 P018
	맹자 P020
	순자 P023

유학　　동둥서 P024

| 도가 | ? 노자 P018 |
| | ? 장자 P020 |

묵가　　묵자 P019

병가　　? 손자(손무) P019

음양가　　? 투연 P021

| 종횡가 | 소진 P021 |
| | 장의 P022 |

농가　　? 허행 P022

명가　　공손룡 P023

법가　　한비자 P024

B.C.700　600　500　400　300　200　B.C.100

| 주 | 춘추 | 전국 | 진 | 전한 |

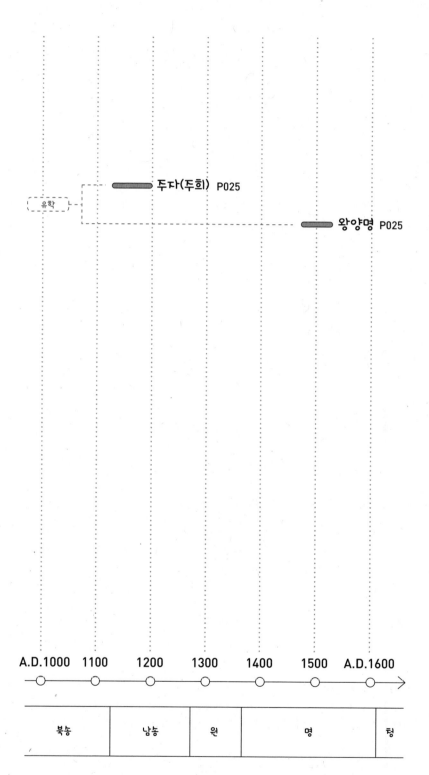

유학

주자(주희) P025

왕양명 P025

A.D.1000 1100 1200 1300 1400 1500 A.D.1600

북송	남송	원	명	청

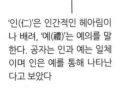

'인(仁)'은 인간적인 헤아림이
나 배려, '예(禮)'는 예의를 말
한다. 공자는 인과 예는 일체
이며 인은 예를 통해 나타난
다고 보았다

BC552~BC479

배우기만 하고
생각하지 않으면
얻는 것이 없고,
생각만 하고
배우지 않으면
위태롭다

《논어》의 한 구절. 지식과 생각이
어느 한쪽으로 치우쳐서는 안 된
다는 말이다

공자
KONGZI
▶ P.28~36

춘추 시대의 사상가. 유교의 시조. 이름은 구(丘), 자는 중니(仲尼). 노나라의 창평향(昌平鄉) 추
읍(鄒邑), 지금의 산둥성 취푸(曲阜)에서 태어났다. 50대에 노나라의 정치 개혁에 참여했으나
실패했다. 그 후 제자와 함께 여러 나라를 돌아다니며 정치에 참여하려고 했으나 관직을 얻지
는 못했다. 만년에는 노나라에 돌아와 제자 교육과 저술에 전념했다. 73세 나이로 생을 마감했
다. 후에 제자들이 공자의 말을 어록 형식으로 기록한 《논어》가 현재 전해진다.

주나라의 쇠퇴에 낙담한 노
자는 소를 타고 서방으로 떠
났다

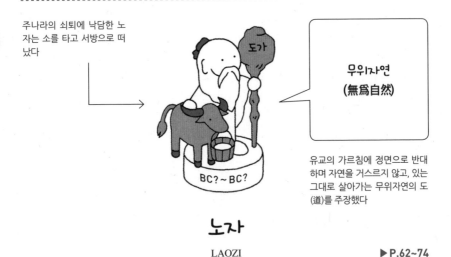

BC?~BC?

무위자연
(無爲自然)

유교의 가르침에 정면으로 반대
하며 자연을 거스르지 않고, 있는
그대로 살아가는 무위자연의 도
(道)를 주장했다

노자
LAOZI
▶ P.62~74

도가의 시조라 할 수 있는 전국 시대의 사상가. 사마천의 《사기(史記)》에 의하면 공자와 동시대
인물이며, 성은 이(李), 이름은 이(耳), 자는 담(聃)이다. 주나라에서 황실의 도서관장을 지냈다
고 하지만, 실재를 의심하는 설도 있어, 많은 부분이 수수께끼에 싸여 있다. 《노자》《도덕경(道
德經)》가 쓰여진 시기도 분명치 않아 현재 연구가 진행되고 있다.

《손자병법》에는 '싸우지 않고 상대를 굴복시키는 것이 진정한 승리다'라는 유명한 구절이 있다. 손무는 싸우지 않고 이기는 승리를 최선의 전략이라고 생각했다

상대를 알고 나를 알면 백 번 싸워도 위태롭지 않다

병가

BC535~BC?

《손자병법》에는 정보전이나 스파이의 중요성을 반복해서 주장한다. 적의 정보를 수집하는 것이 바로 승리의 원칙이라는 것이다

손자(손무)

SUNZI

▶P.54

제나라에서 태어났다. 본명은 손무(孫武). 춘추 시대의 무장이자 전략가이다. 오나라 합려왕의 군사(軍師)로 기용된 후 많은 공적을 세웠다. 그의 저서 《손자병법》은 오늘날까지 경영자들의 애독서로 널리 읽히고 있다. 사마천의 《사기(史記)》 손자열전에는 손무의 자손이라 하는 손빈(孫臏)이 등장한다. 손빈은 제나라 위왕(衛王)에게 등용된 병법가로 병법서를 남겼으며, 사마천은 각각을 오손자병법(吳孫子兵法), 제손자병법(齊孫子兵法)으로 나누었다.

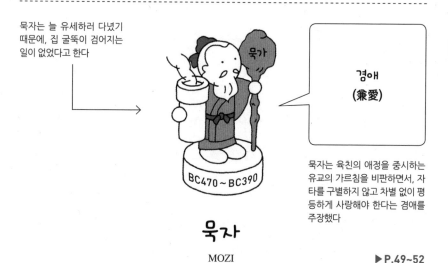

묵자는 늘 유세하러 다녔기 때문에, 집 굴뚝이 검어지는 일이 없었다고 한다

겸애
(兼愛)

묵가

BC470~BC390

묵자는 육친의 애정을 중시하는 유교의 가르침을 비판하면서, 자타를 구별하지 않고 차별 없이 평등하게 사랑해야 한다는 겸애를 주장했다

묵자

MOZI

▶P.49~52

제자백가의 하나인 묵가의 시조. 전국 시대 초기의 사상가. 성이 묵(墨)이고 이름은 적(翟)이다. 묵(墨)이란 먹물로 살 속에 글씨나 그림을 새겨 넣는 형벌을 뜻하기 때문에, 묵자(墨子)는 수형자를 의미한다는 설도 있다. 신분에 대해서도 여러 설이 있으나, 수공업자 출신으로 보는 견해가 많다. 그의 행적은 분명하지 않지만, 노나라에서 태어나서 송나라를 섬겼다고 한다. 유가와는 대조적으로 예악(禮樂)을 경시하고 노동과 절약을 존중했다.

《장자》에는 '나비의 꿈'이라는 우화가 기록되어 있다. 장자가 꿈에 나비가 되었으나, 깨어 보니 자신이 꿈에서 나비가 된 것인지, 나비가 꿈에서 자신이 된 것인지 알 수 없었다. 어느 쪽이든 상관없다는 것이 장자의 생각이다

만물제동
(萬物齊同)

선악이나 시비 등의 구별은 인위적인 것이며, 도(道)라는 입장에서 보면 만물의 가치는 모두 동일하다는 의미이다

장자
ZHUANGZI   ▶ P.76~82

노자와 함께 도가를 형성한 사상가. 성은 장(莊). 이름은 주(周). 정확한 생몰 연대는 미상이나 《사기》에 따르면 송나라 몽읍(蒙邑)에서 태어나 기원전 4세기 말에서 3세기 초에 걸쳐 맹자와 동시대에 활약한 것으로 전해진다. 일반적으로 노자 사상의 계승자로 여기고 있으나, 노자에 관해서는 실재 여부를 포함해 의문스러운 점이 많고 그 계승 관계도 확실하지 않다.

- -

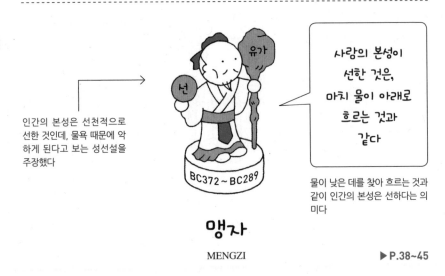

인간의 본성은 선천적으로 선한 것인데, 물욕 때문에 악하게 된다고 보는 성선설을 주장했다

사람의 본성이 선한 것은, 마치 물이 아래로 흐르는 것과 같다

물이 낮은 데를 찾아 흐르는 것과 같이 인간의 본성은 선하다는 의미다

맹자
MENGZI   ▶ P.38~45

유가의 대표적인 사상가이자 교육가. 본명은 맹가(孟軻). 노나라 추(鄒, 현 산둥성 추현 동남)에서 태어났다. 공자의 손자인 자사(子思)의 제자로부터 공자의 가르침을 배우고 그 이상을 실현하기 위해 양, 제, 송, 노나라 등을 돌아다녔으나 좋은 결과는 얻지 못했다. 만년에는 고향에 돌아와 제자 교육과 저술에 전념했다. 그의 언행을 기록한 《맹자》는 《논어》 《중용》 《대학》과 함께 사서(四書)로서 유교의 경전이 되었다.

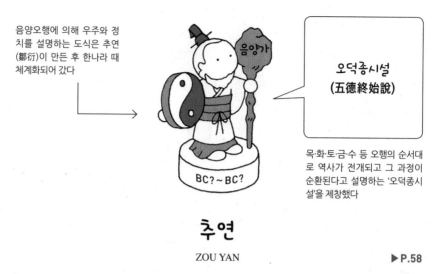

음양오행에 의해 우주와 정치를 설명하는 도식은 추연(鄒衍)이 만든 후 한나라 때 체계화되어 갔다

오덕종시설
(五德終始說)

목·화·토·금·수 등 오행의 순서대로 역사가 전개되고 그 과정이 순환된다고 설명하는 '오덕종시설'을 제창했다

추연
ZOU YAN

▶ P.58

전국 시대 중기부터 후기에 걸쳐 활약한 사상가로 음양오행설을 제창했다. 제나라에서 태어나 유생으로 각국의 군주에게 자신을 유세하고 다녔으나 받아들여지지 않았다. 음양 이론과 오행설을 조합한 우주 생성과 변화 이론을 제창했으며, 지리에도 관심을 보여 세계는 9개의 대륙(주)으로 되어 있다는 대구주설(적현신주설)을 주장했다. 태어나고 죽은 해는 알려져 있지 않다.

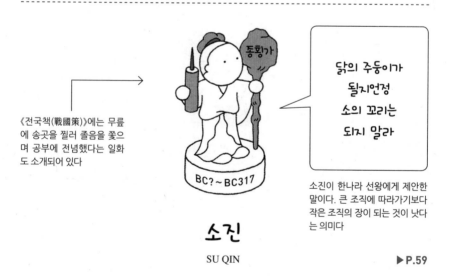

《전국책(戰國策)》에는 무릎에 송곳을 찔러 졸음을 쫓으며 공부에 전념했다는 일화도 소개되어 있다

닭의 주둥이가
될지언정
소의 꼬리는
되지 말라

소진이 한나라 선왕에게 제안한 말이다. 큰 조직에 따라가기보다 작은 조직의 장이 되는 것이 낫다는 의미다

소진
SU QIN

▶ P.59

중국 전국 시대의 정치가. 허난성(河南省) 뤄양(洛陽)에서 태어났다. 언변이 뛰어나 여러 군주를 섬기며 외교적 수완을 발휘한 종횡가의 한 사람이다. 진나라 혜문왕을 섬기려 했으나 실패로 끝난다. 그 후 진나라에 대항하여 한(韓)·위(魏)·조(趙)·연(燕)·초(楚)·제(齊)의 육국(六國)을 연합하는 합종(合從)에 성공했다. 여섯 나라의 재상이 되어 활약했지만 장의의 연횡책(連衡策)에 패해 실각하고 제나라에서 살해되었다. 이상과 같은 기록을 의심하는 견해도 많다.

종횡가는 교묘한 언변으로
전국 시대의 외교를 달렸다

"내 혀를 보시오.
아직 있소?
(視吾舌 尙在否)"

초나라에서 장의는 큰 옥구슬을
훔친 누명을 쓰고 매를 맞게 되었
다. 이를 보고 눈물을 흘리는 아
내에게 장의는 "혀가 아직 있는
냐"고 묻고는 "혀가 있으면 됐다"
고 말한다. 그 후 장의는 계속 유
세를 하고 다녔다

장의
ZHANG YI

▶ P.59

중국 전국 시대 위나라의 모사. 소진(蘇秦)과 함께 귀곡자 밑에서 언변과 외교를 배운 종횡가
다. 소진은 합종책을 지키기 위해 멀리서나마 장의를 지원하며 진나라의 공격을 막으려고 했
다. 하지만 장의는 진나라의 재상이 되자 각국을 유세하고 다니며 소진이 이뤄 놓은 합종책을
깨고 여섯 나라가 제각기 진나라와 동맹을 맺는 연횡책을 실현시켜 버린다. 이후 혜문왕을 이
은 무왕과는 뜻이 맞지 않아 몸의 안전을 위해 위나라로 피신했다.

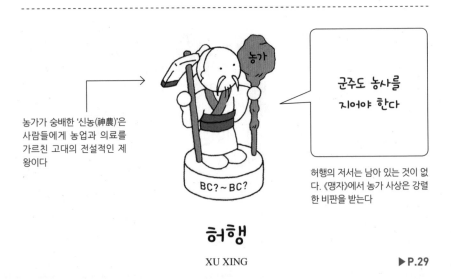

농가가 숭배한 '신농(神農)'은
사람들에게 농업과 의료를
가르친 고대의 전설적인 제
왕이다

군주도 농사를
지어야 한다

허행의 저서는 남아 있는 것이 없
다. 《맹자》에서 농가 사상은 강렬
한 비판을 받는다

허행
XU XING

▶ P.29

초나라에서 태어났다. 전국 시대의 제자백가 중 농가(農家)에 속한다. 《맹자》에는 허행이 등나
라(산둥성)에서 제자들과 함께 거친 베로 옷을 해 입고 논밭을 경작하며 집단생활을 했다고 나
와 있다. 고대 중국 신화의 제왕 신농의 가르침에 따라 군주와 신하가 평등하게 농경에 종사하
며 자급자족 생활을 해야 한다고 주장했다. 그리고 불법 폭리를 방지하기 위해 같은 양의 농작
물이나 물품은 같은 가격이 되도록 물가를 규제해야 한다고 주장했다.

백마비마설과 비슷한 논쟁으로 견백론이 있다. 단단한 흰 돌에 대해 단단하다는 것은 촉감으로 아는 것이고, 희다는 것은 시각으로 아는 것이기 때문에 단단함과 희다는 것을 동시에 인식할 수는 없다는 논리를 폈다

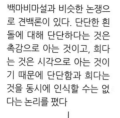

백마는 말이 아니다 (백마비마설)

색채를 명명한 백(白)과 말 마(馬)를 합친 존재는 단순한 말과 동일하지 않다는 백마비마설을 주장했다

공손룡
GONGSUN LONG
▶ P.56

전국 시대 말기의 제자백가 중 한 사람으로 명가를 대표하는 철학자. 조나라에서 태어났다. 연나라 소왕에게 비전(非戰)을 설득한 후, 조나라 혜문왕에게 반전과 겸애를 설득, 그의 동생이며 재상인 평원군에게 중용되었다. 하지만 후에 조나라에 온 음양가 추연과의 논쟁에 패해 평원군의 신뢰를 잃었다. 명가의 논리학적 언어론은 장자와 순자에게도 큰 영향을 주었다.

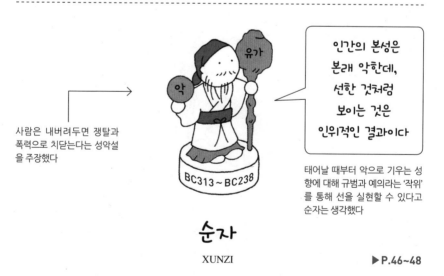

인간의 본성은 본래 악한데, 선한 것처럼 보이는 것은 인위적인 결과이다

사람은 내버려두면 쟁탈과 폭력으로 치닫는다는 성악설을 주장했다

태어날 때부터 악으로 기우는 성향에 대해 규범과 예의라는 '작위'를 통해 선을 실현할 수 있다고 순자는 생각했다

순자
XUNZI
▶ P.46~48

전국 시대 말기의 사상가. 이름은 황(況)이며, 자는 경(卿)이다. 조나라에서 태어나 고향에서 학문을 계속한 후 나이 50세 무렵에 제나라에 유학했다. 제나라에는 '직하(稷下)의 학'이라 불리는 학문 그룹이 있었는데 거기서 두각을 나타냈다. 후에 진나라를 방문하여 법치주의에 기초한 중앙 집권 체제를 눈으로 직접 확인했다. 초나라의 지방 장관을 지냈고, 사직 후에도 초나라에 머물며 교육과 저술에 전념했다. 진(秦)나라의 재상 이사(李斯)와 한비자(韓非子)가 그의 제자다.

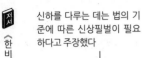

신하를 다루는 데는 법의 기준에 따른 신상필벌이 필요하다고 주장했다

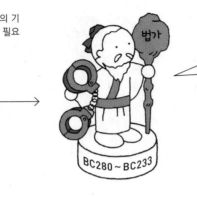

사랑이 많으면 법이 서지 않는다

조직의 우두머리가 부하에게 지나치게 애정을 쏟으면 법과 규칙의 운용이 적당히 되어 버리는 의미다

한비자

HAN FEIZI　　　　　　　▶ P.60~61

한나라의 서자 출신 공자로 이름은 한비이다. 순자 밑에서 유교를 배운 후, 진(秦)나라의 상앙(商鞅)과 신불해(申不害)의 법가 사상을 집대성해 《한비자》를 내놓았다. 한나라의 사자로서 진나라에 갔을 때, 《한비자》를 읽고 한비와 만나기를 갈망하고 있던 시황제는 한비를 등용하려고 했다. 하지만 자신의 지위가 위태로워질 것을 우려한 이사(李斯)의 중상모략으로 투옥되었고 옥중에서 독살당했다.

대단한 공부벌레로 3년 동안이나 정원에 나가지 않았고, 말을 타고 있을 때도 머릿속은 오직 공부밖에 없어 말이 수컷인지 암컷인지도 몰랐다고 한다

민중은 군자를 따르고, 군자는 하늘을 따른다

동중서는 하늘과 사람은 서로 영향을 주고받는다는 천인상관설(天人相關說)을 주장했다

동중서

DONG ZHONGSHU　　　　　　　▶ P.85

중국 전한(前漢)시대의 유학자. 허베이성(河北省)에서 태어났다. 일찍부터 유학의 한 학파인 《공양학(公羊學)》을 익혔으며 경제(景帝) 때는 박사가 되었다. 이어서 무제 시대에는 유교를 중국의 국교로 만들었다. 주요 경전을 오경(역경, 서경, 시경, 예기, 춘추)으로 정하고, 이를 가르치는 오경박사를 뒀다. 그 밖에도 인재 등용에서 토지 소유 규제까지 수많은 정책을 건의했다. 이후 중국의 통치 체제에 결정적인 영향을 주었다.

저서 《사서집주(四書集註)》
는 사서를 주석한 책으로, 그
이후 사서는 유교의 핵심 경
전이 되었다

성즉리
(性卽理)

주희는 한 인간의 마음에는 태어
날 때부터 하늘이 부여한 규제법
이 있다고 생각했다

1130~1200

주자(주희)

ZHU XI

▶ P.84~94

복건성에서 태어났다. 본명은 주희. 주자는 존칭이다. 중국 남송의 유학자. 주자학을 집대성하
였다. 19세에 과거에 합격한 이후 생을 마감할 때까지 50년 동안 관가에 몸 담았다. 기근으로
고통받는 빈민 구제와 백록동서원에서 교육을 보급하는 등의 공적이 있기는 하지만 그 대부분
의 기간을 학문에 전념했다. 송의 주돈이(周敦頤), 정호(程顥), 정이(程頤) 등의 학설을 종합하
여 주자학을 만들었다. 그 영향은 조선 왕조와 일본 유학에도 미친다.

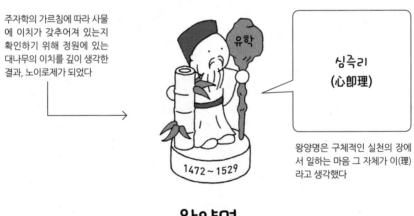

주자학의 가르침에 따라 사물
에 이치가 갖추어져 있는지
확인하기 위해 정원에 있는
대나무의 이치를 깊이 생각한
결과, 노이로제가 되었다

심즉리
(心卽理)

왕양명은 구체적인 실천의 장에
서 일하는 마음 그 자체가 이(理)
라고 생각했다

1472~1529

왕양명

WANG YANGMING

▶ P.95~99

중국 명나라 중기의 유학자. 저장성(浙江省)에서 태어났다. 본명은 수인(守仁). 양명학의 창시
자. 젊은 시절에는 임협(任俠), 기사(騎射), 문학, 도교, 불교에 탐닉했다. 왕양명은 이것을 오닉
(五溺)이라고 불렀다. 주자학을 배우고 28세에 과거에 합격해 관가에 몸담았으나, 환관과 대립
해서 변방의 산지에 좌천되었다. 그곳에서 깊이 사색한 결과 양명학을 확립했다. 그 후, 각지의
반란을 진압하여 고관을 지냈다. 57세 나이로 생을 마감했다.

중국 철학

'철학'이라는 용어는 PhilosoPhy에 대한 일본어가 없었기 때문에 메이지 시대 사상가
니시 아마네(西周 p.104)가 만들어낸 번역어이다. 그 후 중국은 일본을 경유해서 '철학'
이라는 번역어를 사용하게 되었다. 중국에도 사물의 원리를 묻는 사상이 오래전부터 있
었다. 그러나 서양과는 달리 철학(논리)과 종교를 명확하게 나누는 틀이 없었고, '종교'
라는 개념도 없었다.

예술

점술

습관

불법

학문

무도

선

중국, 일본의 사상
철학(논리)과 종교를 구별하는
틀이 없었다

철학(논리)

종교

서양의 사상
철학(논리)과 종교를 확실히
나누어 생각했다

생각하는 틀이 달라 서양의 개념인 '철학'을 중국 사상에 적용시키기는 원래 불가능하다.

그러나 중국에는 공자(p.18)나 노자(p.18) 등 일본에도 이루 헤아릴 수 없을 정도로 큰 영향을 준 제자백가(p.28)라 불리는 학자들이 존재했다. 그들의 말이나 사상은 서양과는 다른 스타일로 세계나 인간의 근원적인 모습에 대해 생각한 것이었다. 그것은 중국의 독자적인 '철학'이라고 할 수 있는 것이다.

중국 사상의 원류에는 제자백가 사상이 있다. 이 책에서는 제자백가 사상을 **중국 철학**으로 소개한다.

인
예

▶018

공자 등

제자백가

의　미 - - - - - - - - - - - - - - - - - - '제자(諸子)'란 여러 학자들이라는 뜻이고,
　　　　　　　　　　　　　　　　'백가(百家)'란 수많은 학파들을 의미한다

문　헌 - - - - - - - 유흠《칠략(七略)》, 반고《한서(漢書)》의《예문지(藝文志)》,
　　　　　　　　　　　　　　　　　　　　사마천《사기》

메　모 - - - - 《한서(漢書)》에는 189가가 있었다고 기록되어 있다. 많은 학자나
학파가 자신들의 사상을 자유로이 논쟁하는 모습을 '백가쟁명(百家爭鳴)'라고 했다

기원전 6세기 경 봉건 제도로 나라를 다스리던 주나라(BC1046~BC771)가 붕괴하고 각
지역의 제후(실력자)가 대립 항쟁을 반복하는 동란의 시대가 국가에 도래했다. 이 시대
를 전기 춘추 시대와 후기 전국 시대를 아울러 춘추 전국 시대라고 한다.

중국 철학

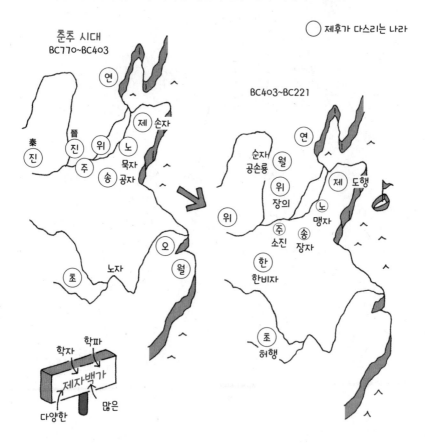

제후들은 자신들이 살아남기 위해 유능한 정책 컨설턴트나 브레인을 필요로 했다. 여기
에 온갖 사상가가 등장하게 된다. 그들을 통틀어 제자백가(諸子·百家)라고 한다.

제자백가	춘추 시대 후기 (기원전 5 세기 경)	전국 시대 전기 (기원전 4 세기 경)	전국 시대 후기 (기원전 3 세기 경)
유가 인과 예의 사상을 주창한 학파 (p.30)	중요한 것은 인(仁)과 예(禮)입니다 공자(p.18)	인간은 태어나면서부터 선하죠 맹자(p.20)	인간은 태어나면서부터 악하죠 순자(p.23)
도가 도를 주창한 학파 (p.62)	자연을 따라 삽시다 노자(p.18)	진정한 세계에 가치의 차이는 없습니다 장자(p.20)	
묵가 겸애·비공을 주창한 학파 (p.49)	널리 평등하게 사랑합시다 묵자(p.19)		
음양가 음양오행설을 주창한 학파 (p.58)		자연 현상과 사회 현상은 연동되어 있습니다 추연(p.21)	
병가 전술을 주창한 학파 (p.54)	싸우지 않고 이깁시다 손자(p.19)		
종횡가 외교 방법을 주창한 학파 (p.59)		큰 원수는 연합해서 도전합시다 소진(p.21) / 큰 적과는 동맹을 맺는 것이 중요합니다 장의(p.22)	
명가 논리학을 주창한 학파 (p.56)			논리적으로 생각합시다 손룡(p.23)
농가 농본주의를 주창한 학파		왕도 민중처럼 농경에 종사하고 자급자족해야 합니다 허행(p.22)	
법가 법치주의를 주창한 학파 (p.60)			나라를 법으로 다스립시다 한비자(p.24)

유가 | 유교

메　모 ------ 유교의 '유(儒)'라는 말의 어원은 분명하지 않지만, 한문학자 시라카와 시즈카는 '비가 오기를 기원했던 무녀'를 가리키는 단어였을 것으로 추정한다. 그는 저서 《공자전》에서 '유(儒)'를 무녀 같은 인물이라고 언급한다

제자백가(p.28) 중에서도 특히 큰 영향을 후세에까지 미친 학파가 **유가**와 도가(p.62)이다. 유가의 시조인 공자는 춘추 시대(BC770~BC403)의 혼란한 사회 질서를 안정시키기 위해서는 주나라(서주 시대 BC1046~BC771) 때까지 당연시되었던 의례를 부활시켜야 한다고 생각했다.

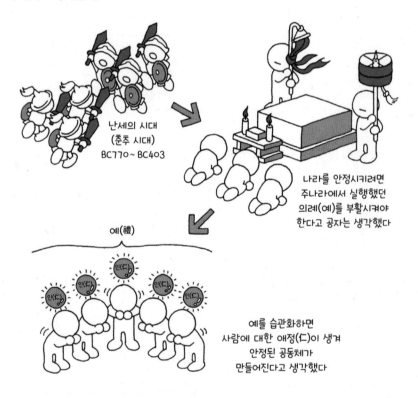

그러나 의례는 형식뿐인 매너가 아니라 실제 사람에 대한 애정과 배려가 나타나야 한다고 공자는 생각했다. 인사가 중요한 것은 상대를 공경하는 마음이 중요하기 때문이고 장례식이 중요한 것은 슬퍼하는 마음이 중요하기 때문이다. 이것이 공자가 예(의례)를 중요시한 이유이다. 그는 의례에 내재하는 사람을 사랑하는 마음을 인(仁)이라고 불렀다.

공자의 사상은 이 인(p.32)과 예(p.32)라는 말로 집약된다. 인이 없으면 예의 의미는 없다. 그러나 예가 없으면 인이 닦이지 않는다고 공자는 말한다. 그는 습관적인 예의 실행이 인을 완성시킨다고 생각했으며, **예**가 습관적으로 행해지는 사회를 이상으로 했다.

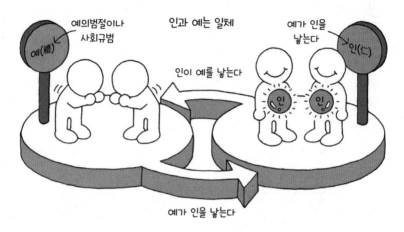

공자의 가르침을 **유교**라고 하며, 맹자와 순자, 주자(주희)와 왕양명 등에게 계승되었다. 그리고 또한 일본을 포함한 동아시아 전역의 사람들에게 엄청난 영향을 미치게 된다.

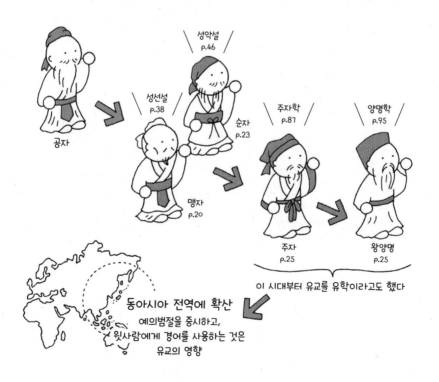

공자

인(仁) | 예(禮)

의　미 ------- 인(仁)은 인간적인 배려, 예(禮)는 예의와 규범을 가리킨다
메　모 ---- 《논어》〈안연〉에서 '인의 주안점이 무엇인가' 묻는 제자의 질문에
공자는 "예가 아니면 보지도 말고, 듣지도 말고,
말하지도 말고, 행동하지도 말아야 한다"고 대답했다

공자의 사상은 **인**(仁)과 **예**(禮)라는 말에 집약되어 있다. 인이란 사람을 사랑하는 마음을 말하고, 예란 인이 눈에 보이는 형식이 되어 나타난 것을 말한다. 구체적으로는 예의 범절을 가리킨다.

중국 철학

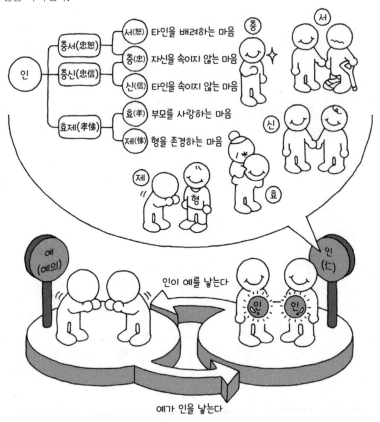

인(仁)에는 **효**(孝), **제**(悌), **충**(忠), **신**(信), 그리고 **서**(恕)가 있다. 그 중에서 공자는 부모에 대한 애정인 효와, 형(윗사람)에 대한 경의인 제(효와 제를 합쳐 **효제**)가 가장 소중하다고 생각했다. 효와 제, 이 두 가지가 인간의 자연스러운 감정이라고 생각했기 때문이다.

그리고 효(孝)와 제(悌)의 마음을 다른 인간관계에 펼쳐 나감으로써 더 나은 사회가 될 수 있다고 설득했다.

인간이 자연스럽게 갖고 있는 부모에 대한 애정과 형(윗사람)에 대한 경의를 먼저 소중히 하고, 그 감정을 다른 사람에게 넓혀 가면 사회는 안정된다고 공자는 생각했다

부모와 형(윗사람)을 특히 중시하는 데에 공자(유교)의 특징이 있다. 다른 성인들은 그렇게 말하지는 않는다

그리고 공자는 인만큼이나 예를 중요시했다. 왜냐하면, 예의 실천에 의해 개인의 마음에 인이 지켜진다고 생각했기 때문이다. 사리사욕을 누르고 예를 실천하며 마음에 인을 지키는 것을 **극기복례**(克己復禮)라고 한다.

극기복례

예(禮)를 실천하여 마음에 인(仁)을 지키는 것을 극기복례라고 한다. 공자는 극기복례가 당연하게 이루어지는 사회를 이상으로 여겼다

공자는 극기복례가 습관적으로 행해지는 사회를 이상으로 여겼다. 예의를 중시하는 일본도 공자(유교)의 영향을 강하게 받았다는 것을 알 수 있다.

인
예
▶018

공다

덕치주의

의 미 ----------- 위정자가 덕을 지니고 인민을 도덕적으로 감화하여
국가를 통치해야 한다는 사상

문 헌 -- 《논어》

메 모 --------- 《논어》(위정 편)에는 도덕으로 감화하는 것이 나라를
다스리는 근본이라고 주장한다

이상적인 국가(사회)를 위해서는 왕 스스로가 인(p.32)과 예(p.32)를 겸비한 **군자**여야 한다고 공자는 생각했다. 그리고 왕이 지닌 인(仁)과 예(禮)로 민중을 감화해야 좋은 사회를 만들 수 있다고 주장한다. 그러한 덕에 의한 통치를 **수기치인**(修己治人)이라 하고, 수기치인을 이상으로 하는 정치사상을 **덕치주의**(德治主義)라고 한다.

중국 철학

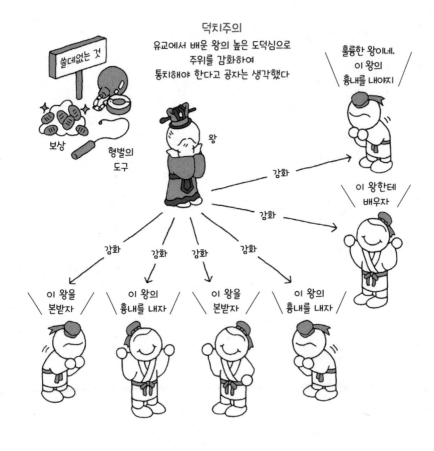

덕치주의
유교에서 배운 왕의 높은 도덕심으로
주위를 감화하여
통치해야 한다고 공자는 생각했다

덕치주의는 후의 한비자(p.24)가 장려한 상벌이 따르는 법치주의(p.61)와는 크게 다른 생각이었다.

공자

도(道)

의 미	사람으로서 본연의 모습, 우주의 원리
문 헌	《논어》
메 모	《논어》(이인 편)에는 "아침에 도를 들으면 저녁에 죽어도 좋다"라는 말이 있다

인(p.32)이 없으면 예(p.32)는 의미가 없다. 그러나 공자는 예가 없으면 인이 닦이지 않는다고도 말했다. 그는 예를 실천하면서 인의 완성을 목표로 하는 것을 **도**(道)에 비유했다. 유교는 도(道)의 행보를 알려주는 가르침이라고 할 수 있다.

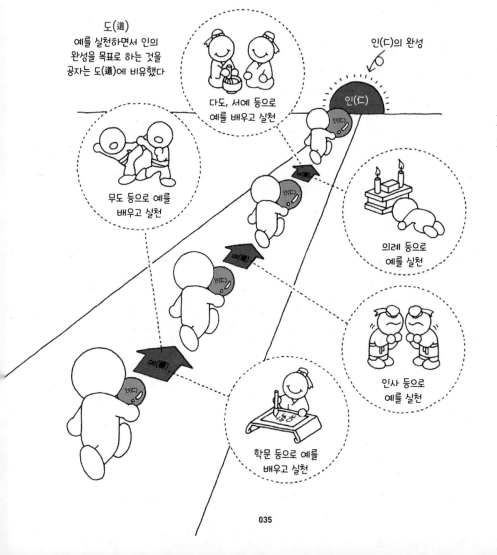

도(道)
예를 실천하면서 인의
완성을 목표로 하는 것을
공자는 도(道)에 비유했다

다도, 서예 등으로
예를 배우고 실천

인(仁)의 완성

인(仁)

무도 등으로 예를
배우고 실천

의례 등으로
예를 실천

인사 등으로
예를 실천

학문 등으로 예를
배우고 실천

《논어》

메 모 -------- 전한(前漢)까지는 3가지 전본이 있었다고 알려져 있지만,
전한 말기에는 현 형태로 정비되었다. 에도 시대의 유학자인 이토 진사이는
《논어고의》에서 20편 중 전반 10편과 후반 10편의 성립 시기가 다르다고 지적한다

중국 철학

공자의 명언(논어에서 발췌)

배우고 때로 익히면 즐겁지 아니한가.
벗이 먼 곳에서 찾아오니 또한 즐겁지 아니한가.
남이 나를 알아주지 않더라도 노여워하지 않으면 또한 군자가 아니겠는가.
(學而時習之면 不亦悅乎아,
有朋이 自遠方來면, 不亦樂乎아, / 人不知而不이면 不亦君子乎아.)

내가 원하지 않는 바를 남에게 행하지 말라. (己所不欲 勿施於人)

자신의 욕망을 극복하여 예를 회복하라. (克己復禮爲仁)

부모에게 효도하고 형제 간에 우애하는 것이 인(仁)을 실천하는 근본이다.
(孝弟爲行仁之本)

삶도 아직 모르는데 어찌 죽음을 알겠는가? (未知生 焉知死)

괴력난신(불가사의한 현상이나 존재)에 대해서는 말하지 않는다.
(不語怪力亂神)

나는 나이 열다섯에 학문에 뜻을 두었고, 서른에 뜻이 확고하게 섰으며, 마흔에는 미
혹되지 않았고, 쉰에는 하늘의 명을 알게 되었으며, 남의 말을 그대로 듣게 되었고,
일흔이 되어서는 무엇이든 하고 싶은 대로 하여도 법도에 어긋나지 않았다.
(吾十有五而志于學, 三十而立 / 四十而不惑, 五十而知天命, 六十順
七十而從心所欲 不踰矩)

아침에 도를 들으면 저녁에 죽어도 좋다. (朝聞道, 夕死可矣)

공자의 사후 수백 년에 걸쳐 편집된 공자
의 언행록이 **《논어》**이다. 《논어》는 그 특
성상 어디부터 읽든 문제가 되지 않는다.
공자가 어떤 순서로 말했는지 알 수 없기
때문이다. 또한 독자의 입장이나 성격, 읽
는 시기 등에 따라 《논어》는 다양하게 해
석할 수 있다.

'**배우고, 그것을 때때로 익혀 온전히 습득하는 것은 즐겁다. 지식을 익히면 함께 배우려
고 멀리서 동지가 찾아오는 것은 즐겁다. 남이 나의 지식을 알아주지 않더라도 불평하
지 않는 사람은 훌륭하다**'는 의미이다. 공자는 학문이나 인생을 아주 즐거운 것이라고
생각한다. 석가모니가 '인생은 고행이다'라고 생각한 것과는 사뭇 다르다.

'**내가 싫은 것을 남에게 시키지 말라**'는 의미다. 공자의 서(恕 p.32)에 대한 생각이다.
자신의 생각이 다른 사람의 생각과 같을 수는 없기 때문에 '자신이 원하는 일이라고 해
서 남에게도 하게 해야 한다'고는 말하지 않았다. 서양적인 전체성을 멀리한 표현이라
할 수 있다.

'**자기를 극복하고 예로 돌아가는 것이 인이다**'라는 의미이다. 공자가 제자인 안연에게
인(仁)을 실현하는 극기복례(p.33)를 설명한 말이다.

'**인(仁)의 근본은 효제(부모에 대한 애정과 윗사람에 대한 존중)**'라는 의미다. 공자(유
교)가 생각하는 큰 특징이다. 소크라테스나 예수, 석가모니 등은 부모나 나이 많은 사
람을 특히 존중하라고는 말하지 않았다. 일본인은 유교의 영향을 많이 받았음을 알 수
있다.

'**아직 이 세상도 모르는데 어떻게 사후를 알겠는가**' '**괴이한 힘과 신에 대해서는 말하지
않겠다**'는 의미다. 공자는 초자연적인 것은 이야기하지 않았다. 어디까지나 현실에 관
심을 두었다.

'**나는 나이 열다섯에 학문에 뜻을 두었고, 서른에 방향성을 정해 뜻을 확고히 했으며,
마흔이 되어서는 흔들리지 않았고, 쉰에는 자신의 사명을 알게 되었으며, 예순에는 무
슨 말을 들어도 받아들일 수 있게 되었고, 일흔이 되어서는 마음이 원하는 대로 행동해
도 도덕에서 벗어나지 않게 되었다**'는 의미다. 지학(志學), 이립(而立), 불혹(不惑), 지
명(知命), 이순(耳順), 종심(從心)의 어원이다. 공사는 일흔 살에 인(仁)과 예(禮)가 완전
히 일체화했음을 알 수 있다.

'**만일 아침에 도를 깨우쳤다면 저녁에 죽어도 좋다**'는 의미다. 도(道 p.35)의 중요성을
역설하고 있다.

성선설

의　미 ------------------------------- 사람의 본성은 선하다는 설

문　헌 --- 《맹자》

메　모 ------------ 공자는 인간의 본성에 대해서는 말하지 않는다.
사람의 본성을 정의했다는 점에 맹자의 독자성이 있다

공자(p.18)의 가르침을 계승한 맹자는 **'사람은 선천적으로 선하다'**는 **성선설**을 주장했다. 우물에 빠진 아이를 보면 누구나 도우려고 할 것이다. 사람이 태어날 때부터 가진 이런 동정심을 맹자는 **측은지심**(惻隱之心)이라고 한다.

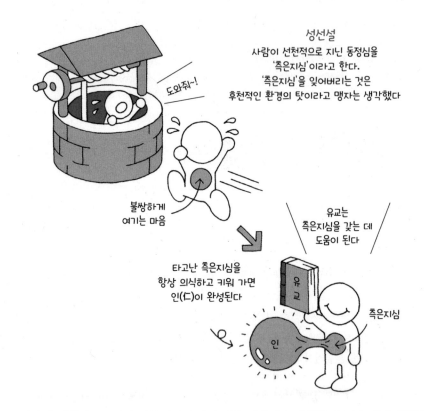

성선설
사람이 선천적으로 지닌 동정심을
'측은지심'이라고 한다.
'측은지심'을 잊어버리는 것은
후천적인 환경의 탓이라고 맹자는 생각했다

도와줘~!

불쌍하게
여기는 마음

유교는
측은지심을 갖는 데
도움이 된다

타고난 측은지심을
항상 의식하고 키워 가면
인(仁)이 완성된다

측은지심

사람이 선천적으로 지닌 선한 마음은 측은지심 외에 **수오지심**(羞惡之心), **사양지심**(辭讓之心), **시비지심**(是非之心)이 있는데, 맹자는 이 네 가지를 **사단**(四端)이라고 한다. 그리고 자신의 사단을 항상 의식하고 키워 가면 **인**(仁)·**의**(義)·**예**(禮)·**지**(智)라고 하는 **사덕**(四德)을 누구나 습득할 수 있다고 역설했다.

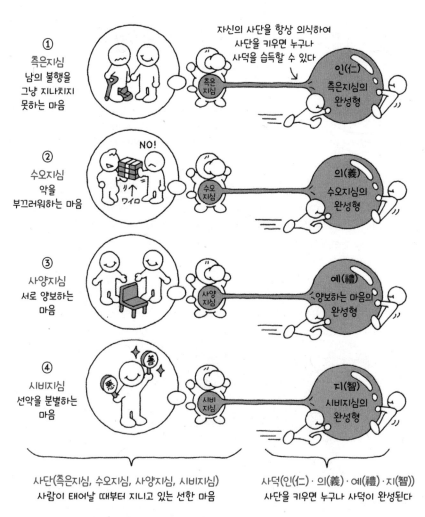

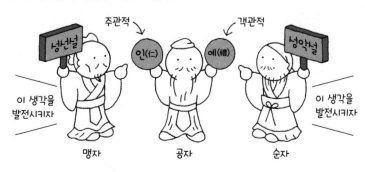

① 측은지심
남의 불행을
그냥 지나치지
못하는 마음

자신의 사단을 항상 의식하여
사단을 키우면 누구나
사덕을 습득할 수 있다

인(仁)
측은지심의
완성형

② 수오지심
악을
부끄러워하는 마음

NO!

의(義)
수오지심의
완성형

③ 사양지심
서로 양보하는
마음

예(禮)
양보하는 마음의
완성형

④ 시비지심
선악을 분별하는
마음

지(智)
시비지심의
완성형

사단(측은지심, 수오지심, 사양지심, 시비지심)
사람이 태어날 때부터 지니고 있는 선한 마음

사덕(인(仁)·의(義)·예(禮)·지(智))
사단을 키우면 누구나 사덕이 완성된다

일찍이 공자는 인간에게 중요한 것은 인(p. 32)이라는 내면과 예(p. 32)라는 눈에 보이는 태도라고 역설했다. 후에 순자(p. 23)가 예라는 태도를 중시한 반면, 맹자는 인(仁)이라는 개인의 내면을 중시했다고 할 수 있다.

주관적
인(仁)   예(禮)
객관적

성선설
이 생각을
발전시키자

성악설
이 생각을
발전시키자

맹자   공자   순자

▶020

맹자

오륜오상

문　헌 -- 《맹자》
메　모 ---- 오륜에 해당하는 부자유친(父子有親)·군신유의(君臣有義)·
　　　　부부유별(夫婦有別)·장유유서(長幼有序)·붕우유신(朋友有信)은
　　　　《맹자》의 농가(p.29)를 비판하는 말 속에 들어 있다

인간에게 있어서 중요한 것은 인(p.32)이라는 내면적 도덕과 예(p.32)라고 보이는 태도라고 공자(p.18)는 역설했다. 이 가운데 맹자는 도덕을 중요시했다. 맹자가 말하는 도덕은 사덕(p.38)이라 불린다. 후에 한나라의 유학자인 동중서(p.24)가 사덕에 **신**(信)을 추가하여, 도덕의 **오상**(五常)이라고 불렀다.

중국 철학

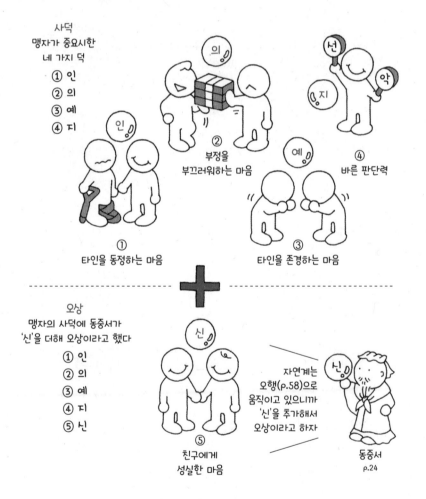

사덕
맹자가 중요시한
네 가지 덕
① 인
② 의
③ 예
④ 지

의

선
지　악

인

②
부정을
부끄러워하는 마음

예

④
바른 판단력

①
타인을 동정하는 마음

③
타인을 존경하는 마음

＋

오상
맹자의 사덕에 동중서가
'신'을 더해 오상이라고 했다
① 인
② 의
③ 예
④ 지
⑤ 신

신

⑤
친구에게
성실한 마음

자연계는
오행(p.58)으로
움직이고 있으니까
'신'을 추가해서
오상이라고 하자

신

동중서
p.24

또한 맹자는 개인의 내면적 도덕적인 사덕과 함께 인간관계의 윤리에 대해서도 고찰했다. 인간 사회에는 부모와 자식 관계, 상하 관계, 부부 관계, 형제 관계, 친구 관계, 이 5가지 관계가 있다고 그는 생각했다. 그리고 5가지 관계에 대응하는 **친**(親), **의**(義), **별**(別), **서**(序), **신**(信)이라는 5가지 윤리의 존재가 동물과 인간 사회의 차이라고 설명한다. 5가지 윤리는 명나라 때 **오륜**이라고 불리게 되었고, 오륜(五倫)과 오상(**오륜오상**)은 유교 도덕의 기본이 되어 갔다.

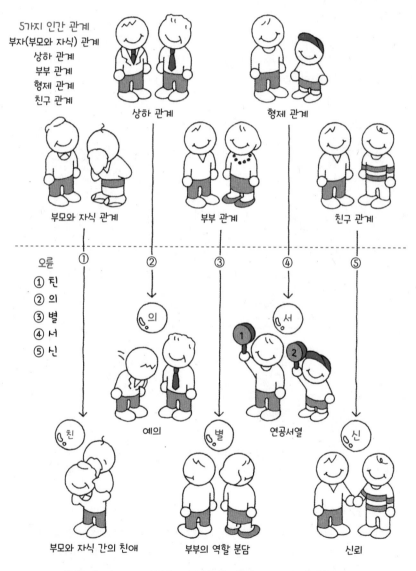

인간 사회에는 5가지 인간관계와 거기에 대응하는 5가지 윤리(오륜)가 있다.
맹자는 오륜의 유무가 인간 사회와 동물 사회의 차이라고 생각했다

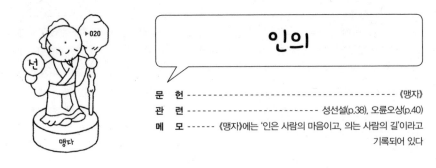

인의

문　헌 -- 《맹자》
관　련 ------------------------ 성선설(p.38), 오륜오상(p.40)
메　모 ------ 《맹자》에는 '인은 사람의 마음이고, 의는 사람의 길'이라고
기록되어 있다

맹자는 사람이 갖추어야 할 네 가지 덕(사덕 p.38) 중 타인에 대한 동정심인 인(仁)과 악에 굴하지 않는 정의감인 의(義)를 특히 중요하다고 생각하고 **인의**(仁義)라고 불렀다. 맹자 사상의 중심은 인의라는 말에 있다.

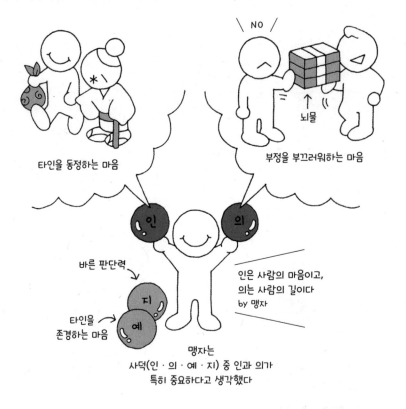

왕이 인의를 가지고 민중의 행복을 위해 노력하면, 사회는 안정된다고 맹자는 생각했다. 또한 인이나 덕으로 행하는 왕도(정치 p.44)에 대해, 무력을 사용하여 통치하는 것을 패도(정치)라고 불러 구분했다. 법가(p.60)나 병가(p.54) 등 직접 도움되는 주장을 내거는 제자백가(p.28)가 많은 가운데, 맹자는 어디까지나 덕으로 백성을 다스리는 이상주의를 관철했다.

▶020

년

맹다

대장부

문 헌 --- 《맹자》

메 모 --------------------------- 호연지기를 억지로 조장하려고
하지 말라고 맹자는 주의를 촉구한다

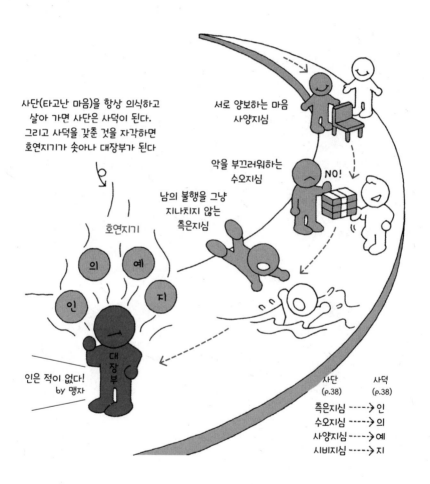

사단(타고난 마음)을 항상 의식하고
살아 가면 사단은 사덕이 된다.
그리고 사덕을 갖춘 것을 자각하면
호연지기가 솟아나 대장부가 된다

서로 양보하는 마음
사양지심

악을 부끄러워하는
수오지심

NO!

남의 불행을 그냥
지나치지 않는
측은지심

호연지기

의 예

인 지

인은 적이 없다!
by 맹자

대
장
부

사단   사덕
(p.38)   (p.38)

측은지심 ----→ 인
수오지심 ----→ 의
사양지심 ----→ 예
시비지심 ----→ 지

사람은 누구나 선천적으로 4가지 선한 마음인 사단(p.38)을 지니고 있다고 맹자는 말한다. 사단을 항상 유념하면서 살면 사단은 인, 의, 예, 지라는 사덕(p.38)이 되어간다. 그리고 마지막으로, 사덕의 완성을 자각하면 악에 굴복하지 않는 의연한 용기인 **호연지기**가 밑바닥에서 솟아오른다고 설명한다. 맹자는 호연지기를 익힌 인물을 **대장부**라고 불렀다.

왕도(정치)

의 미 ----------------- 덕으로 민중을 다스리는 정치를 의미한다
메 모 ---- 《맹자》(공손축)에는 "힘으로 인(仁)을 가장하는 것이 패도이고,
덕으로 인(仁)을 행하는 것이 왕도이다"라는 말이 나온다

왕의 인덕에 의한 국가 통치를 이상으로 한 공자(p.18)의 덕치주의(p.34)를 맹자도 계승한다. 여기서 왕의 덕이란 인의(p.42)를 말한다. 민중이 우물에 빠질 것 같으면 왕이 이를 돕지 않으면 안 된다(성선설 p.38).

왕의 인의에 기초한 민중 중심의 정치를 **왕도(정치)**라고 한다. 왕도를 이상으로 한 맹자는 왕의 이익을 위해 무력으로 민중을 통치하는 **패도(정치)**를 강하게 비판했다.

역성혁명

메 모 --- 역성혁명이란 왕의 성이 바뀌는 것은 천명(天命)에 의한 것이라는 사상을 말한다. 《맹자》(양혜왕 하)에는 은(殷)나라의 탕왕(湯王)이 하(夏)나라의 걸왕(傑王)을 쫓아내고, 주나라의 무왕(武王)이 포악했던 은나라 주왕(紂王)을 왕의 자리에서 쫓아낸 일을 정당화한다. 이것을 탕무방벌(湯武放伐)이라 한다

고대 중국에서는 왕의 지위는 하늘이 내리는 명령(천명)에 의해 결정된다고 여겼다. 이러한 천명론은 왕의 통치를 정당화하는 이유를 부여했다고 말할 수 있다. 천명이 바뀌어 왕의 성이 변하는 것을 **역성혁명**(易姓革命)이라고 한다.

중국 철학

지금까지의 역성혁명의 생각

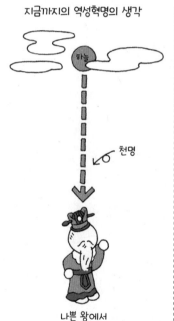

천명

나쁜 왕에서
좋은 왕으로 바뀐다

맹자가 생각한 역성혁명

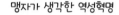

하늘의 뜻은
민중의 목소리에
반영된다

패도정치로
민중을
눌러두자

타도

좋은 왕으로
바뀐다

나쁜 왕

하늘의 뜻은 민중의
목소리에 나타납니다.
그러니까
왕은 인민 중심의
정치를 해야 해요

맹자

그러나 맹자는 하늘의 뜻은 민중의 목소리에 반영된다고 생각했다. 즉 패도 정치(p.44)를 실시하는 덕이 없는 왕은 민중에 의해 무너진다는 것이다. 맹자는 역성혁명을 민중 본위의 혁명이라고 재해석하고, 민중 중심의 정치를 이상으로 했다.

성악설

의　미 ------------------------ 인간의 본성은 악하다는 설
문　헌 ---------------------------- 《순자》
메　모 ------ 순자는 "성인(聖人)도 대중도 본성은 거의 변하지 않는다.
　　　　　차이가 있다면 성인은 '작위(作爲)'에 뛰어나다는 점에 있다"고 말한다

맹자(p.20) 이후에 나타난 유가(p.30)인 순자는 맹자의 성선설(p.38)을 부정하고, **'사람은 선천적으로 악하다'**고 하는 **성악설**을 주장했다.

인간은 내버려두면 자기 마음대로 행동해 버린다고 순자는 생각했다. 그러나 사회 규범의 예(p.32)를 배우고 실천하면 도덕성을 익힐 수 있다고 설명한다. 그는 이것을 **'인간의 본성은 악하고, 선은 인적 조작에 의해 만들어진다'**고 표현했다.

일찍이 공자(p.18)는 인간에게 중요한 것은 인(p.32)과 예(禮)라고 주장했다. 이 중 인(仁)을 중시한 맹자는 자신의 내면을 성찰하기만 해도 덕을 쌓을 수 있다고 한 반면, 예(禮)를 중시한 순자는 덕을 쌓기 위해서는 적극적으로 예를 배우고 실천해야 한다고 생각했다.

자신을 늘 의식하면 덕을 쌓을 수 있어

인 예

적극적으로 예를 배우고 실천하지 않으면 덕을 쌓을 수 없어

맹자　　공자　　순자

'사람은 선천적으로 선한 마음을 지니고 있지 않다'는 순자의 가르침은 말 그대로 하늘(신)의 힘을 부정하는 것이다. 하늘은 단순한 자연 현상이며, 인간 사회의 법칙과는 관계가 없다고 순자는 단언했다(**천인분이**). 순자는 사람들의 정신적 지주로서 하늘의 대안이 되는 것이 사회 규범으로서의 예라고 생각한 것이다.

하늘

하늘이 우리 사회의 안정을 지켜준다

예전 사람들

하늘

하늘은 단순한 자연현상입니다

순자

그렇다면 우리는 무엇을 의지하며 살아야 하지?

예(禮)

마침 질문 잘했어요. 그게 바로 사회규범으로서의 예(禮)라는 겁니다

사람에 대한 마음을 항상 예(禮)로 나타내면 적이 없어지기 때문에, 다툼이 없는 안정된 사회가 되는 거죠

악

순자

> 023

예치주의

의 미 ------------------ 예(규범)로 민중을 다스려야 한다는 생각

문 헌 --- 《순자》

메 모 ----- 《순자》(의병편)에는 '예(禮)는 나라에 질서를 가져다주는 최고
규범이고, 나라를 강력하게 하는 근본이며, 나라의 권위가 서는 수단이고,
모든 공적과 명예를 가져다주는 토대이다'라고 기록되어 있다

중국 철학

사람은 태어날 때부터 악하다.
따라서 내버려두면 자기 멋대로 행동한다
(성악설)

군주

선생님

부모

유교

예

예

예

예

예치주의
예의 교육과 실천이 따라야 사회가
안정된다고 순자는 생각했다

군주의 지도 아래
예의 교육을 철저히 한다

덕이 생긴다

나라가 안정된다

덕

덕

덕

인간은 내버려두면 자기 멋대로 행동해 버린다고 순자는 생각했다(성악설 p.46). 그러나 왕의 지도 아래 가정과 사회에서 예(p.32)를 교육하면 도덕이 몸에 대해 악했던 본성은 선하게 교정되기 때문에 사회가 안정된다고 주장한다. 인간은 충분히 선해질 소질이 있다는 것이다. 순자는 예의 교육을 중시하는 **예치주의**(禮治主義)를 강조했다.

묵자 등

묵가

문　헌 ----------------------------- 《묵자》, 사마천 《사기》
관　련 ----------------------------- 겸애(p.50), 비공(p.52)
메　모 ---------- 《묵자》에서는 요란하게 꾸민 예악(禮樂)은 사람을
　　　　　　　　　타락시킨다는 등 유가에 대한 강한 비판이 다양하게 전개되어 있다

제자백가(p.28)로 꼽히는 중국 전국 시대 초기의 사상가 묵자를 계승하는 학파가 **묵가**(墨家)다. 유가가 가족 등 가까운 사람을 우선으로 사랑해야 한다고 한 반면, 묵자는 그러한 차별적인 사랑이 증오와 다툼을 일으키는 원인이 된다고 생각했다. 그는 유가의 사상을 **별애**(別愛)라며 강하게 비판했다.

중국 철학

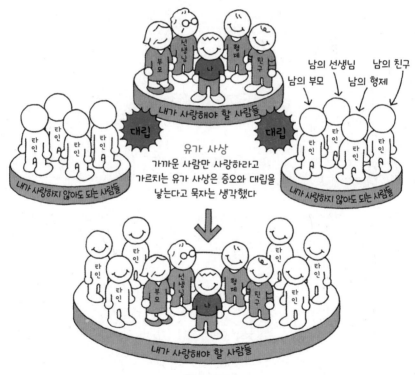

유가 사상
가까운 사람만 사랑하라고
가르치는 유가 사상은 증오와 대립을
낳는다고 묵자는 생각했다

묵가 사상
자신과 가족, 자신과 타인을 구별하지 않고
널리 평등하게 사랑해야 한다고 묵자는 생각했다

묵자는 자기를 사랑하듯 다른 사람도 가족도 널리 평등하게 사랑해야 한다고 주장한다(겸애 p.50). 또한 다른 사람을 사랑하면 다른 사람도 자신을 사랑해주기 때문에 서로를 위하게 된다고 말한다(교리). 이를 **겸애교리설**(兼愛交利說)이라고 한다.

겸애

의   미 -------------------- 모든 사람을 똑같이 두루 사랑하는 것
문   헌 -- 《묵자》
메   모 ----------------- 묵가가 주장하는 겸애는 감정이 아니라
사회 전체의 이익을 기반으로 한다

유가(p.30)가 가족 등 가까운 사람을 우선으로 사랑한다고 생각한 데 반해 묵자는 그런 차별적인 사랑이 증오와 다툼을 일으키는 원인이 된다고 생각했다. 그는 유가의 서열이 있는 애정을 별애(別愛)라고 강하게 비판했다.

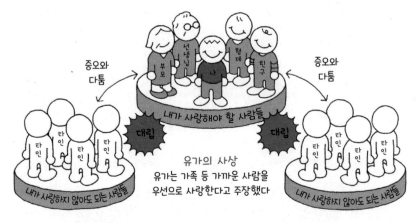

유가의 사상
유가는 가족 등 가까운 사람을
우선으로 사랑한다고 주장했다

묵자는 자신과 타인, 가족과 타인의 구별 없이 널리 평등하게 사랑해야 한다고 생각하고, 이를 **겸애**(兼愛)라고 불렀다. 그리고 모두가 겸애의 마음을 가지면 증오와 다툼이 없는 평화로운 세상이 될 것이라고 역설했다.

묵가의 겸애 사상
묵자는 타인도 가족도 널리 평등하게 사랑하는 것을 이상으로 했다

만약 묵자의 겸애 사상에 '~주의'라는 말을 동일하게 적용한다면, '세계 속의 행복의 수가 많을수록 행복한 세계(최대 다수의 최대 행복 p.374)'인 공리주의(p.372)가 된다.

전체 행복의 수는 적더라도 가족이 행복한 것이 유가의 이상	가족은 불행해도 전체 행복 수가 많은 것이 묵가의 이상

유가의 맹자(p.20)는 묵자의 겸애를 동물의 사상이라고 비난했다. 겸애 사상이 너무 공리주의적이어서, 인간의 본질을 잘못 이해하고 있다고 맹자는 생각했기 때문이다.

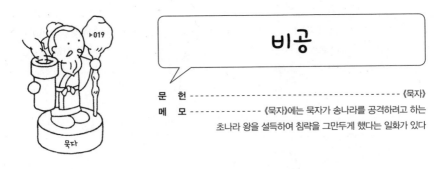

문　헌 --- 《묵자》
메　모 -------------- 《묵자》에는 묵자가 송나라를 공격하려고 하는
　　　　　　　　초나라 왕을 설득하여 침략을 그만두게 했다는 일화가 있다

비공

자국에서 사람을 한 명 죽이면 사형되지만 다른 나라를 침략해 많은 사람을 죽이면 영웅이 된다. 이것을 모순이라며 묵자는 전쟁을 해서는 안 된다고 호소한다.

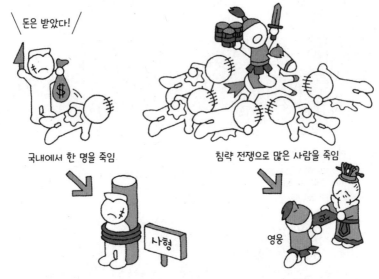

침략 전쟁은 자국에게 이익이 있더라도 전체적으로 보면 많은 사람을 죽게 만들기 때문에 정의가 아니라고 묵자는 말한다. 영토 확장에 의한 자국의 이익 획득이 정의였던 시대에 묵자는 세계 전체에 눈을 돌린 셈이다.

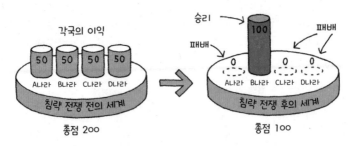

침략 전쟁은 한 나라의 이익은 늘어도 세계 전체의 이익은 감소한다

그러나 묵자는 큰 나라에 대한 작은 나라의 방어전은 부정하지 않았다. 묵자를 리더로 하는 묵가 집단은 도움을 청하면 생명을 희생해서라도 소국의 방어전에 협력했다. 또한 대가를 요구하지도 않았다. 공격하지 않고 방어에 철저했던 그 자세를 **비공**(非攻)이라고 한다.

묵가는 도움을 청하면 적극적으로 소국의 방어전에 협력했다. 패배한 작은 나라 사람들과 함께 자해하기도 했다고 한다

도움을 청하는 사람을 저버린다 해도, '만일 도와주게 되면 자신이 죽게 된다'라고 하는 이유가 있으면 비난할 사람은 없다. 하지만 그런 상황에서도 굳이 돕겠다고 나선 집단이 과거의 중국에는 존재했다.

병가

문　헌 ------------------------- 《손자》, 사마천 《사기(史記)》
메　모 --------- 《사기》에는 오나라 왕이 손자에게 전쟁 경험이 없는
궁녀들을 훈련시켜 보라고 하는 유명한 일화가 나온다.
손자는 오나라 왕의 애첩 두 명의 목을 베어 죽이면서까지 집단의 통솔을 꾀했다

제자백가(p.28)의 한 파인 **병가**(兵家)의 대표적 인물이 손자(손무)이다. 손자의 병법서인 **《손자》**는 전쟁에 이기기 위한 전략을 냉정하게 쓴 책이다. 《손자》의 병법은 현대인의 비즈니스나 인생을 사는 데도 도움이 되는 것으로 알려져 있다. 그 전략의 일부를 살펴보자.

> 많이 계산한 자가 이기고 그렇지 않은 자가 패한다 (多算勝 少算不勝)

많이 계산한 자가 이기고 그렇지 않은 자가 패한다는 뜻이다. 전쟁을 하기 전에 이길 가능성이 있는지를 알아봐야 한다고 손자는 말한다. 당연하지만, 이길 가능성이 없으면 이기는 일이 없다. '먼저 이기고 나중에 싸워라'라고 말하고 있다.

그래, 도쿄대에 붙을 거야!

모의고사 도쿄대 합격 10%

자신이 놓여 있는 위치를 먼저 알고 싸우자

> 군사를 움직일 때는 바람처럼 빠르게 하고, 나아가지 않을 때는 숲처럼 고요하게 있고, 공격할 때는 불길처럼 맹렬하게 하고, 적의 공격으로부터 지킬 때는 산처럼 묵직해야 한다 (故其疾如風, 其徐如林, 侵掠如火, 不動如山)

일본 전국 시대의 무장 다케다 신겐의 군기(軍旗) '풍림화산(風林火山)'으로 유명한 말이다. 상황이 나쁠 때는 섣불리 움직이지 않고 적기를 기다렸다가 빠르게 움직이라는 이러한 전술을 전투에 적극적으로 응용했다.

이기기 위해서는 공격할 기회를 잘 봐야 해

중국 철학

전쟁을 오래 끌어서 유리한 경우는 본 적이 없다 (兵聞拙速, 未睹巧之久也)

싸움은 신속하게 끝내야 한다. 길어지면 경
비도 들고, 병사도 지쳐 버린다. 장기전이 좋
을 것은 전혀 없다고 말하고 있다.

회의가 길어지네~

장기전은 백해무익

그를 알고 나를 알면 백 번 싸워도 백 번 이긴다 (知彼知己 百戰百勝)

상대와 자신을 비교해서 상대의 약점과 자신
의 강점을 알면 백 번 싸워도 전부 이길 수
있다는 말이다.

이길 수 있을 것 같은데

나의 강점을 알고
이길 수 있을
때만 싸우자

분노는 다시 기쁨이 될 수 있고, 성난 것은 다시 즐거움이 될 수 있지만, 한 번 망한 국가는 다시 존재할 수 없고, 죽은 자는 다시 살아날 수 없다 (怒可以復喜 慍可以復悅 亡國不可以復存 死者 不可以復生)

분노나 노여움은 곧 기쁨으로 변할 수도 있다. 그러나 일단 나라가 망해 버리면
다시 일어서지 못하고, 죽은 사람도 다시 살아나지 못한다. 그러니까 화가 난다고
싸움을 걸어서는 안 된다.

싸워도 좋을
게 없어

그보다는 한편이
되는 게 낫지

싸워서 백 번을 이기는 것보다 싸우지 않고 적을 굴복시키는 것이 가장 좋은 전략이다 (百戰百勝 非善之善者也, 不戰而屈人之兵 善之善者也)

가장 좋은 전략은 싸우지 않고 이기는 것이므로 백전백승을 자랑해서는 안 된다는
말이다. 병법서라고는 하지만 손자는 여기에서 전쟁의 어리석음을 강조하고 있다.

공손룡 등

명가

문　헌 --- 《공손룡자》
메　모 ------ 《한비자》(외저설 편)에는 '백마는 말이 아니다'라고 주장한
궤변가가 백마를 타고 관문을 지나자 말에게 통행세를 내게 했다는
말장난 같은 일화가 소개되어 있다

제자백가(p.28) 중에서도 두드러지는 것이 **명가**(名家)이다. 명가의 대표적 인물인 공손룡은 이름과 이름에 대응하는 실제 사물에 대해 고찰했다. 사회를 안정시키기 위해서는 먼저 '정의란 무엇을 가리키는 것인가'나 '덕이란 무엇인가'처럼 이름에 해당하는 실체를 명확하게 해야 한다고 생각했다.

2와 3은 다르다

2와 3이 다른 것처럼
'말'과 '백마'는 다르다

백(白)

(흰) 색의 개념

마(馬)

(말의)
형태 개념

백마(白馬)

이름에 해당하는 실체를 확실히 해봅시다.
'천(天)'의 실체는 무엇이죠?
'정의'의 실체는 무엇이죠?
'덕(德)'의 실체는 무엇이죠?

백마비마설
'백마'는 색깔과
형태의 복합 개념.
따라서 '백마'는 형태의 개념인
'말'과는 다르다고 그는 주장했다

공손룡은 **백마비마설(백마론)**로 유명하다. '말'이란 말의 형태 개념을 가리키고 '흰색'은 색상의 개념을 가리킨다. 그리고 '백마'란 형태와 색상의 복합 개념이므로 형태의 개념인 '말'과는 다른 것이라고 그는 주장했다. 그리스 철학자가 좋아할 것 같은 이러한 논리를 편 학파가 명가이다.

중국 철학

공손룡은 '희다' 또는 '단단하다' 등의 개념이 실재한다고 주장한다(**견백론**). 이 주장은 그리스 철학자 플라톤(p.352)의 개념실재론이나 이데아(p.356)론과 같은 논리다.

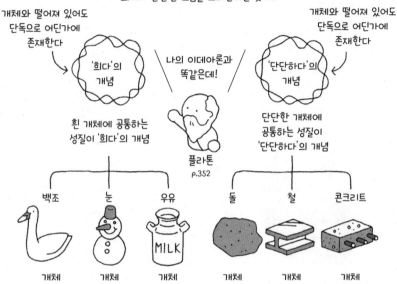

견백론(堅白論)

'희다'나 '단단하다' 등의 개념은 개체와 떨어져 있어도 단독으로 어딘가에
실재한다고 공손룡은 생각했다. 흰 개체나 단단한 개체를 사람이 인식하고 있는 동안만큼은
희거나 단단한 모습을 드러낸다는 것이다

개체와 떨어져 있어도
단독으로 어딘가에
존재한다

'희다'의
개념

나의 이데아론과
똑같은데!

개체와 떨어져 있어도
단독으로 어딘가에
존재한다

'단단하다'의
개념

흰 개체에 공통하는
성질이 '희다'의 개념

플라톤
p.352

단단한 개체에
공통하는 성질이
'단단하다'의 개념

백조   눈   우유   돌   철   콘크리트

개체   개체   개체   개체   개체   개체

또한 물자체(p.367)와 인간의 인식은 일치하지 않는다고 하는 칸트(p.353)의 인식론을 앞서는 듯한 논리도 공손룡이 전개했다(**지물론**).

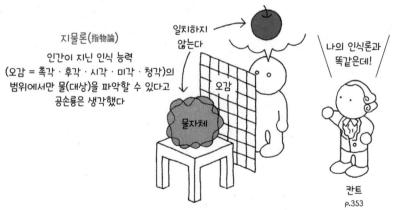

지물론(指物論)

일치하지
않는다

나의 인식론과
똑같은데!

인간이 지닌 인식 능력
(오감 = 촉각·후각·시각·미각·청각)의
범위에서만 물(대상)을 파악할 수 있다고
공손룡은 생각했다

오감

물자체

칸트
p.353

고대 그리스의 사상이 '논리학'이라는 큰 체계를 만들어낸 반면, 명가의 사상은 억지를 쓰는 궤변이라는 인식 때문에 차츰 잊혀져 갔다. 그런 점에서도 '서양'과 '동양'의 차이를 엿볼 수 있다.

후연

▶021

음양가

메 모 -------------- 추연의 저작은 없어져 남아 있는 것이 없지만, 《사기》 (맹자순경열전)에 그 사상이 간결하게 소개되어 있다. 거기에는 '음양의 소멸과 성장, 변화하는 이치와 기이한 변화를 깊이 관찰하여 종시(終始)와 대성(大聖)편 등 십만여 자를 지었다고 기록되어 있다

음양오행설을 주장하는 제자백가(p.28)의 한 파가 **음양가**(陰陽家)이다. 대표 인물인 추연은 유교(p.31)의 관심이 오직 인간 사회에만 국한되어 있는 데서 유교의 좁은 시야를 느꼈다. 인간 사회의 외측에 있는 우주에 눈을 돌리지 않으면 인간의 본질을 알 수 없다고 추연은 생각했다.

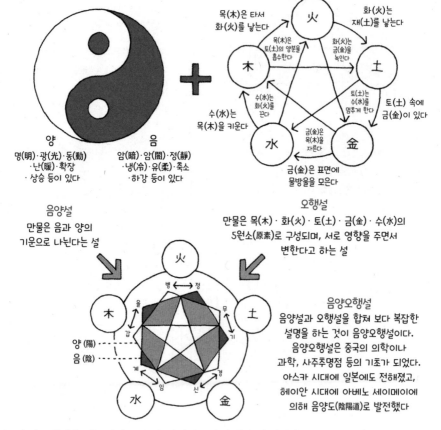

음양오행설은 예로부터 중국에 전해지는 **음양설**과 **오행설**을 합쳐, 전체 우주의 원리를 설명하는 것이다. 음양오행설은 후에 유교나 노장사상(p.76)에 도입되어 주자학(p.87)과 도교(p.63)를 낳았다.

중국 철학

▶021

소진 등

종횡가

문 헌 ----------------------- 사마천 《사기》, 유향 《전국책》 등
메 모 ------ 《사기》〈장의열전〉에는 소진과 장의는 함께 귀곡자 밑에서
공부한 것으로 나온다. 그러나 귀곡자가 신존 인물인지 아닌지 알 수 없다

춘추 전국 시대에 자국의 생존 대책을 여러 나라에 말하고 다닌 제자백가의 한 파가 **종횡가**(縱橫家)이다. 대표적 인물인 소진은 당시 동쪽에 있던 연(燕)·초(楚)·한(韓)·위(魏)·조(趙)·제(齊) 등 소국들이 연합하여 대국인 진(秦)나라에 대항해야 한다고 주장했다(**합종책**).

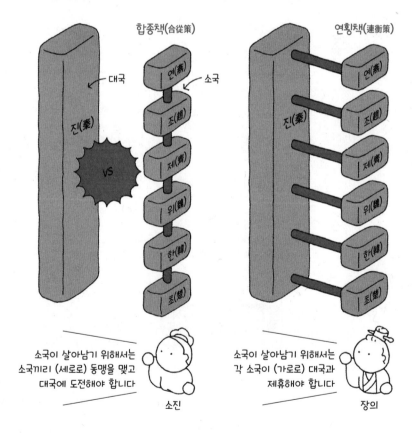

합종책(合從策)

대국

소국

진(秦)

vs

연(燕)
조(趙)
제(齊)
위(魏)
한(韓)
초(楚)

연횡책(連衡策)

진(秦)

연(燕)
조(趙)
제(齊)
위(魏)
한(韓)
초(楚)

소국이 살아남기 위해서는
소국끼리 (세로로) 동맹을 맺고
대국에 도전해야 합니다

소진

소국이 살아남기 위해서는
각 소국이 (가로로) 대국과
제휴해야 합니다

장의

중국 철학

후에 장의(p.22)는 소진과는 반대로 작은 나라가 개별적으로(가로로) 진(秦)과 제휴해야 한다고 주장했다(**연횡책**). 소국이 살아남기 위한 **합종연횡**의 사고는 현재의 외교 정책에도 활용되고 있다.

한비자 등

법가

문　헌 ------------------------------ 《한비자》, 사마천 《사기》

메　모 ---------- 한비의 사후 10여 년에 진시황은 중국을 통일했다.
《한비자》에는 책이나 학자는 불필요하다고 주장한다.
진시황은 이 가르침대로 분서갱유(p.84)를 실행했다

중국 철학

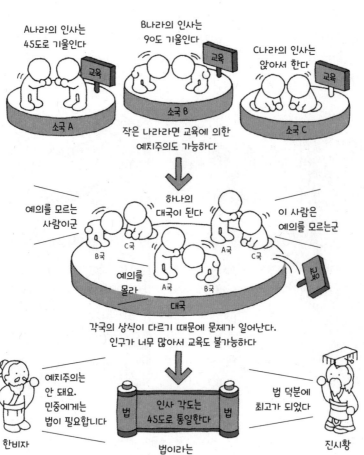

A나라의 인사는 45도로 기울인다

교육

소국 A

B나라의 인사는 90도 기울인다

교육

소국 B

작은 나라라면 교육에 의한 예치주의도 가능하다

C나라의 인사는 앉아서 한다

교육

소국 C

예의를 모르는 사람이군

B국

C국

하나의 대국이 된다

A국 B국

예의를 몰라

A국

C국

이 사람은 예의를 모르는군

법

대국

각국의 상식이 다르기 때문에 문제가 일어난다.
인구가 너무 많아서 교육도 불가능하다

예치주의는 안 돼요. 민중에게는 법이 필요합니다

한비자

법 인사 각도는 45도로 통일한다 법

법이라는 문서가 필요하다

법 덕분에 최고가 되었다

진시황

한비자를 비롯한 **법가**(法家)는 법률에 의한 통치인 법치주의(p.61)를 주장했다. 법치주의는 예치주의(p.48)와 비슷하지만, 예(禮)가 양육과 습관에 근거를 두는 규칙인데 반해 법(法)은 문서화된 규칙이다. 예치주의는 하나의 좁은 나라에는 유효하지만, 제각기 상식이 다른 많은 나라를 통치할 경우에는 법이 필요하다. 전국 시대의 한 나라였던 진(秦)은 법가의 법치주의와 함께 중국 전역을 정복해 나갔다.

한비자

법치주의

의　　미 -------- 신상필벌의 법률에 의해 민중을 다스려야 한다는 생각
문　　헌 ---------------------------- 《상군서》《한비자》《관자》
관　　련 ---------------------------- 성악설(p.46), 예치주의(p.48)
반대어 ------------------------------------ 덕치주의(p.34)

인간은 신처럼 완벽하지 않기 때문에 이기심을 완전히 제거할 수는 없다고 한비자는 생각했다. 그래서 뛰어난 기능과 성과에는 상을 주고, 죄를 지은 자에게는 벌을 주는 **신상필벌**(信賞必罰)로 나라를 통치하는 **법치주의**를 주장했다. 법치주의는 예치주의(p.48)와 비슷하지만, 예의처럼 모호한 규칙이 아니라 명확하게 문서에 기록된 규칙으로 통치하는 것을 말한다.

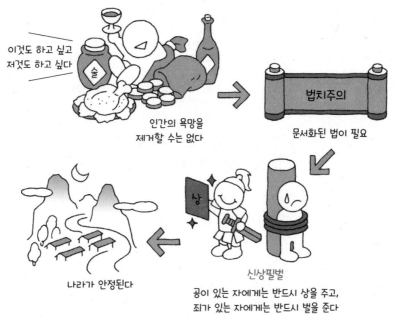

이것도 하고 싶고
저것도 하고 싶다

인간의 욕망을
제거할 수는 없다

법치주의

문서화된 법이 필요

신상필벌
공이 있는 자에게는 반드시 상을 주고,
죄가 있는 자에게는 반드시 벌을 준다

나라가 안정된다

중국 철학

법치주의는 법을 지키기만 하면 민중의 마음속까지 관여하지 않는 주의라고 할 수 있다. 민중을 왕의 덕으로 감화하여 나라의 안정을 지향하는 덕치주의(p.34)와는 이 점에서 다르다.

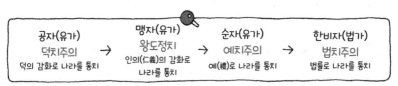

공자(유가)	맹자(유가)	순자(유가)	한비자(법가)
덕치주의	왕도정치	예치주의	법치주의
덕의 감화로 나라를 통치	인의(仁義)의 감화로 나라를 통치	예(禮)로 나라를 통치	법률로 나라를 통치

노자 등

도가 | 도교

문　헌 ------------------------------- 《노자》《장자》《열자》
메　모 ------- 도교는 노자를 시조로 받들지만, 도가의 노장사상과는
　　　　　　그 내용이 다르다. 도교의 목적은 선인(仙人)이 되어
　　　　　　장수와 불사를 얻기 위한 것이며, 중심에는 신선사상이 있다

제자백가(p.28) 중에서도 특히 큰 영향을 후세에까지 미친 학파가 유가(p.30)와 **도가**(道家)다. 그 중 유가는 인(p.32)과 예(p.32)의 중요성을 끊임없이 주장했다.

중국 철학

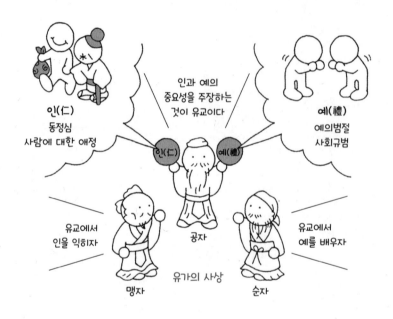

인과 예의 중요성을 주장하는 것이 유교이다

인(仁)
동정심
사람에 대한 애정

예(禮)
예의범절
사회규범

유교에서 인을 익히자

공자

유교에서 예를 배우자

유가의 사상

맹자　순자

그러나 도가의 시조인 노자는 인이나 예 등은 세상의 혼란을 해결하기 위해 어쩔 수 없이 만든 것이라고 생각했다. 인이나 예를 주장할 게 아니라 오히려 인이나 예를 필요로 하지 않는 사회를 만들어, 인간 본연의 삶으로 돌아가야 한다고 그는 주장했다. 인간 본연의 삶이란 도(타오 p.64)를 이해하고 도(타오)를 따라 사는 것을 말한다. 그리고 노자에게 있어 도(道)를 따라 산다는 것은 자연의 법칙을 배우면서 살아가는 것을 말한다.

세상이 혼란스러우니까 어쩔 수 없이 인과 예를 만든 거잖아? 인과 예가 아니고 타오(도)를 따라 살자

도가

노자　장자

도가의 사상

노자

자연의 법칙을 본받아야 합니다.
그게 도(道)에 따라
사는 거니까요

수가 적은 새를
소중히 여긴다

높고 뾰족한
산은 무너진다

구불구불해서
목재로 쓸 수 없는
나무는 쓰러지지 않는다

흐름에 거스르지 않으면
멀리까지 갈 수 있다

풀은 부드럽게
휘어지기 때문에
부러지지 않는다

물은 낮은 곳을 찾아 흘러
모두가 싫어하는 낮은 곳에
머물기 때문에 소중한 것이다

노자를 시조로 하는 도가사상은 후에 불교와 음양오행설(p.58)과 맞물려 민간 신앙인
도교(道教)를 낳게 되었다.

도교

우주를 채우고 있는 5가지 원소
(p.58)를 다루며, 선인을
지향하는 종교가 도교다.
도가사상에서 태어났지만,
노자나 장자의 사상과는
별개로 취급한다

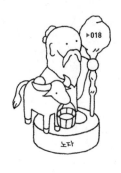

노자

▶018

도(타오)

의 미 ------------- 삼라만상을 생성하고 성립시켜 가는 원리
메 모 ------------- 《노자》는 '말로 표현할 수 있는 도는 영원불변의
도가 아니다'는 말로 도덕경 제1장을 시작한다. '이것이 사람이 사는 도'라고
보여줄 수 있는 도는 진정한 도가 아니라는 의미다

노자는 우주의 모든 것이 성립되게 하는 존재를 **도(타오)**라고 했다. 도(道)는 보거나 만지거나 할 수가 없다. 그런가 하면 '도(道)란 이런 것이다'라고 언어로 표현할 수도 없다. 특정할 수 없는 이상, 이름을 붙일 수 없기 때문에 노자는 도를 **무(무명)**라고 불렀다.

도(道)란 우주를 성립시키는 근본 원리다.
구체적으로는 경년 변화나 인과 관계, 작용 반작용 같은 자연(물리) 법칙을 말한다

도
(無)

모든 것은 도(道)에서 생겨나 도(道)의
법칙을 따르다가 도(道)로 돌아간다

도(無)는 천지가 생기기 전부터 존재하며, 계속해서 유(有)를 만들어 내는 혼돈이라고 노자는 말한다. 만물은 도(無)에서 생겨나 끊임없이 변화하다 이윽고 도(無)로 돌아간다.

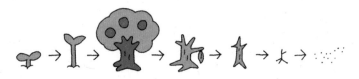

도덕과 문화(예를 들어 정의, 예의, 명예, 재산, 문명, 지식) 같은 사람이 만든 가치도 예외는 아니어서, 이 법칙에 따라 늘 변화하다 이윽고 소멸된다. 도는 그 소멸하는 모습을 가만히 지켜볼 뿐이다.

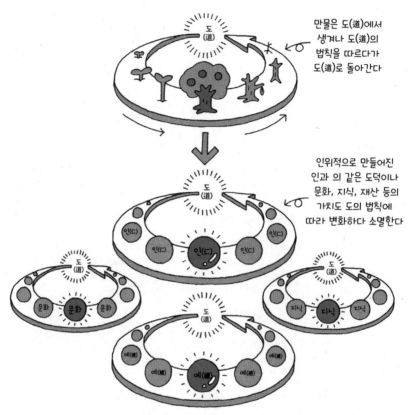

만물은 도(道)에서 생겨나 도(道)의 법칙을 따르다가 도(道)로 돌아간다

인위적으로 만들어진 인과 의 같은 도덕이나 문화, 지식, 재산 등의 가치도 도의 법칙에 따라 변화하다 소멸한다

중국 철학

끊임없이 변화하다 이윽고 소멸하는 도덕과 문화 등의 가치에 사로잡혀서는 행복해질 수 없다. 그보다도 자연의 법칙을 배우면서 살기를 노자는 권한다. 즉 '도(無)를 따른다'는 삶(무위자연 p.67)이다.

내 소중한 성이~!

만물은 변해 갑니다. 사람이 만든 가치도 언젠가는 모래성처럼 없어지는 거죠

노자

▶018

큰 도가 사라지자 인의가 나왔다

문 헌 --- 《노자》
관 련 -- 도(p.64)
메 모 ----------- '인의(仁義)'라는 맹자의 말이 사용된 것으로 봐서,
이 말은 전국 시대 이후에 쓰였음을 알 수 있다

《노자》 18장에는 '**큰 도가 사라지자 인의(仁義)가 나왔다**'는 말이 나온다. 이 말 속에는 유교(p.31)에 대한 비판이 표현되어 있다. 옛날 사람들은 도(p.64)에 따라 살았으나, 문명이 진보하는 과정에서 도를 잃어버렸다. 그러니까 인이나 예(p.32), 인의(p.42)로 사람을 구속해 질서를 유지하려고 한 것이 유교라는 것이다.

중국 철학

도(道)

옛날 사람들은 도를 따라 살았다.
그러니까 딱히 인의의 필요성을
어필할 필요가 없었다

도가 어디에 있어?

어디로 가면 되지?

문명이 진보하는 과정에서
도를 잃어버린다

별 수 없으니까 유교로
사람들을 묶어버렸다

유교 — 인(仁) 예(禮) 인의

인의를 확실히 익히는 거야~!

묶인 사람들은 이윽고
인간성을 잃어간다

인의를 주장할 게
아니라 인의가 필요
없는 사회를 만들자

노자

인(仁), 예(禮), 인의 등은 자유롭고 활발한 본래의 인간성을 빼앗아 간다고 노자는 말한다. 인의를 주장할 필요가 없는 세상을 만들어야 한다는 것이 노자를 비롯한 도가(p.62)의 생각이다.

066

무위자연

문　헌 --- 《노자》
메　모 ------- 《노자》(제4장)에는 '무위를 하면 다스려지지 않음이 없다
[爲無爲 則無不治]'고 했다. '무위'란 의식적으로 꾸미거나 조작하는 작위가
없는 것을 말한다. 그러니까 작위를 없애면 다스려지지 않는 것이 없다는 의미다

현명하게 살고 싶다면 도(p.64)를 따르면 된다고 노자는 말한다. 도(道)를 따른다는 것
은 **무위자연**(無爲自然)을 말한다. 무위자연이란 사람이 얄팍한 지혜를 짜내 만들어 낸
도덕과 문화(예를 들어 예의, 명예, 재산, 문명, 지식) 등의 가치에 얽매이지 않고, 자연
의 법칙을 참고로 하면서 사는 삶이다. 자연의 법칙 중에서도 물의 성질이 특히 도움이
된다(상선은 물과 같다 p.69).

사람의 지혜로 만든
가치관에 얽매이지 말고
무리하지도 말고 있는 그대로의
자연법칙을 참고로 삽시다

노자

높고 뾰족한 산은
무너진다

움푹 패여 있으면
채워진다

물은 낮은 곳을
찾아 흐른다

풀은 부드럽게 휘어지기
때문에 부러지지 않는다

흐름에 거스르지 않으면
멀리까지 갈 수 있다

물은 탁해도 움직이지 않고
있으면 맑아진다

도움이 되지 않는 것이나
눈에 띄지 않는 것은 계속
그 자리에 머문다

중국 철학

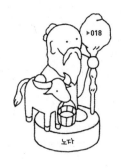

노타

상선은 물과 같다

의 미 ----------------------------- 최고의 선은 물과 같다는 뜻
문 헌 --- 《노자》
관 련 --- 유약겸하(p.70)
메 모 --------- 노자는 물이야말로 가장 도(道)에 가깝다고 생각했다

현명하게 살기 위해서는 물의 성질을 배워야 한다고 노자는 생각했다. 물은 조건 없이
형태를 바꿀 뿐 아니라 다투는 일이 없다.

물은 그릇의 모양에 따른다.
조건 없이 모습을 바꿀 뿐
아니라 다투는 일이 없다

응용

물과 같은 A군
알겠습니다.
그런 식으로
해 보겠습니다

솔직한 사원이군.
다음에는 더 큰
프로젝트를
맡겨도 되겠어

또한 물은 사람이 싫어하는 낮은 데로 흘러가 거기에 머문다.

물은 사람이 싫어하는 낮은
데로 흘러가 거기에 머문다

응용

이거
다 해놔

남들이 싫어하는
일을 기꺼이
해 보자

물과 같은 A군

이거
부탁해

물은 약하고 순하지만, 물을 공격해도 꿈쩍도 하지 않는다.

이놈! 이놈!

물은 약하고 순하지만,
물을 공격해도
꿈쩍도 하지 않는다

응용

위협해도
소용없어

알아둬!

물과 같은 A군

물은 모든 사람에게 도움이 되는 것이지만, 오만하지 않고 겸손하다.

물은 자신이 한 일을 말하지 않고 잠자코 있다.

물은 이러한 성질이기 때문에 소중히 하고 존중하는 것이라고 노자는 설명했다(**상선은 물과 같다**).

노자

유약겸하

문　헌 --- 《노자》
관　련 --------------------------- 상선은 물과 같다(p.68)
메　모 ------- 《노자》(제 78장)에 '세상에 물보다 유약한 것은 없지만,
단단하고 강한 것을 공격하는 데는 물을 능가하는 것이 없다'라고 기록되어 있다

자연을 잘 관찰하면 작용은 반작용을 낳는다는 것을 알 수 있다. 예를 들어, 부드럽게
구부러지는 가지는 부러지지 않고 바로 원상태로 돌아간다.

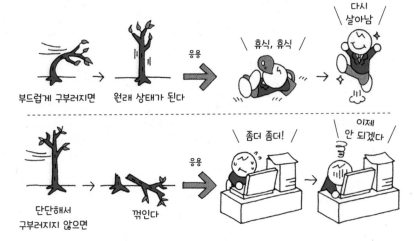

흐름에 저항하면 그 자리에서 맴돌지만 흐름에 맡기면 멀리까지 갈 수 있다.

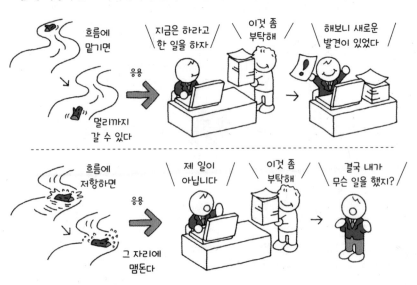

중국 철학

070

뾰족하게 우뚝한 것은 깎여 낮아지고, 낮고 평탄한 것은 그대로 존속할 수 있다.

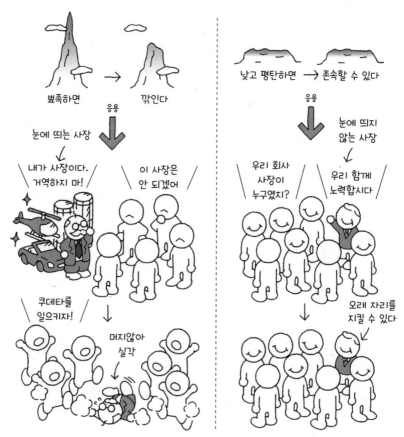

작용·반작용이라는 자연의 인과율을 기억해두면, 잘난 체하거나 자신만 두드러지게 보이는 행동을 하지 않을 것이다. 원래 물처럼 정말 필요한 인물이 되면, 그 필요성을 스스로 과시할 필요가 없다(상선은 물과 같다 p.69). 노자는 다른 사람과 경쟁하지 않고, 온유한 자세를 취하면 결국은 단단하고 강해질 수 있다고 역설했다. 이런 사람의 모습을 **유약겸하**(柔弱謙下)라고 한다.

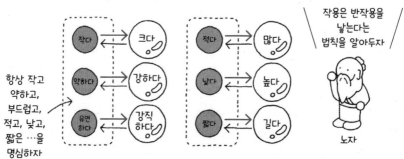

노다

절학무우

문 헌 --- 《노자》
관 련 -------------------------------- 도(p.64), 무위자연(p.67)
메 모 ----------- 《노자》(제48장)에서는 지식을 늘리는 '학(學)'과
욕망을 줄이는 '도(道)'가 대비되어 있다

'**배움을 끊으면 근심이 없다**(절학무우, 絕學无憂)'. 어중간한 지식은 없는 쪽이 오히려 세상을 살아가는 데 걱정이 없다는 노자의 말이다. 이 말 뒤에는 '부정과 긍정이 다르지 않으니(유지여아, 唯之與阿), 이 둘의 차이가 얼마가 되는가(상거기하, 相去幾何)'라는 말이 이어진다. '네' 하고 대답하는 것이나 '응' 하고 대답하는 것이나 그리 차이가 없다는 말이다. 사소한 예의의 헛됨을 말하고 있다.

선악의 지식과
예의를 유학에서
배우자

'네'라고 대답
하세요

응

선행을 했으니까
상을 주겠소

적국에서
보물을 빼앗아
왔습니다

예의에 얽매이면
본질을 놓치기 쉬워요

선악에 대한 지식은
시대나 환경에
따라 변해요

그 다음에 '좋고 나쁨 차이가 얼마나 있는가(선지여악, 善之與惡)'라고 계속된다. 선과 악의 차이가 얼마나 있느냐는 질문이다. 노자는 인간이 조작한 가치관에 얽매이기를 거부했다.

중국 철학

노자

메 모 ------------------- 만족할 줄 아는 자는 부자이고(제33장)
'만족할 줄 아는 사람은 부끄러움을 당하지 않고'(제44장), '만족할 줄 알면
부족함이 없다'(제46장) 등 '지족'에 대한 표현은 《노자》의 곳곳에 등장한다

노자는 **족함을 아는**(만족할 줄 아는) 것이 중요하다고 말한다(**지족**). 분수를 지키며 만족할 줄 알면 망신을 당하는 일도 없고, 위험한 일도 당하지 않는다.

반대로, 최고 최대의 상태는 큰 위험이 수반된다. 용기 가득 물이 채워지면 즉시 넘치고, 칼날도 너무 갈면 부러지기 쉽다고 노자는 설명한다. 큰 명예와 재산은 잃기 쉬울 뿐만 아니라 집착하면 할수록 잃었을 때의 침체도 커진다.

중국 철학

▶018

노자

소국과민

메 모 ----------- 《노자》에는 이상적인 정치를 그리는 대목이 많다.
그 근본은 '무위'이며, 제3장에는 '무위에 의해 일을 처리하면 다스리지
못할 것이 없다'고 적혀 있다. '소국과민'은 무위를 실현하는 조건인 것이다

춘추 전국 시대는 왕들이 영토 확장을 위해 전쟁을 벌이는 시대였다. 그럼에도 불구하고 노자는 작은 면적에서 적은 인구가 사는 **소국과민**(小國寡民) 국가가 행복하다고 주장했다.

작은 면적에 적은 인구가
사는 나라가 행복하다

큰 면적에서 많은
인구가 사는 나라는
문제가 끊이지 않는다

평화롭다~

소국과민
작은 면적에서 적은 인구가
사는 나라가 더 행복하다고
노자는 생각했다

노자가 이상으로 한 소국과민의 나라에는 엄격한 규칙과 잔혹한 형벌이 없기 때문에 사람들은 나라를 떠나려고 하지 않는다.

한가해~

다른 나라

뱃사공

중국 철학

싸울 일도 없다. 그러니까 무기도 필요 없다.

사람들은 농촌에서 자급자족으로 살고 있다. 소박한 음식이나 검소한 생활을 충분히 즐기고 있다.

이웃 나라는 가축 소리가 들릴 정도의 거리에 있다. 그러나 자기 나라에 만족하기 때문에, 그 나라에 가려고는 하지 않는다.

노자는 족한 줄 아는(지족 p.73) 것이 평화로운 사회를 만든다고 한다. 족한 줄 알고 만족하는 사람은 항상 채워져 있어 행복하다고 노자는 생각했다.

중국 철학

장자 등

▶020

노장사상

문　헌 -- 《노자》와 《장자》
메　모 ------------------- 《노자》와 《장자》는 문체가 크게 다르다.
《노자》는 간결하고 군더더기 없는 글인데 반해
《장자》는 수사학을 구사한 시적 산문으로 쓰여 있다

노자에게 있어서의 도(道)
노자에게 도란 작용·반작용,
인과율, 경년 변화 같은
자연 법칙을 말한다(p.64)

높고 뾰족한 것은
깎인다

도
(道)

도(道)를 따른다는
건 자연의 법칙에
거역하지 않고
산다는 걸 말한다

노자

부드럽게
구부러지면
꺾이지 않다

물은 낮은
데로 흐른다

만물은 변화하고
소멸한다

장자에게 있어 도(道)
장자에게 도(道)란
선악, 우열, 미추, 크고 작음 등
인위적으로 구분 짓지 않은
장소를 말한다(만물제동 p.78)

도(道)

악
선
미
추
우
열
강
약

도(道)를 따른다는
것은 인위적인
구별을 없애고
도(道)와
일체화하는
걸 말한다

장자

악
선
미
추
우
열
강
약

인위적인 구별

심제좌망(p.83)으로
인위적인
구별을 없앤다

중국 철학

노자(p.18)는 명예나 재산 등에 휘둘리지 않고 자연의 법칙을 참고로 하며 사는 것을 도 (p.64)에 따라 사는 것이라고 했다. 한편, 노자의 생각을 발전시킨 장자는 선악, 우열, 크고 작음 등을 구분 짓지 않고 자유롭게 사는 것을 도(道)를 따라 사는 것이라고 생각 했다. 노자는 인위적인 가치를 부정하고(무위자연 p.67), 장자는 만물의 차이를 부정(만 물제동 p.78)한 것이다. 노자와 장자의 사상을 합쳐 **노장사상**(老莊思想)이라고 한다.

장자 등

▶020

나비의 꿈

문 헌 -- 《장자》
메 모 ------------ 《나비의 꿈》의 말미에는 자신이 나비가 되는 것,
혹은 나비가 자신이 되는 것을 물화(物化)라고 했다.
이 물화에 대해서는 학술상 다양하게 해석되고 있다

어느 날 장자는 자신이 나비가 되어 즐겁게 날아다니는 꿈을 꾸었다.

정신없이 즐겁게
날아다니고 있을 때,
자신과 나비의 구별은 없었다

꿈에서 깬 장자는 자신이 꿈에서 나비가 된 것인지, 나비가 꿈에서 자신이 된 것인지 알수 없었다(**나비의 꿈**). 이 세계는 꿈일까 현실일까. 상식적으로는 꿈인지 현실인지 구별하는 것이 중요할지도 모른다. 그러나 그 구별을 증명할 확실한 증거는 없다. 이러한 구분에 집착하지 않고 자신이 나비든 사람이든, 이 세상이 꿈이든 아니든 주어진 지금을마음껏 즐겨야 한다고 장자는 주장했다.

내가 나비가 된 꿈을 꾼 것인가? 나비가 내가 되어 꿈을 꾸고 있는가?
둘 다 큰 차이는 없다고 장자는 생각했다

중국 철학

당자

만물제동

의 미 -------------------- 삼라만상에 가치를 구분 짓기 어렵다.
도(道)의 관점에서 보면 만물은 모두 똑같다고 주장하는 사상이다
문 헌 --- 《장자》
관 련 -------------------- 조삼모사(p.79), 무용지용(p.80)

선악, 미추, 우열, 진위 등의 구별(차이)은 인간 특유의 감각이나 사고의 산물이라고 장자는 생각했다. 인간이 존재하지 않으면 우주는 인간의 감각이나 사고로 구별할 수 없다. 구별을 모두 제거하면 만물은 하나이다. 이것을 **만물제동**(萬物齊同)이라고 한다. 궁극적으로는 '나'와 '나 이외의 모든 것'은 동일하다는 생각에 도달한다.

도덕적인 가치뿐만 아니라
크고 작음 같은 물리적인 차이도
인간 특유의 사고로 정한 것이다

인간이 만든 차이를 없애면
가치의 우열은 없어진다

나 이외의 것

본래,
나와 나 이외의 것을
구분하는 벽은 없다.
타인과 싸우는 건
바보 같은 짓이다

만물제동
만물은 하나다.
진정한 세계에 나와 나
이외의 구별은 없다.
가치의 우열도 없다

진정한 세계(만물제동의 세계)에는 모든 가치에 우열이 없다. 그러니까 다른 사람과 경쟁하지 않고 한가롭게 자기 원하는 대로 살아야 한다고 장자는 생각했다.

장자

조삼모사

의　미 -------- 눈앞에 보이는 차이만 알고 결과가 같은 것을 모르는
어리석은 상황을 비유하는 말이다
문　헌 ------------------------------- 《장자》《열자》
관　련 ------------------------------- 만물제동(p.78)

세계의 진짜 모습은 만물제동(p.78)임을 사람들은 좀처럼 깨닫지 못한다. 그래서 선악,
미추, 우열 등의 차이에 집착하게 된다.

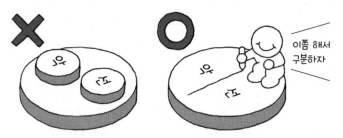

이쭘 해서
구분하자

선악 등의 차이는 세상에 처음부터 존재한 것이 아니라
인간이 자신들의 형편에 맞게 구분을 지었기 때문에 생긴 것이다.
더구나 시대나 환경에 따라 구분 짓는 방법도 다르다. 세상의 진짜 모습은 만물제동(p.78)이다.

세상의 모든 차이는 인위적으로 '구분 짓는 방법'의 차이일 뿐이라는 것을 **조삼모사**(朝
三暮四)라는 비유로 장자는 설명한다.

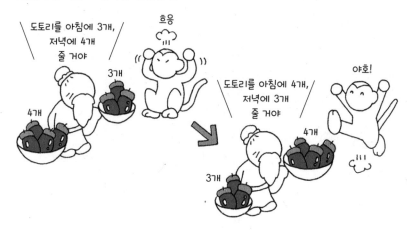

도토리를 아침에 3개,
저녁에 4개
줄 거야

흐흥

3개

4개

도토리를 아침에 4개,
저녁에 3개
줄 거야

야호!

4개

3개

조삼모사

한 노인이 애완동물 원숭이에게 도토리 먹이를 '아침에 3개, 저녁에 4개 주겠다'고 하자
원숭이는 불만스러운 듯 화를 냈지만, '아침에 4개, 저녁에 3개 주겠다'고 하자 기뻐했다.
실제로 차이가 없는데도 차이에 집착하는 사람도 이와 마찬가지다

중국 철학

장자

무용지용

의　미 ---------------- 언뜻 보아 별 쓸모없어 보이는 것이 도리어
　　　　　　　　　　　쓰임새가 큰 게 많다는 의미다

메　모 ----- 《장자》에는 '사람들은 분명히 도움이 되는 것의 가치는 알지만,
　　　　　　불필요하게 보이는 것이 인생에서 진정으로 도움이
　　　　　　된다는 것을 모른다'라고 기록되어 있다

유용한 것은 쓸모없는 것이 있어야 알 수 있고, 쓸모없는 것은 유용한 것이 있어야 알 수
있다고 장자는 생각했다. 한쪽이 없으면 다른 한쪽만으로는 구성되지 않는다는 것이다.

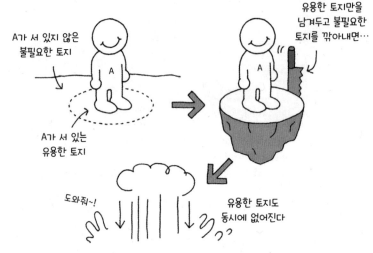

A가 서 있지 않은
불필요한 토지

A가 서 있는
유용한 토지

유용한 토지만을
남겨두고 불필요한
토지를 깎아내면…

도와줘~!

유용한 토지도
동시에 없어진다

만물을 유용한지, 쓸모없는지, 다른 것들과 비교해야 되는 것이 아니라 하나하나가 절
대적인 가치를 갖고 있다고 장자는 생각했다. 이것을 **무용지용**(無用之用)이라고 한다.
인생에 일어나는 사건에도 가치의 우열은 없다. 사건 모두 운명이라고 받아들이고 즐겨
야 한다고 그는 주장했다(**운명 순종**).

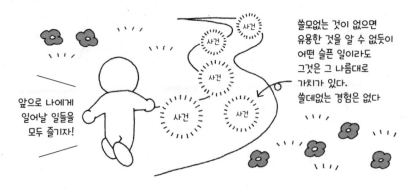

앞으로 나에게
일어날 일들을
모두 즐기자!

쓸모없는 것이 없으면
유용한 것을 알 수 없듯이
어떤 슬픈 일이라도
그것은 그 나름대로
가치가 있다.
쓸데없는 경험은 없다

▶020

당다

소요유

의 미 -------------------- 있는 그대로의 세계와 일체가 되어,
유유자적하게 여가를 보내는 경지를 말한다

메 모 --------- 《장자》(소요유 편)에는 크기가 몇 천리나 되는 붕새가
비상하는 모습이 소요유의 상징으로 묘사되어 있다

우열, 미추, 강약, 대소 등 인간이 만든 차이에 얽매이지 않고 자유롭게 사는 것을 **소요유**(逍遙遊)라고 한다. **예미**(曳尾)라는 일화에서 장자 자신이 자유로운 삶을 살았다는 것을 엿볼 수 있다.

초나라의 정치를 맡기고 싶네

초나라 관리가 장자에게 정치를 맡기고 싶다고 찾아왔다

초나라 관리

장자

장자는 인간이 만든 명예라는 가치보다 자유를 좋아했기 때문에 거절했다

초나라에는 점을 보기 위해 3000년 동안이나 소중히 보관되어 있는 거북의 등껍질이 있다면서요…

그 거북이는 죽어서 인간들에게 소중한 취급을 받기보다는 사실 진흙탕 속에서 꼬리를 끌며 살았음이 분명하다. 나도 그렇게 살고 싶다

꼬리를 진흙 속에 묻고 끌다(예미)
명예나 지위에 얽매이지 않고
마음 편하게 사는 것을
'꼬리를 진흙 속에 묻고 끌다'라고 말한다

중국 철학

장다

심재좌망

문　헌 -- 《장자》
관　련 ------------------------- 만물제동(p.78), 소요유(p.81)
메　모 ------------------ 심재(心齋)는 《장자》 인간세 편에,
　　　　　　　　　　　　좌망(坐忘)은 대종사 편에 나오는 말이다

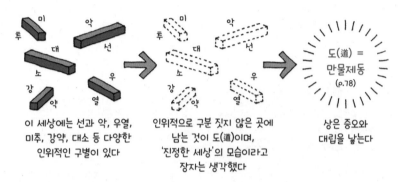

이 세상에는 선과 악, 우열, 미추, 강약, 대소 등 다양한 인위적인 구별이 있다

인위적으로 구분 짓지 않은 곳에 남는 것이 도(道)이며, '진정한 세상'의 모습이라고 장자는 생각했다

도(道) = 만물제동 (p.78)

상은 증오와 대립을 낳는다

중국 철학

노자(p.18)를 시조로 하는 도가(p.62)는 도(p.64)를 주장하는 학파이다. 노자의 사상을 계승 한 장자에게 있어 도(道)란 선악, 우열, 미추, 강약, 대소 등 인위적으로 만든 구별이 없는 장소(만물제동 p.78)를 가리킨다. 그리고 '도(道)를 따른다'는 말은 구별이 없는 장소와 일체화하는 것을 의미한다.

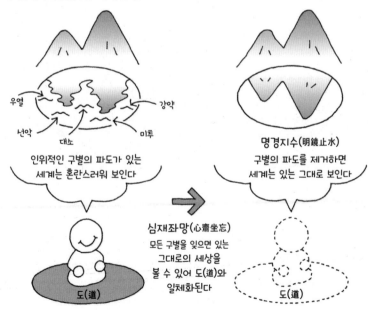

우열　강약
선악　대소　미추

인위적인 구별의 파도가 있는 세계는 혼란스러워 보인다

명경지수(明鏡止水)
구별의 파도를 제거하면 세계는 있는 그대로 보인다

심재좌망(心齋坐忘)
모든 구별을 잊으면 있는 그대로의 세상을 볼 수 있어 도(道)와 일체화된다

도(道)

도(道)

도(차이가 없는 곳)와 일체화하기 위해서는 마음을 텅 비게 하고, 언어로 구분 지은 선악, 우열 대소 등의 차별을 모두 잊고 명경지수의 경지에 이르는 수양이 필요하다. 이러한 수양법을 **심재좌망**(心齋坐忘)이라고 한다. 심재좌망에 의해 명경지수의 경지에 이른 사람을 장자는 진정한 **진인**(眞人)이라고 불렀다.

진인이 되면 마음의 고통과 불만이 전혀 없어 진정한 자유를 실감할 수 있다고 말한다. 하지만 진인이 되는 것은 조금 어려울 듯하다. 선악, 우열, 강약, 미추 등의 차이에 민감하게 반응하지 않도록 습관이 되어 있어야 조금이라도 진인에 접근할 수 있기 때문이다.

중국 철학

주다 등

사서오경

메 모 - 주자(주희)는 《주자어류》에서 사서는
대학 → 논어 → 맹자 → 중용의 순서로 배우는 것이 좋다고 말했다.
또한 사서 앞에 배우는 교재로는,
주희도 편찬에 참여한 유교의 초등 교과서 《소학》이 있다

유교(p.31)는 진시황에 의해 심한 탄압(**분서갱유**)을 받았지만, 한나라 때 다시 검토되어 국교가 된다. 이에 따라, 유교의 기본서로 **사서오경**이 정비되었다. 한나라 이후의 유교는 한나라 이전의 유가(p.30) 사상과 구별하여 유학이라고도 한다(사서는 **《논어》《대학》 《중용》《맹자》**, 오경은 **《역경》《서경》《시경》《예기》《춘추》**).

중국 철학

유교의 역사

육경(六經)
육경은 공자가 편집한 것으로 알려져 있는
6가지 경서를 말한다
《역경(易經)》… 만물의 법칙에 대한 책
《시경(詩經)》… 고대의 시가에 대한 책
《서경(書經)》… 고대 역사에 대한 책
《예기(禮記)》… 의례에 대한 책
《춘추(春秋)》… 노국의 역사에 대한 책
《악기(樂記)》… 음악에 대한 책

공자의 말은 후에
제자들에 의해
《논어》로 정리된다

공자
(p.18)

성선설
(p.38)

성악설
(p.46)

《맹자》 후에
사서로 선정되었다

《순자》는 사서에
선정되지 않았다

맹자
(p.20)

순자
(p.23)

진시황
(BC259 ~ BC210)

법가의
사상 이외는
금지입니다

계속된다

분서갱유
진시황이 유교를 탄압

이어서

유교를
국교로 한다

한나라 무제
(BC156~BC87)

동중서
(p.24)

와~!

오경
동중서가 《역경》
《시경》《서경》《예기》
《춘추》의
오경을 유교의
기본 경전으로 정한다.
《악기》는 분서갱유 때
잃어버렸다

한나라 무제 때,
유교가 다시 부활한다

사서
주희가 사서를 기본 경전에 넣는다.
《대학》은 학문의 목적 · 방법,
《중용》은 물(物)의 도리가 적혀 있다.
'대학'과 '중용'은 '예기'의
한 편을 독립시킨 것이다

논어   대학

맹자   중용

오경은 어려우니까
사서를
먼저 읽어

주자학

관료가 되려면
사서오경을 통째로
외워야 해!

합격   필승

오경   사서

주자학
(p.87)
유교를 처음부터 재검토하여
주자학을 만든다.
이후 주자학은 유교의
정통이 된다

주자(주희)
(p.25)

주자학의 사서가 중국의
국가 시험(과거)의 공식 원문이 된다
(청나라까지 계속된다)

행동이
중요!

왕양명
(p.25)

양명학

양명학(p.95)
지식만을 중시하는
주자학을 비판적으로
계승해 양명학을 만든다

유교는 신분 제도를
정당화하고
있다!

21세기에 들어와 중국에서는
유교가 탄압의 대상에서
보호 대상으로 바뀐다

맹자   논어

문화대혁명(1966~1976)으로 인해 주자학,
양명학 모두 유교는 철저하게 탄압을 받는다

025

두다

주자학

문　　헌 -- 《주자어류》 등
관　　련 ------------------------------ 이기이원론(p.88), 성즉리(p.90)
메　　모 ------ 주자(주희)는 송나라에 발전한 유학(=송학)을 집대성했다
　　　　　　송학의 유학자로는 주돈이(周敦頤), 정호(程顥), 정이(程頤) 등이 있다

유교(p.31)가 국교가 되고 나서 1000년 지난 송(960년~1279년)의 시대가 되자, 유교는 성립 당시의 의의를 잃어버리고 형태만 남았다. 또한 유교는 도교(p.63)나 인도에서 들어온 불교의 사상에 이론적으로 대항할 필요도 생겼다.

불교와 도교에 비해 유교는 우주(자연)와 인간이 어떻게 관련되어 있는지 이론이 부족했다. 그때까지 유교의 관심이 인간 사회에 한정되어 있었기 때문이다.

도교는 작용 반작용, 불교는 제행무상 등 도교와 불교는 우주와 인간에게 통하는 법칙을 발견했다.
이에 반해 유교의 관심은 인간 사회에 한정되어 있었다

유학자 주자(주희)는 우주와 인간의 관계를 설명하기 위해 유학의 기본 경전을 처음부터 다시 읽었다. 그리고 유학을 다시 해석하여 **주자학**이라고 하는 **새로운 유학**을 구축했다. 주자학에는 예로부터 전해지는 음양설이나 오행설(p.58), 더 나아가 도교와 불교의 사상 등도 도입되었다.

주자학은 중국의 국시험(과거)의 공식 텍스트로 채택되었고, 일본에서도 에도 막부의 어용 학문이 되었다.

주자

이기이원론

문　헌 ------------------------- 《주자어류》《주자문집》 등
메　모 ---- 《주자문집》에는 '천지 사이에는 이(理)가 있고 기(氣)가 있다.
이(理)는 형이상의 길이며, 물(物)이 생기는 근본이다.
기(氣)는 형이하의 그릇이며, 물(物)이 생기는 소재다

우주에 존재하는 모든 것은 **이**(理)와 **기**(氣)가 조합되어 있다고 주자(주희)는 생각했다.
이를 **이기이원론**(理氣二元論)이라고 한다.

이기이원론

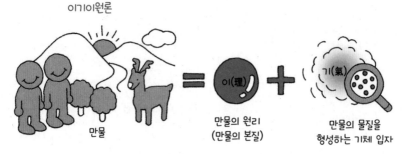

만물　=　이(理)　+　기(氣)

만물의 원리
(만물의 본질)

만물의 물질을
형성하는 기체 입자

기(氣)란 만물의 물질을 형성하는 미세한 기체 입자를 말한다.

세계는 응고 확산을
반복하는 원자와 같은
기체 입자(氣)로 채워져 있다

기(氣)가 모여
개체의
질을 만든다.
이를 '물질'이라고 한다

만물의 물질면은
기(氣)로 되어 있다

한편, 이(理)란 하늘(天)이 정한 자연의 법칙을 말하는 것으로, 모든 것이 '그 자체'이기 위한 원리이다. 즉 이(理)는 만물의 본질을 담당한다.

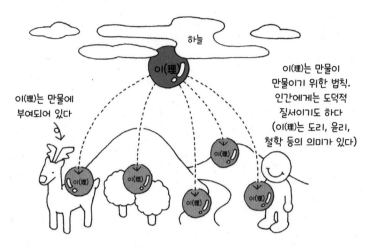

그리고 인간의 이(理)는 사람이 인간답게 살기 위해 지켜야 할 도덕과 질서이다. 구체적으로는 인(仁), 의(義), 예(禮), 지(智), 신(信)의 오상(p.40)을 가리킨다.

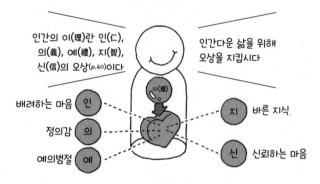

인간의 이치는 자연의 법칙이며, 객관적이고 고정적으로 존재한다고 주자는 생각했다. 그 후 왕양명(p.25)은 주자학의 이 부분에 의문을 갖는다.

▶025

성즉리

관　련 -------------------------------- 이기이원론(p.88)
메　모 ---------- 《중용장구(中庸章句)》에는 다음과 같이 적혀 있다.
'성(性) 즉 이(理)이다. 하늘은 음양오행의 작용으로 만물을 낳는다.
만물은 기(氣)에 의해 형태를 이루고 이(理)도 또한 거기에 주어진다.'

주자(주희)에 따르면, 만물은 이(理)와 기(氣)로 되어 있다(이기이원론 p.88). 기(氣)가 모여 형태가 된 개체 속에는 반드시 이(理)가 부여되어 있다. 이(理)는 각 개체가 어떤 식이어야 하는지 결정한다. 다시 말하면 이(理)는 개체의 본질을 결정한다. 이(理)가 정한 본질은 선(善)이라고 주자는 생각했다.

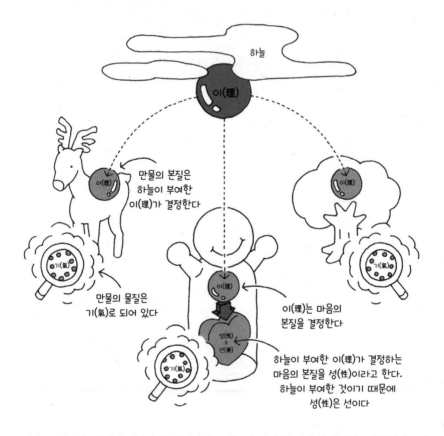

인간도 태어날 때부터 이(理)를 부여받았으며, 각 사람의 마음의 본질을 결정한다. 이(理)가 정한 마음의 본질을 **성**(性)이라고 한다. 즉 주자가 말하는 성(본질)이란 이(理)를 말한다. 이것을 **성즉리**(性卽理)라고 한다.

주자에 따르면, 마음은 성(性)과 **정**(情, 욕망과 감정)이 일체가 된 것이다. 이(理)에 유래하는 인간의 본성은 본질적으로 선이다. 그런데 우리의 육체를 형성하는 기(氣)가 마음에 작용하여 정(情)을 움직이면 욕심을 낳고 만다.

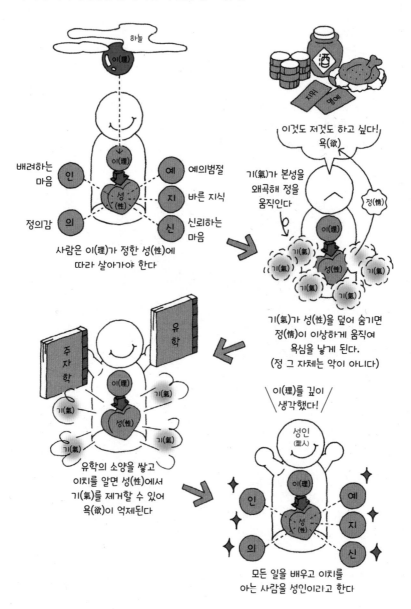

기(氣)가 욕(欲)을 낳지 않도록 하기 위해서는 이(理)를 배워, 기(氣)의 폭주를 억제할 줄 알아야 한다(거경궁리 p.93). 주자는 모든 것을 배워 이(理)를 아는 사람을 **성인**(聖人)이라고 불렀다.

▶025

두다

거경궁리

문　헌 ------------------------------ 《주자어류(朱子語類)》
관　련 -------------------------------- 격물치지(p.94)
메　모 ---------- 《주자어류》에는 '학자의 연구는 단지 거경(居敬)과
궁리(窮理), 두 가지만 존재한다'고 기록되어 있다

인간의 성(性)에는 이(理)가 부여되어 있으니까, 인간 본래의 성은 선이다. 그런데 기(氣)가 성(性)을 덮어 숨기면 정(情)이 이상하게 움직여 욕심을 낳게 된다. 정(情) 자체는 좋게 움직이기도 나쁘게 움직이기도 한다.

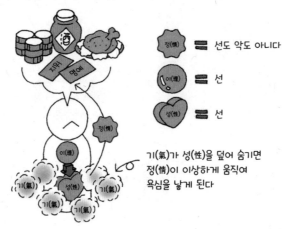

자신의 성(性)에 부여된 이(理)를 밝히고, 성(性)에서 기(氣)를 제거하는 실질적인 방법은 두 가지가 있다. 하나는 **거경**(居敬)하는 수양법으로, 일상의 어떤 경우에도 의식을 집중시켜, 항상 마음의 안정을 꾀하는 것이다.

일하면서(사회생활을 하면서)
마음의 수행을 할 수 있는 것이 거경(居敬)이다

중국 철학

거경(居敬)은 도교(p.63)의 선인 수행이나 불교의 참선 수행에 비하면, 사회생활을 하면서 하는 마음의 수양이라고 할 수 있다.

불교나 도교의 수행을 하고 있어서는 사회생활을 할 수 없다

그리고 또 하나가 만물의 이치를 깊이 연구하는 **궁리**(窮理)다. 자기 바깥에 있는 하나하나의 개체에 부여된 이(理)를 학문으로 깊이 연구하다 보면 어느 날 갑자기 만물에 공통되는 이(理)가 밝혀진다고 주자는 말한다. 그것은 자기 안에 있는 이(理)가 밝혀지는 순간이기도 하다. 거경과 궁리를 합쳐 **거경궁리**(居敬窮理)라고 한다.

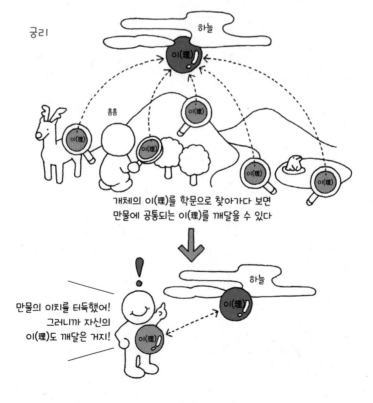

격물치지

문　헌 ------------------------ 주자《대학장구(大學章句)》
메　모 ------ 주자학과 양명학의 해석은 크게 다르다. 주자학은 '격물'을
'사물에 이른다'고 해석하지만, 양명학은 '사물을 바로잡는다'고 해석한다

자신의 외부에 있는 개체의 이(理)를 속속들이 파고들어 깊게 연구하는 것을 궁리(p.93)
라고 한다. 궁리하다 보면, 사람과 우주에 공통되는 이치를 깨달을 수 있는 순간이 찾
아온다고 주자(주희)는 말한다. 그것은 즉 자기 안에 있는 이치를 깨닫는 순간이기도 하
다. 이 순간을 목표로 탐구하는 것을 **격물치지**(格物致知)라고 한다.

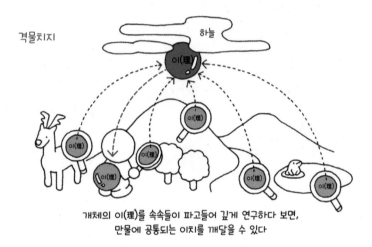

개체의 이(理)를 속속들이 파고들어 깊게 연구하다 보면,
만물에 공통되는 이치를 깨달을 수 있다

그러나 주자는 개체의 이(理)를 아는 힌트는 모두 과거에 쓰인 책인 사서오경(p.84) 안
에 있다고 생각했다. 그래서 주자학이 과학의 발전에 기여하지는 못했다.

왕양명

양명학

문　헌 ------------------------------------- 왕양명 《전습록》

관　련 ------------------- 심즉리(p.96), 지행합일(p.99), 양지(p.98)

메　모 ------------------- 주자학이 '이학(理學)'이라고 불리는 반면,
　　　　　　　　　　　　　　　양명학은 '심학(心學)'이라 불린다

인간의 이(p.88), 즉 인간이 반드시 지켜야 할 법칙은 만물에 통하는 자연의 법칙이며, 이(理)는 처음부터 객관적으로 존재한다고 주자(p.25)는 생각했다(성즉리 p.90). 왕양명은 이 생각에 의문을 갖는다.

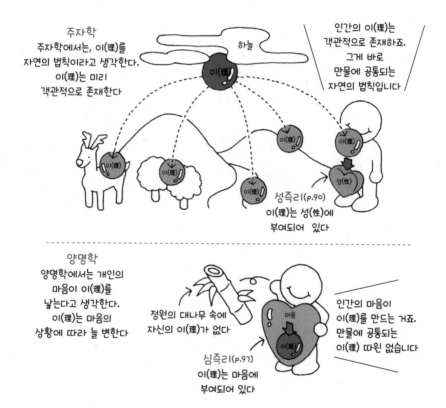

주자학

주자학에서는, 이(理)를 자연의 법칙이라고 생각한다. 이(理)는 미리 객관적으로 존재한다

인간의 이(理)는 객관적으로 존재하죠. 그게 바로 만물에 공통되는 자연의 법칙입니다

하늘

이(理)

성(性)

성즉리(p.90) 이(理)는 성(性)에 부여되어 있다

양명학

양명학에서는 개인의 마음이 이(理)를 낳는다고 생각한다. 이(理)는 마음의 상황에 따라 늘 변한다

정원의 대나무 속에 자신의 이(理)가 없다

심즉리(p.97) 이(理)는 마음에 부여되어 있다

마음

이(理)

인간의 마음이 이(理)를 만드는 거죠. 만물에 공통되는 이(理) 따윈 없습니다

중국 철학

왕양명은 이(理)는 마음 그 자체라고 주장한다. 일상의 사건에 대해 그때마다 자신이 좋다고 생각하는 판단이 그대로 이(理)라는 것이다(심즉리 p.97). 이(理)는 고정적인 것이 아니라 주체적이고 생동감 있는 마음의 상태에 따라 늘 변화한다고 생각한 것이, 왕양명을 시조로 하는 **양명학**이다. 일반적으로 주자학(p.87)은 성즉리, 양명학은 심즉리(p.97)의 사상이라고 보는 견해가 많다.

왕양명

심즉리

문 헌 --- 왕양명 《전습록》
관 련 ------------------------------------- 지행합일(p.99), 양지(p.98)
메 모 ---- 원래 심즉리는 남송의 학자 육구연(陸九淵)이 주창한 것이다.
양명학은 육구연의 학설로부터 큰 영향을 받았다

주자(p.25)는 만물의 존재가 이(理)와 기(氣) 두 요소로 이루어져 있다고 생각했다(이기이원론 p.88). 그리고 하나하나의 개체에 부여되어 있는 이(理)를 깨달아 가면(궁리 p.93), 모든 인간과 우주에 통하는 이(理)에 도달할 수 있다고 생각했다(격물치지 p.94). 즉 개체의 이를 알게 되면 자신의 이를 알 수 있다는 것이다.

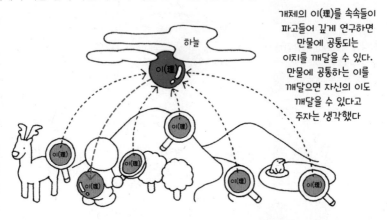

개체의 이(理)를 속속들이
파고들어 깊게 연구하면
만물에 공통되는
이치를 깨달을 수 있다.
만물에 공통하는 이를
깨달으면 자신의 이도
깨달을 수 있다고
주자는 생각했다

그래서 왕양명은 정원에 있는 대나무의 이(理)를 계속 생각했지만, 노이로제로 쓰러져 버렸다. 그리고 자신의 이(理)는 자신의 외부에는 없다고 깨닫는다.

안 돼!
대나무 속에는 자신의 이가 없어.
주자학을 수정해야 할지도 모르겠군

왕양명

왕양명은 자신의 이(理)는 대나무의 이(理)처럼 고정적인 자연의 법칙이 아니라 자신의 마음에 부여되어 있다고 생각했다. 일상의 사건에 대해 그때마다 자신이 좋다고 생각하는 판단이 그대로 이(理)라는 것이다.

인간의 마음에는 이(理)가 부여되어 있다는 의미에서 사람은 모두 성인(聖人 p.91)이다. 부여된 이(理)를 실행하면 거기에 선(善)이 생긴다.

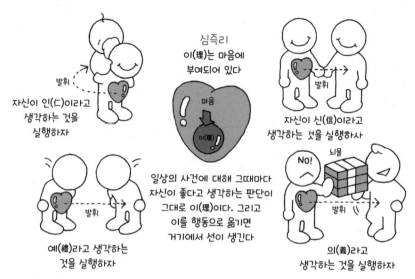

심즉리

이(理)는 마음에 부여되어 있다

자신이 인(仁)이라고 생각하는 것을 실행하자

자신이 신(信)이라고 생각하는 것을 실행하사

일상의 사건에 대해 그때마다 자신이 좋다고 생각하는 판단이 그대로 이(理)이다. 그리고 이를 행동으로 옮기면 거기에서 선이 생긴다

예(禮)라고 생각하는 것을 실행하자

의(義)라고 생각하는 것을 실행하자

주자는 마음을 성(性)과 정(情)의 일체라고 하면서도, 이(理)는 성(性)에 부여되어 있다고 생각했다. 이에 대해 왕양명은 양자를 구별하지 않고 마음 그 자체에 이(理)가 깃들어 있다고 생각했다. 왕양명의 생각을 주자의 성즉리(p.90)에 대해, **심즉리**(心卽理)라고 한다. 왕양명에게 있어 이(理)는 마음을 바르게 가지면 밝혀낼 수 있는 것이었다.

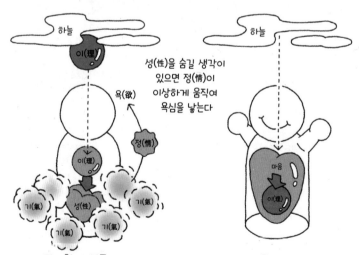

성(性)을 숨길 생각이 있으면 정(情)이 이상하게 움직여 욕심을 낳는다

주자학의 성즉리(p.90)

하늘에서 유래하는 이(理)는 만물에 깃들어 있다. 인간의 이(理)는 성(性)에 깃들어 있다. 인간은 이(理)를 탐구함으로써 성(性)을 덮어 숨기는 기(氣)를 지워 욕(欲)이 생기지 않도록 해야 한다

양명학의 심즉리

마음 밖에 이(理)가 있는 것이 아니라 마음속에 이(理)가 부여되어 있다. 인간은 마음을 바르게 가지면 자신의 이(理)를 알 수 있다

왕양명

문　헌 -------------------- 왕양명《전습록》《대학문(大學問)》
메　모 ---- 《맹자》에서는 '양지'를 '깊이 생각하지 않아도 아는 것'이라고
　　　　　설명한다. 왕양명은 《대학문》에서 '모든 사람에게 있는
　　　　　옳고 그름을 가릴 줄 아는 시비지심'이 양지라고 말한다

인간이 마음을 바르게 가져야 비로소 이(理 p.88)가 밝혀진다고 왕양명은 말한다. 왜냐하면 인간의 마음에는 태어날 때부터 **양지**(良知)가 부여되어 있어, 만물의 바른 모습을 알고 있기 때문이다. 따라서 양지를 통해 마음과 만물이 연결되어 있는 것이다.

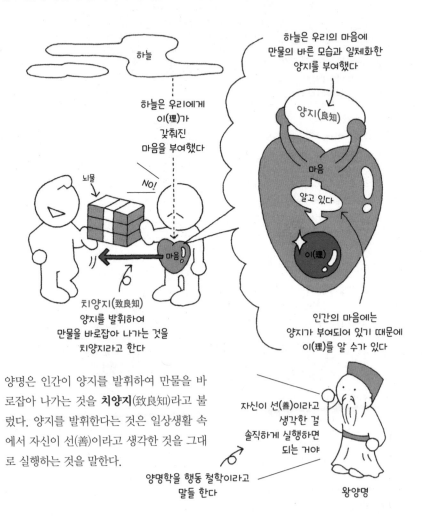

하늘

하늘은 우리에게 이(理)가 갖춰진 마음을 부여했다

NO!

뇌물

치양지(致良知) 양지를 발휘하여 만물을 바로잡아 나가는 것을 치양지라고 한다

마음

하늘은 우리의 마음에 만물의 바른 모습과 일체화한 양지를 부여했다

양지(良知)

마음

알고 있다

이(理)

인간의 마음에는 양지가 부여되어 있기 때문에 이(理)를 알 수가 있다

양명은 인간이 양지를 발휘하여 만물을 바로잡아 나가는 것을 **치양지**(致良知)라고 불렀다. 양지를 발휘한다는 것은 일상생활 속에서 자신이 선(善)이라고 생각한 것을 그대로 실행하는 것을 말한다.

자신이 선(善)이라고 생각한 걸 솔직하게 실행하면 되는 거야

양명학을 행동 철학이라고 말들 한다

왕양명

중국 철학

왕양명

지행합일

의 미 ----------------------- 아는 것과 행하는 것이 하나라는 것
관 련 --------------------------------------- 양지(p.98)
메 모 -------- 왕양명 《전습록》에는 '알고도 행하지 않는 자가 있다.
알고 있으면서 행하지 않으면 아직 모르는 것이나 마찬가지다'라는 말이 있다

주자(p.25)는 학문을 매우 중시했다. 그리고 항상 논리적이어야 한다고 생각했다. 이에 대해 왕양명은 아무리 지식이 있어도 실행이 따르지 않는 지식은 의미가 없다고 말했다. 참 지식은 반드시 실행이 따라야 한다고 왕양명은 생각한 것이다. 이를 **지행합일**(知行合一)이라고 한다.

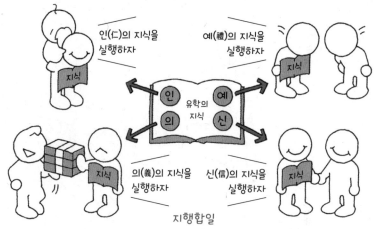

실행이 따르지 않으면 참 지식이라고는 말할 수 없다고 양명은 생각했다

지행합일의 정신은 일본에도 건너가 막부 타도 운동을 하는 데 마음의 버팀목이 되었다.

일본 철학

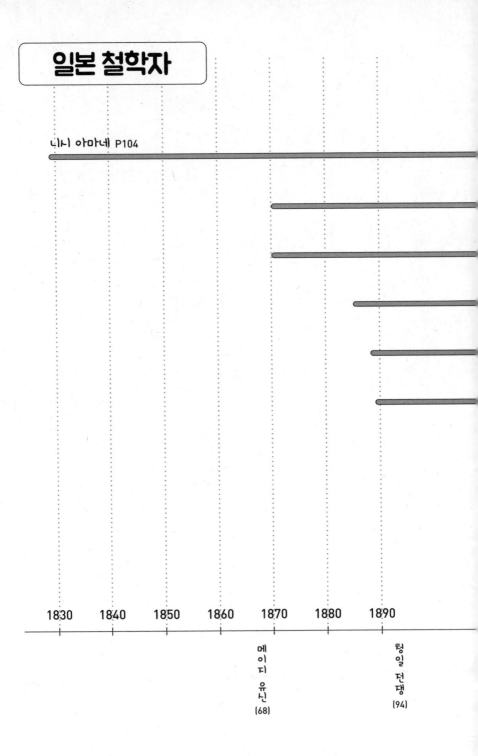

일본 철학자

니시 아마네 P104

1830　1840　1850　1860　1870　1880　1890

메이지 유신 (68)

청일 전쟁 (94)

일본 철학

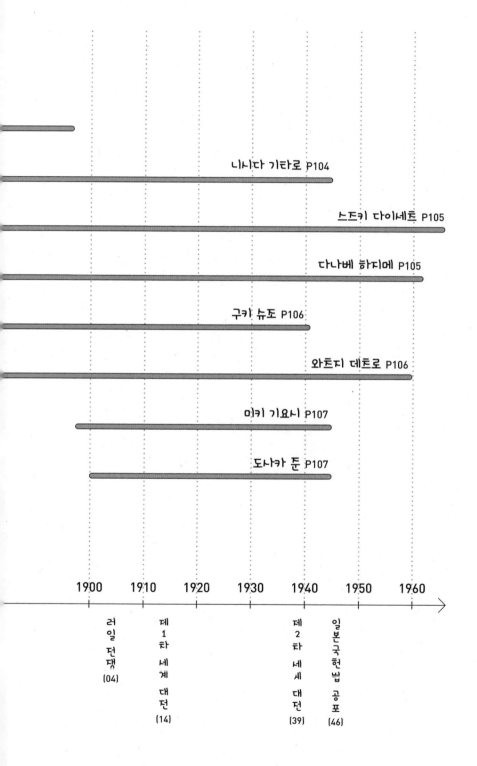

니시다 기타로 P104

스즈키 다이세츠 P105

다나베 하지메 P105

구키 슈조 P106

와츠지 데츠로 P106

미키 기요시 P107

도사카 준 P107

1900   1910   1920   1930   1940   1950   1960

러일전쟁 (04)

제1차 세계 대전 (14)

제2차 세계 대전 (39)

일본국헌법 공포 (46)

저서
《백일신론》
《백학연환》

철학을 비롯해 이성·오성·감성, 주관·객관, 분석·종합, 귀납·연역, 개념 등 다양한 철학 용어를 번역했다

인세삼보설

《명육(明六)잡지》에 기고한 '인세삼보설'에서는 건강, 지식, 부를 '인생 일반의 최대 복지'를 달성하는 3대 강령이라고 보았다

1829 ~ 1897

니시 아마네

NISHI AMANE

▶ P.108

에도 막부 말기와 메이지 시기의 사상가이자 교육자. 이와미(시마네 현) 쓰와노번에서 태어났다. 유학을 배운 후, 에도에서 네덜란드어와 영어를 공부하고 1857년 양학 교육 기관이었던 번서조소에 들어갔다. 1862년부터는 네덜란드로 유학을 가 법학·철학·경제학을 공부했다. 유신 후에는 병부성에 들어갔으며, 육군성, 문부성, 궁내성 등의 관료를 지냈다. 군인칙유의 원안을 작성하는 한편, 계몽단체인 명육사를 결성하여 서양 철학과 논리학 보급에 힘썼다.

저서
《선(善)의 연구》
《일하는 것에서 보는 것으로》

꽃에 마음을 빼앗긴 무아의 경지. 그런 주체와 객체가 미분인 상태를 니시다 기타로는 '순수 경험'이라고 불렀다

절대 모순적 자기 동일

니시다 기타로가 만년에 세계의 모습을 설명한 개념. 많은 것과 하나인 세계가 상호 모순·대립하면서 동일하게 된다는 것을 의미한다

1870 ~ 1945

니시다 기타로

NISHIDA KITARO

▶ P.110~122

이시카와현 가호쿠시에서 태어났다. 교토 학파의 시조. 1886년 이시카와 현 전문학교(이듬해 제4고등학교로 명칭이 바뀜)에 입학. 동급생에 평생 친구가 되는 스즈키 다이세츠가 있다. 1891년 도쿄제국대학 문과대학 철학과에 편입학하지만, 본과생에 비해 차별 대우를 받았다고 한다. 졸업 후, 가나자와 제4고등학교 강사, 학습원 교수를 거쳐 1910년 교토제국대학 조교수가 되었다. 1945년 75세 나이로 생을 마감했다.

영문을 원저로 하는 《선과 일본 문화》를 집필하는 등 선사상을 서구 사회에 보급시켰다

즉비의 논리

산은 산이 아니다, 그러므로 산은 산이다. 스즈키 다이세츠는 《금강경》에 있는 이러한 역설을 '즉비의 논리'라고 불러, 영성적 자각의 기초로 심았다

1870~1966

스즈키 다이세츠

SUZUKI DAISETSU

▶ P.136~138

일본의 불교학자이자 사학자. 이시카와현 가네자와시에서 태어났다. 본명은 스즈키 데이타로. 학생 때부터 가마쿠라시 엔카쿠사(圓覺寺)에서 참선하였다. 도쿄제국대학 철학과 선과를 졸업한 후 1897년 미국으로 건너가 불경 번역에 힘을 쏟았다. 1909년 귀국한 뒤 학습원 교수를 거쳐 오타니대학 교수가 되어 후학 지도에 힘썼다. 만국종교사학회 동양부 부회장에 취임했으며, 전후 구미 대학에서 불교를 강의하는 등 세계적으로 활약했다. 1966년 95세 나이로 생을 마감했다.

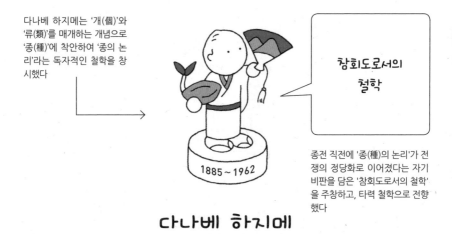

다나베 하지메는 '개(個)'와 '류(類)'를 매개하는 개념으로 '종(種)'에 착안하여 '종의 논리'라는 독자적인 철학을 창시했다

참회도로서의 철학

종전 직전에 '종(種)의 논리'가 전쟁의 정당화로 이어졌다는 자기비판을 담은 '참회도로서의 철학'을 주창하고, 타력 철학으로 전향했다

1885~1962

다나베 하지메

TANABE HAJIME

▶ P.124

도쿄에서 태어났다. 도쿄제국대학 수학과에 입학한 후, 철학과로 옮겼다. 졸업 후에는 대학원에 다니면서 모교인 죠호쿠중학교에서 교편을 삽았다. 노토구세국내학 깅시떨 기처 니시다 기타로의 초청으로 1919년에 교토제국대학 문학부 조교수가 되었다(1927년부터 교수로 취임). 종전 직전에 퇴직하고 기타카루이자와(北軽井沢)에서 은둔 생활을 했다. 니시다 기타로와 함께 교토 학파의 토대를 마련했다. 1962년 77세 나이로 생을 마감했다.

풍류인으로도 알려져 있으며, 교토제국대학 교수 시절, 기온의 환락가에서 인력거로 출근한다는 소문이 난 적도 있다

우리는 우연성을 정의해서 '독립하는 이원의 해후' 라고 할 수도 있을 것이다

구키 슈조는 우연성의 핵심이란 두 가지(이상)의 독립된 인과나 계열의 해후라고 생각했다

구키 슈조
KUKI SHUZO

▶P.128~130

도쿄에서 남작 구키 류이치의 넷째 아들로 태어났다. 도쿄제국대학 철학과와 동 대학원을 졸업하고, 1921년 유럽으로 건너간다. 독일에서는 리케르트, 후설, 하이데거에게 배웠고, 프랑스에서 베르그송, 사르트르와 친분을 맺었다. 귀국 후, 교토제국대학에서 교편을 잡고 하이데거 철학을 비롯해 당시의 최첨단 서양 철학을 소개했다. 1941년 53세 나이로 생을 마감했다.

1919년에 간행된 《고찰 순례》는 대히트. 고등학생들의 애독서가 되었다

우리는 일상적으로 관계적 존재로 놓여 있다

일본 윤리학의 중심 개념이다. 인간의 모습을, 사람과 사람 '사이'의 관계로 보았다

와츠지 데츠로
WATSUJI TETSURO

▶P.132~134

효고현 히메지 근교에서 태어났다. 도쿄제국대학 철학과를 졸업한 후 도요대학 강사, 호세이대학 교수를 거쳐 1925년 니시다 기타로의 초청으로 교토제국대학 조교수가 되었다. 1934년 도쿄제국대학 교수가 되었고, 1950년 윤리학회를 발족시켜 초대 회장을 지냈다. 일본정신사 일본문화사에 관한 연구·저작도 많다. 1960년 71세 나이로 생을 마감했다.

제1고등학교 시절 니시다 기타로의 《선(善) 연구》에 큰 영향을 받고 철학에 뜻을 굳힌다

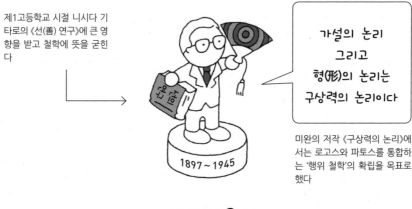

가설의 논리 그리고 형(形)의 논리는 구상력의 논리이다

미완의 저작 《구상력의 논리》에서는 로고스와 파토스를 통합하는 '행위 철학'의 확립을 목표로 했다

1897 ~ 1945

미키 기요시
MIKI KIYOSHI

▶P.126

효고현에서 태어났다. 교토제국대학 철학과를 졸업한 후, 독일과 프랑스에서 공부하면서 하이데거에게 강한 영향을 받는다. 귀국 후 1927년 호세이대학 교수가 되었다. 마르크스주의를 철학적으로 연구하는 논문을 다수 발표했다. 1930년에 일본 공산당에 자금지원 혐의로 검거 · 투옥되면서 호세이대학을 물러난다. 1945년 공산주의자들을 숨겨 준 혐의로 다시 검거 · 투옥되었다. 종전 후 형무소에서 병사했다.

제1고등학교를 준비할 때는 물리학자를 목표로 했다. 과학론에 관한 저작도 많다

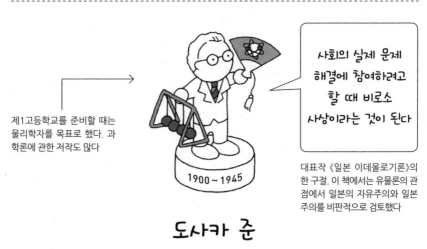

사회의 실제 문제 해결에 참여하려고 할 때 비로소 사상이라는 것이 된다

대표작 《일본 이데올로기론》의 한 구절. 이 책에서는 유물론의 관점에서 일본의 자유주의와 일본주의를 비판적으로 검토했다

1900 ~ 1945

도사카 준
TOSAKA JUN

▶P.123

도쿄에서 태어났다. 제1고등학교를 거쳐 교토제국대학 문학부 철학과에 입학했다. 다나베 하지메에게 배웠으나, 미키 기요시의 영향을 받아 유물론 철학을 낳+았나. 1931년 호세이대학 강사가 되었고, 1932년 사이구사 히로토, 오카 구니오와 함께 유물론 연구회를 설립했다. 기관지 《유물론 연구》를 창간하고 파시즘을 비판했다. 당국으로부터 엄격한 탄압을 받아 여러 차례 검거된다. 1945년 나가노 형무소에서 옥사. 향년 46세.

일본 철학

'철학(哲學)'이라는 말은 PhilosoPhy에 대한 일본어가 없었기 때문에, 메이지 시대에 니시 아마네(p.104)가 만든 번역어이다. 그때까지 일본인은, 서양인과 같이 철학(논리)과 종교를 명확하게 나누어 생각하지는 않았다. 일본의 사상은 습관, 수행, 유학, 불도 등의 융합체였기 때문이다.

예의 · 도덕

습관

무도

다도

화도

수행

유학 등의 학문(논리)

불도나 신도

일본의 사상
철학(논리)과 종교는 일체이며,
그러한 구별은 하지 않았다

철학(논리)

종교

서양의 사상
철학(논리)과 종교를
명확하게 나누어 생각했다

철학이란 말이 없었던 만큼 일본에는 철학이라는 개념이 존재하지 않았다. 마찬가지로 종교라는 말이나 개념도 메이지 시대 이전에는 없었다.

이를테면, 신란(親鸞)이나 도겐(道元) 등의 사상은 '철학'이나 '종교' 개념으로 되어 있지 않아서 그들을 철학자라고 부르지는 않는다. 원래 서양의 개념이었던 '철학'이라는 언어를 일본의 사상에 굳이 적용할 필요는 없다. 그러나 일본의 대학 기관에서는 불교 사상을 '인도 철학'이라고 부르기도 한다.

우리에게는 '철학'이나 '종교'라는 개념이 없어요. 그래서 그런 말은 몰라요

물론 그렇죠. 일본에 '철학'이라는 개념이 생긴 것은 내가 Philosophy를 '철학'으로 번역하고 나서니까요

구카이(空海)　신란(親鸞)　도겐(道元)　　　니시 아마네(p.104)

또한 '동양'이라는 호칭을 쓸 때도 주의해야 한다. '동양'은 '서양' 세력의 확대와 함께 보급된 개념이기 때문이다. 일본에서도 메이지 시대에 들어와 '동양'이나 '동양학'이라는 개념이 서양에서 들어 왔다.

이 부분을 동양이라고 부를 만한 근거는 지리적으로나 문화적·민족적으로도 없다

이 책은 일본에 '철학'이라는 개념이 생긴 후의 철학자를 소개한다. 그런 의미에서, 니시다 기타로(p.104)가 최초의 철학자이다. 그 후, 니시다 기타로를 이은 철학자들을 교토학파라고 부르고 있다.

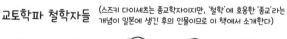

교토학파 철학자들 (스즈키 다이세츠는 종교학자이지만, '철학'에 호응한 '종교'라는 개념이 일본에 생긴 후의 인물이므로 이 책에서 소개한다)

니시다 기타로　다나베 하지메　미키 기요시　구키 슈조　와츠지 데츠로　　스즈키 다이세츠
(p.104)　　　(p.105)　　　(p.107)　　(p.106)　　(p.106)　　　　(p.105)

니시다 기타로

순수 경험

문　헌 --------------------------- 니시다 기타로 《선의 연구》
관　련 --------------------------- 주객미분(p.112), 선(p.114)
메　모 -------- 《선의 연구》에서 '이루 말할 수 없이 아름다운 음악에
　　　　　마음을 빼앗겨 자아를 잊어버리는 순간'을 순수 경험의 예로 들었다

나(주관)와 세계(객관)가 먼저 존재하고, 그 후, 내(주관)가 세계(객관)를 경험한다는 것이 서양 근대 철학의 기본 개념이다. 그러나 니시다 기타로는 그렇게 생각하지 않았다. 그는 먼저 경험이 있고 그 다음에 나(주관)와 세계(객관)가 나누어진다고 생각했다.

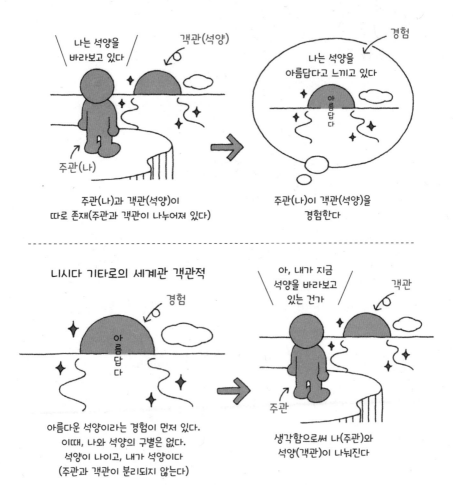

'아름답다'고 하는 경험이 먼저 있다. 그 다음에 차분한 마음으로 '아, 내가 석양을 보고 있구나'라고 생각할 때, 비로소 나라는 주관과 석양이라는 객관으로 나뉜다.

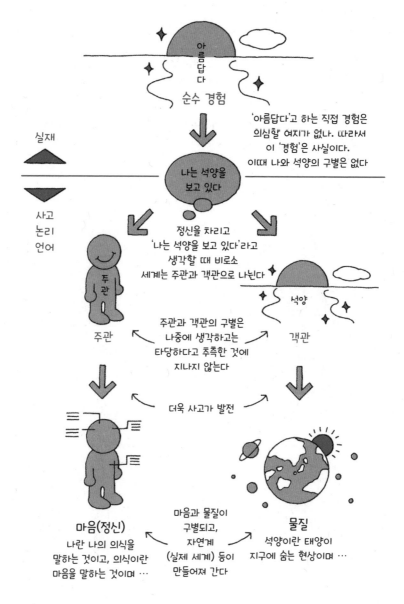

순수 경험

'아름답다'고 하는 직접 경험은 의심할 여지가 없다. 따라서 이 '경험'은 사실이다. 이때 나와 석양의 구별은 없다

나는 석양을 보고 있다

실재

사고 논리 언어

정신을 차리고 '나는 석양을 보고 있다'라고 생각할 때 비로소 세계는 주관과 객관으로 나뉜다

주관

주관과 객관의 구별은 나중에 생각하고는 타당하다고 추측한 것에 지나지 않는다

석양

객관

더욱 사고가 발전

마음(정신)
나란 나의 의식을 말하는 것이고, 의식이란 마음을 말하는 것이며 …

마음과 물질이 구별되고, 자연계 (실제 세계) 등이 만들어져 간다

물질
석양이란 태양이 지구에 숨는 현상이며 …

일본 철학

석양의 경우, '아름다운 석양'은 확실히 경험했기 때문에 의심할 여지가 없다. 그러나 그 후 나타난 주관/객관 도식과 그것이 더욱 발전하여 생긴 자연계(실제 세계)는 생각(논리)에 의해 타당하다고 추측된 세계의 모습에 불과하다. 니시다 기타로는 주관과 객관이 나눠지기 전의 경험을 **순수 경험**이라고 부르며, 그것만이 실재한다고 생각했다.

니시다 기타로

주객미분

의　미 ------------------ 주관과 객관이 나눠지지 않고 일체인 상태

메　모 ------------ 니시다 기타로는 데카르트에 대해 '나는 생각한다.
그러므로 나는 존재한다는 것은 이미 직접 경험한 사실이 아니라
이미 내가 있다는 것을 추리한 것이다'(《선(善) 연구》)라고 지적했다

니시다 기타로는 아름다운 풍경을 넋을 잃고 보거나, 아름다운 음악에 홀려 있는 상태를 순수 경험(p.111)이라고 불렀다. 이때 나와 풍경, 나와 음악은 하나가 되어 있다고 그는 생각했다.

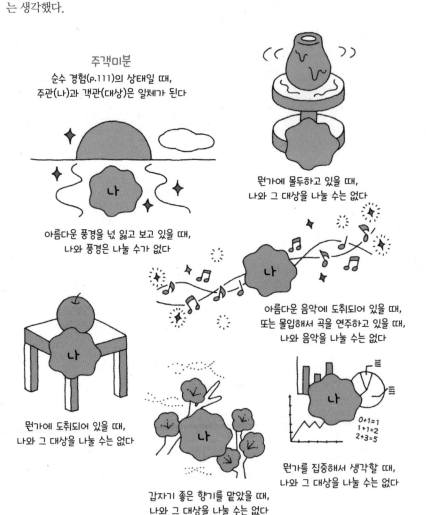

주객미분
순수 경험(p.111)의 상태일 때,
주관(나)과 객관(대상)은 일체가 된다

아름다운 풍경을 넋 잃고 보고 있을 때,
나와 풍경은 나눌 수가 없다

먼가에 몰두하고 있을 때,
나와 그 대상을 나눌 수는 없다

아름다운 음악에 도취되어 있을 때,
또는 몰입해서 곡을 연주하고 있을 때,
나와 음악을 나눌 수는 없다

먼가에 도취되어 있을 때,
나와 그 대상을 나눌 수는 없다

$0+1=1$
$1+1=2$
$2+3=5$

먼가를 집중해서 생각할 때,
나와 그 대상을 나눌 수는 없다

갑자기 좋은 향기를 맡았을 때,
나와 그 대상을 나눌 수는 없다

순수 경험을 한 후 사고를 통해 비로소 주관과 객관이 나눠진다. 니시다 기타로는 사고 (논리, 언어)하기 전의 **주객미분**(主客未分) 상태가 진정한 세계라고 생각했다.

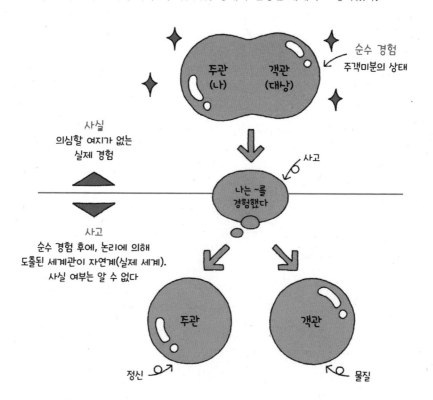

선 체험을 하면 자신과 세계가 하나라는 것을 실감할 수 있다고 한다. 니시다 기타로는 스스로 선 체험을 통해 주객미분의 생각에 도달했다.

니시다 기타로는 선 체험을 통해 주객미분의 생각에 도달한 것으로 알려졌다

니시다 기타로

선(善)

문　헌 ------------------------------- 니시다 기타로 《선의 연구》
관　련 ------------------------------- 순수 경험(p.110)
메　모 ------------------------------- 주객미분의 순수 경험은 그 자체를 진선미가
일치한 선(善)이라고 본다

순수 경험(p.111)과 주객미분(p.113)이라는 개념은 니시다 기타로의 《**선의 연구**》라는 책에 나와 있다. 여기에서 **선(善)**이란 무엇을 가리키는 것일까?

일본 철학

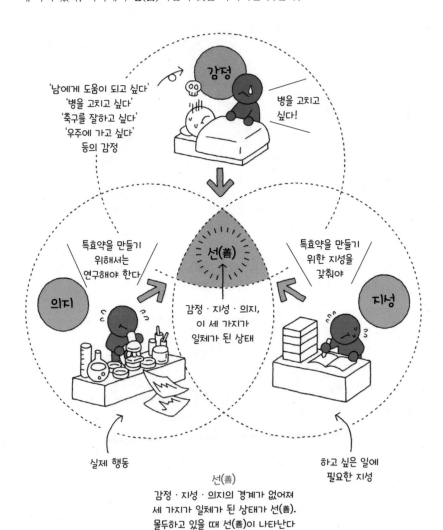

선(善)
감정·지성·의지의 경계가 없어져
세 가지가 일체가 된 상태가 선(善).
몰두하고 있을 때 선(善)이 나타난다

114

니시다 기타로에게 선(善)이란 자신의 감정·지성·의지가 일체가 된 상태를 말한다. 자신이 정말 하고 싶은 일에 정신없이 몰두하고 있을 때가 이에 해당한다.

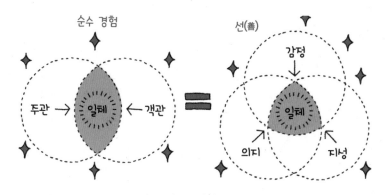

니시다 기타로는 주관(나)과 객관(대상)이
일체가 되는 상태를 순수 경험이라고 했으며,
주관(나)의 감정, 의지, 지성이 하나가 되는 상태를 선(善)이라고 불렀다

니시다 기타로는 선을 '인격의 실현'이라고 말한다. 그리고 그 인격의 실현과 동시에 인류와 우주 전체도 선을 실현한다고 한다. 즉 주객의 구별도, 감정·지성·의지의 구별도 없는 순수 경험은 우주 전체의 선이 개인 속에 나타난 것이라고 말할 수 있다는 것이다.

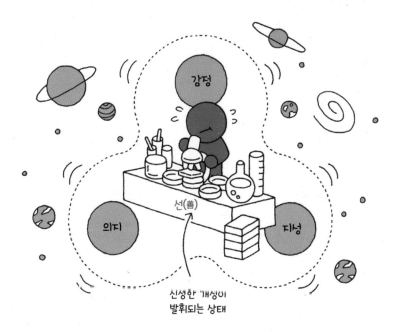

신성한 개성이
발휘되는 상태

정말 하고 싶은 일에 몰두하고 있을 때, 중력도 느끼지 못하고 시간의 감각도 없어진다. 나(주관)와 세계(객관)의 구별도 없다. 그 상태가 진정한 개성이며 선(善)이다.

술어적 논리

문   헌 ------------- 니시다 기타로 《일하는 것에서 보는 것으로》
《일반자의 주관적 체계》 등
관   련 ------------------- 장소적 논리(p.118), 절대무(p.120)
메   모 ----------- 《일하는 것에서 보는 것으로》에는 '나란 주어적
통일이 아니라 술어적으로 통일되어야 한다'고 기록되어 있다

서양의 언어와 달리, 일본어는 주어를 사용하지 않아도 어색하지 않다. 즉 일본어는 주어보다 술어를 중시하는 언어라고 말할 수 있다. 니시다 기타로의 대표적인 논리인 **술어적 논리**도 술어가 중요한 역할을 한다.

내가 행복한
것이 중요

I am happy !

서양은 주어가 중요
서양에서는 주어인 주체(인간)가 중요하며,
주체 그 자체가 철학의 주제가 되었다

누구든지 행복한
것이 중요

행복!

일본은 술어가 중요
주체란 그것이 놓여 있는 '장소'에 좌우되는
것이라고 니시다 기타로는 생각했다.
그렇기 때문에 니시다 기타로는 주어보다
술어를 중심으로 논리를 전개했다

문장의 주어는 술어의 집합 속에 포함된다고 생각할 수 있다. 예를 들어 '소크라테스는 그리스인이다'라는 문장의 경우, 소크라테스(주어)가 그리스인(술어)의 집합 속에 포함된다.

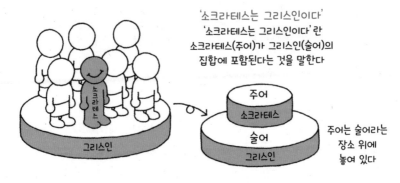

'소크라테스는 그리스인이다'
'소크라테스는 그리스인이다'란
소크라테스(주어)가 그리스인(술어)의
집합에 포함된다는 것을 말한다

주어
소크라테스

술어
그리스인

주어는 술어라는
장소 위에
놓여 있다

그리스인

일본 철학

이 '그리스인이다'라는 술어를 '그리스인은 인간이다' '인간은 포유류다' '포유류는 생물이다'라는 식으로 점점 넓혀 가면 결국 모든 술어를 포함하는 **무한대의 술어**에 도달한다. 니시다 기타로는 무한대의 술어를 절대무의 장소(p.121)라고 불렀다. 세상의 모든 것은 절대무의 장소에 싸여 절대무의 장소 위에 있다고 니시다 기타로는 생각했다.

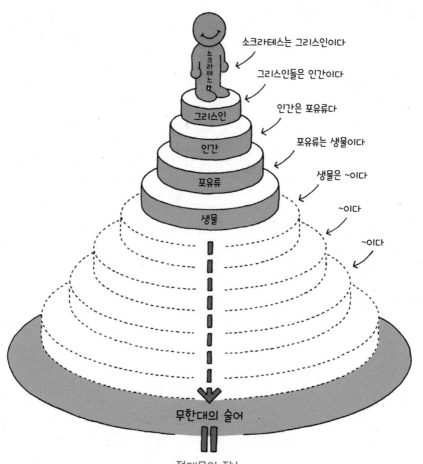

소크라테스는 그리스인이다

그리스인들은 인간이다

인간은 포유류다

포유류는 생물이다

생물은 ~이다

~이다

~이다

무한대의 술어

절대무의 장소

술어를 차츰 넓혀 가면 무한대의 술어인 절대무의 장소가 나온다.
왜 '무(無)'라고 부르는가 하면, 만약 이 곳이 '유(有)'이면 그 '유(有)'의
바깥쪽에 그것을 감싸는 더 큰 술어(장소)가 필요하다.
그러면 무한대라고 할 수는 없다. 따라서 '무(無)'이다.
모든 것은 이 장소 위에 구성되어 있다

만일 절대무의 장소를 체험할 수만 있다면 세계의 참 모습을 파악할 수 있다고 니시다 기타로는 말한다. 니시다 기타로 철학의 커다란 주제가 절대무의 장소에 대한 탐구인 셈이다.

장소적 논리

문　헌 ------------- 니시다 기타로 《일하는 것에서 보는 것으로》
《일반자의 자각적 체계》 등

메　모 ----- 《일하는 것에서 보는 것으로》에는 '형태 없는 것들의 형태를
보고, 소리 없는 것들의 소리를 듣는다' 같은 동양 문화의 근저에 있는 것에
'철학적 근거를 부여해 보고 싶다'고 적혀 있다. 그것은 '장소적 논리'이다

일본 철학

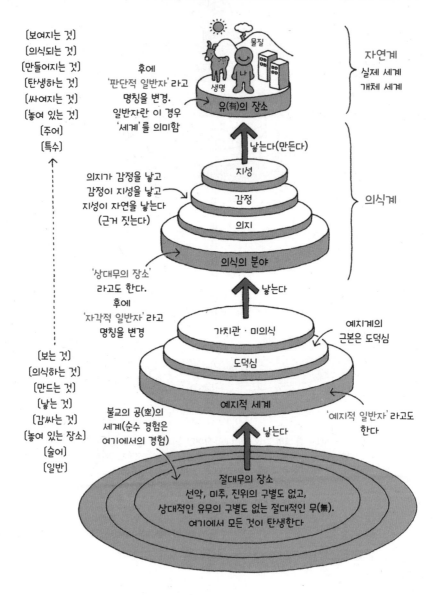

니시다 기타로는 당초 순수 경험(p.111)으로 세계의 모습을 파악했다. 하지만 후에 **장소적 논리**라는 사고로 세계의 모습을 설명하게 된다. 니시다 기타로의 생각의 특징은 자연계(실제 세계)에 있는 개체는 모두 의식의 대상이며, 의식에 만들어져 의식 속에 있다고 하는 점이다. 니시다 기타로는 자연계를 **유(有)의 장소**. 지성, 감정, 의지 등 의식이 있는 장소를 **의식의 분야**(意識野)라고 불렀다. 유(有)의 장소는 의식의 분야 위에 놓여 있게 된다.

니시다 기타로는 실제 세계(자연계)는
의식의 대상이며, 의식 속에 있다고 생각한다.
즉 자연계는 의식계에 놓여 있다.
중기 이후 니시다 기타로는 의식계보다 더 근저에
있는 절대무의 장소를 실재라고 했다.
(전기의 개념인 순수 경험(p.111)은 절대무의
장소에서 경험하는 것이라고 생각할 수 있다)

유의 장소
(자연계)

의식의 분야
(의식계)

↓

절대무의 장소

그리고 의식의 분야보다 더 아래에는 스스로 쉽게 인식할 수 없는 가치관이나 미의식이 놓이는 **예지적 세계**가 있고, 그보다 더 아래에는 모든 것을 포함하는 절대무의 장소 (p.121)가 있다. 유(有)의 장소는 의식의 분야에 만들어지고, 의식의 분야는 예지적인 세계에서 탄생해 그 근저에 모든 것을 성립시키는 절대무의 장소가 있다고 하는 구조가 **니시다 기타로 철학**인 장소적 논리다. 이 장소적 논리는 술어적 논리(p.116)와 대응한다.

일본 철학

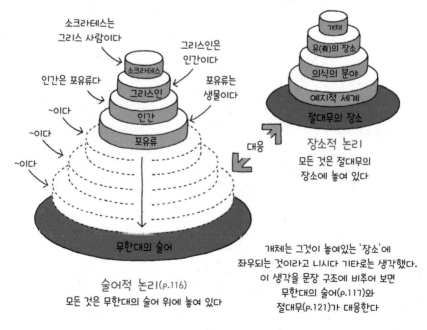

소크라테스는
그리스 사람이다

그리스인은
인간이다

인간은 포유류다

포유류는
생물이다

소크라테스

그리스인

인간

포유류

~이다

~이다

~이다

무한대의 술어

술어적 논리(p.116)
모든 것은 무한대의 술어 위에 놓여 있다

개체

유(有)의 장소

의식의 분야

예지적 세계

절대무의 장소

대응

장소적 논리
모든 것은 절대무의
장소에 놓여 있다

개체는 그것이 놓여있는 '장소'에
좌우되는 것이라고 니시다 기타로는 생각했다.
이 생각을 문장 구조에 비추어 보면
무한대의 술어(p.117)와
절대무(p.121)가 대응한다

니시다 기타로

절대무

문　헌 ------------------- 니시다 기타로 《일반자의 자각적 체계》
《무(無)의 자각적 한정》 등
관　련 --- 술어적 논리(p.116), 장소적 논리(p.118), 절대 모순적 자기 동일(p.122)
메　모 ------ 다나베 하지메는 '절대무'를 '니시다 기타로 자신의 종교적
체험이 아닌가, 철학이 그러한 종교적 자각을 체계화할 수 있는가'라며 비판했다

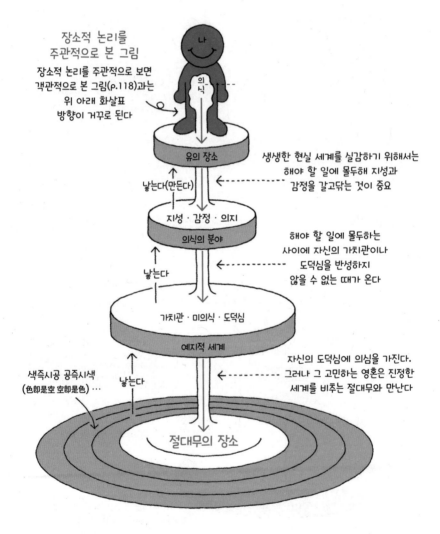

장소적 논리를 주관적으로 본 그림

장소적 논리를 주관적으로 보면
객관적으로 본 그림(p.118)과는
위 아래 화살표
방향이 거꾸로 된다

나

의식

유의 장소

낳는다(만든다)　◀------ 생생한 현실 세계를 실감하기 위해서는
해야 할 일에 몰두해 지성과
감정을 갈고닦는 것이 중요

지성 · 감정 · 의지

의식의 분야

낳는다　◀------ 해야 할 일에 몰두하는
사이에 자신의 가치관이나
도덕심을 반성하지
않을 수 없는 때가 온다

가치관 · 미의식 · 도덕심

예지적 세계

색즉시공 공즉시색
(色卽是空 空卽是色) …

낳는다　◀------ 자신의 도덕심에 의심을 가진다.
그러나 그 고민하는 영혼은 진정한
세계를 비추는 절대무와 만난다

절대무의 장소

장소적 논리(p.119)에서 본 것처럼 현실 세계(유의 장소 p.119)는 내 의식에 만들어진다
(인식된다). 생생한 현실 세계를 실감하기 위해서는 의식을 연마해야 한다.

그러기 위해서는 자신의 의지 하에 해야 할 일에 몰두해 지성과 감정을 갈고닦아야 한다. 그러다 보면 자신의 미의식과 도덕심을 반성하지 않을 수 없는 때가 온다. 그리고 자신의 도덕심을 자각하면 할수록 자신 속에 있는 악을 발견하게 된다. 그러나 그 고민하는 마음은 곧 모든 것을 감싸는 **절대무의 장소**에서 만나게 된다고 니시다 기타로는 말한다.

나의 가치관이나 도덕심은 정말 확실한 것일까?

생생한 현실 세계를 실감하기 위해서는 의식을 갈고닦아야 한다

나는 완전하지 않다. 나는 악한지도 모른다

이를 위해서는 해야 할 일에 열중해서 지성과 감정을 갈고닦자!

스포츠 연구 작업 취미 …

그 고민하는 마음은 이윽고 모든 것을 감싸는 절대무의 장소에서 만날 수가 있다

개체는 '~이다'라는 술어가 모여 만들어졌다. 나 또한 '일본인이다' '남자다' '겁쟁이다'처럼 '~이다'라는 술어의 집합체다. 나를 포함한 개체, 즉 주어는 실체가 없다. 술어적 논리(p.116)에서 본 바와 같이, 절대무의 장소는 모든 술어를 내포한 무한대의 술어 장소이다. 그 장소를 체험할 수 있다면 진정한 세계, 그리고 진정한 내 모습을 자각할 수 있게 된다(**절대무의 자각**).

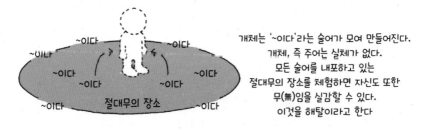

~이다
~이다
~이다
~이다
~이다
~이다
~이다
~이다
절대무의 장소

개체는 '~이다'라는 술어가 모여 만들어진다.
개체, 즉 주어는 실체가 없다.
모든 술어를 내포하고 있는
절대무의 장소를 체험하면 자신도 또한
무(無)임을 실감할 수 있다.
이것을 해탈이라고 한다

니시다 기타로

절대 모순적 자기 동일

문　헌 ------------------- 니시다 기타로 《철학 논문집 제3》 등
메　모 -------------- 만년의 논문 《일본 문화의 문제》에서, 황실은
　　　　　　　　　　　　'주체적 일(一)과 개체적 다(多)와의 모순적 자기 동일로서
　　　　　　　　　　　　자기 자신을 한정하는 세계의 위치에 있었다고 생각한다'고 언급했다

자기는, 자신이 무(無)라는 자각을 통해 모든 것을 감싸는 절대무를 자각한다(절대무의 자각 p.121). 자신의 밑바닥에는 자신을 뛰어넘는 것이 있다. 그 모순을 통해 진정한 자아를 발견한다고 니시다 기타로는 말한다. 마찬가지로 하나와 여럿, 영원과 지금 등 모순되는 것이 상호 작용을 주고받음으로써 세계 그 자체가 창조적으로 생성해 간다는 것이다.

일체는 절대무의 장소에서 이어지고 있다.
그러니까 모든 모순이 자연계에서 공존할 수 있다

이와 같이 모순되는 것이 상호 작용함으로써 스스로를 창조적으로 생성해 나가는 모습을 니시다 기타로는 **절대 모순적 자기 동일**이라고 말한다. 그리고 절대무의 장소는 그런 창조적인 생성을 만들어내는 근원적인 장소이다.

122

그리고 이 절대무라는 개념의 등장으로 일본 철학은 막을 열게 된다. 니시다 기타로 밑에 모인 **교토학파**라 불리는 철학자들은 절대무라는 말을 비판하기도 하고 깊이 연구하기도 하면서 자신의 철학을 발전시켜 나간다.

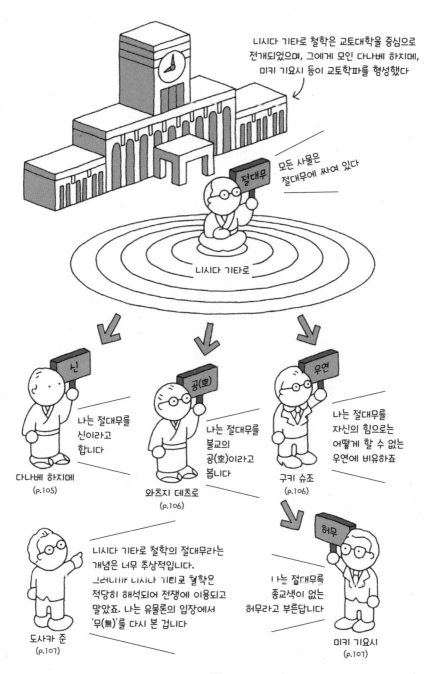

니시다 기타로 철학은 교토대학을 중심으로 전개되었으며, 그에게 모인 다나베 하지메, 미키 기요시 등이 교토학파를 형성했다

모든 사물은 절대무에 싸여 있다

절대무

니시다 기타로

일본 철학

신

나는 절대무를 신이라고 합니다

다나베 하지메
(p.105)

공(空)

나는 절대무를 불교의 공(空)이라고 봅니다

와츠지 데츠로
(p.106)

우연

나는 절대무를 자신의 힘으로는 어떻게 할 수 없는 우연에 비유하죠

구키 슈조
(p.106)

니시다 기타로 철학의 절대무라는 개념은 너무 추상적입니다.
그러니까 니시다 기타로 철학은 적당히 해석되어 전쟁에 이용되고 말았죠. 나는 유물론의 입장에서 '무(無)'를 다시 본 겁니다

도사카 준
(p.107)

허무

나는 절대무를 종교색이 없는 허무라고 부른답니다

미키 기요시
(p.107)

참회도

문　　헌	----- 다나베 하지메 《종(種)의 논리의 변증법》 《참회도로서의 철학》
메　　모	----------------- 《참회도로서의 철학》에서 신란의 사상을 '나는 교행신증(教行信證)의 종교 철학을 갖고, 서양에 필적할 만한 대상을 찾기 어려울 정도로 깊이 있는 것이라고 생각하지 않을 수 없다'고 평했다

다나베 하지메는 개인인 개(個)와 인류인 류(類)는 민족이나 국가인 종(種)을 매개하지 않으면 성립되지 않는다고 하는 **종(種)의 논리**라는 설을 제기했다. 이 설은 당초 다나베 하지메의 뜻과 달리 민족과 국가를 절대시하는 전전(戰前)의 국가지상주의를 정당화하는 데 기여하고 말았다.

일본 철학

개
개인

종
민족·국가

류
인류

종의 논리
개인이나 인류라는 개념은
'종(種)'이라는 개념이 없으
면 성립되지 않는다

국가
제일

'종의 논리'는
일본의 국가지상주의를 철학적으로
정당화하는 데 기여하고 말았다

나는 철학을 할
자격이 없다

다나베 하지메는
깊이 반성한다

은둔 생활 중에 참회도를
세상에 선보였다

다나베 하지메는 전후 스스로의 철학을 반성하고, 산속에서 은둔 생활을 하던 중에 **참회도로서의 철학**을 세상에 선보였다.

참회도는 자신의 행동을 반성하는 일로 시작된다. 반성이란 깊이 생각한다는 것을 의미한다. 한계까지 깊이 생각해서 더 이상 생각이 미치지 않는 지점에 도달했을 때, 사람은 무(無)가 된다. 그러나 그 무(無)는 자신의 힘으로는 도저히 떠오르지 않는 섬광을 가져다준다고 다나베 하지메는 생각했다. 이 섬광, 즉 반성에 대한 구원의 길이나 생각에 대한 답은 누구에게나 반드시 찾아온다고 그는 말한다.

자연(신)이 개인에게 준 힘은 개인의 노력으로 발휘해야 한다. 전력을 다하는 일은 개인의 의무이기도 하기 때문이다. 그렇게 하면 사람은 자신의 한계를 알게 된다. 그러면 마지막 순간에 절대무(p.121)인 타력(他力)이 새로운 길을 열어준다. 이 자신의 노력에 의한 반성과 타력에 의한 구원의 반복이 진정한 자신의 발견으로 이어진다고 그는 주장한다.

구상력

문　헌 ------------------------- 미키 기요시 《구상력의 논리》
메　모 ---- 《구상력의 논리》는 '신화' '제도' '기술' '경험' 장으로 구성되어
있다. 마지막 장에 '언어'가 예정되어 있었으나, 미완의 상태로 간행되었다

미키 기요시는 세계의 근저에 절대무(p.121)를 두는 니시다 기타로(p.104)의 생각을 이어받았으나, 미키 기요시의 무(無)에는 니시다 기타로의 절대무 같은 종교성이 없다. 미키 기요시는 인간이 언어를 통해 세계를 분별하기 전의 세계를 무(無)에 비유한다. 사고에 의해 개념화되지 않은 세계라는 의미에서, 그는 이것을 **허무**라고 불렀다.

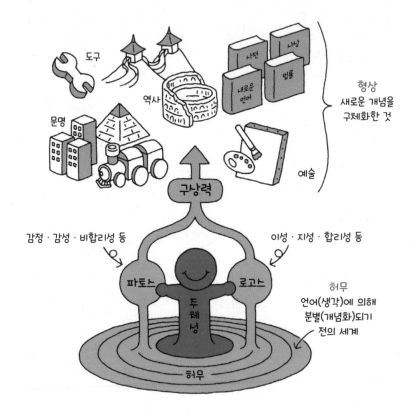

허무로부터 주체적으로 뭔가 새로운 구체적인 사물을 만들어내는 힘을 **구상력**이라고 불렀다. 구상력은 자신의 **파토스**(감정 · 감성)와 **로고스**(이성 · 지성)를 적극적으로 발휘하면서 **형상**을 만든다. 미키 기요시는 이 형상을 만드는 과정이 역사라고 생각했다.

인간은 역사를 만들지만, 동물은 역사를 만들지 않다. 즉 미키 기요시는 구상력을 인간 특유의 힘이라고 생각했다.

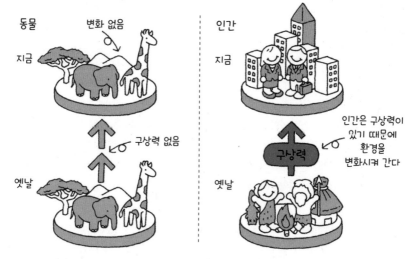

그러나 만년에는 자연 그 자체가 구상력을 가진다고 생각하게 된다. 자연이 가진 구상력은 생명의 진화로 볼 수 있다는 것이다. 일본 사상가 대부분이 그러했듯이, 미키 기요시 또한 인간은 자연의 힘 위에 있다고 생각하기에 이른다.

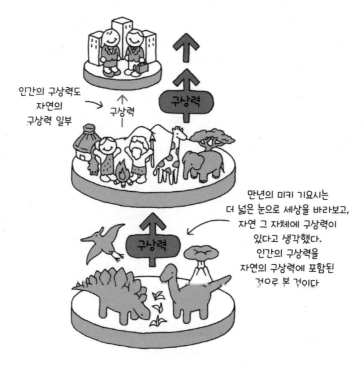

구키 뉴도

이키

문　헌 ------------------------------------- 구키 슈조 《이키의 구조》
메　모 ------ 논문 〈일본적 성격에 대해〉에서는 일본 문화의 성격으로
'기개' '체념' '자연', 3가지를 들었다. '기개' '체념'은
《이키의 구조》와 같지만 '미태(媚態)'는 '자연'으로 바꿨다

구키 슈조는 에도의 윤락가에서 탄생한 '**이키**'라는 일본 특유의 미의식을 철학적으로 고찰하였다. '이키'는 이성을 끌어당기는 몸짓이나 차림인 **미태(媚態)**, 무사도 정신이라고도 할 수 있는 **기개**, 그리고 모든 것은 변해 간다고 하는 불교의 무상관 비슷한 **체념**, 이 3가지로 이루어진다고 그는 생각했다.

이키는 '기개' '미태' '체념', 3가지로 이루어진 에도 미학이다

기개

❶ 오기
돈을 기분 내키는 대로 사용하거나(그날에 번 돈은 그날에 써버린다), 배고파도 배가 부른 척하는(무사는 굶고도 배부른 체한다) 등 생산적이지 않은 허세를 부리는 것이 '이키'다.

❷ 줏대가 있다
이성에게 정신적으로 기대지 않는 것이 '이키'다.

미태(媚態)

❸ 가능적 관계
결코 하나가 되어서는 안 되는, 이성 간의 밀고 당기는 데서 생기는 긴장 상태를 유지하는 것이 '이키'다.

❹ 목욕 후 모습
욕조에 들어가 있는 전라의 서양 회화는 많이 있지만, 세련되고 운치 있는 목욕 후 모습을 그린 그림은 풍속화 밖에 없다.

❺ 제의문
앞깃을 올려 뒤로 젖혀서 목덜미가 나오게 입는, 기모노를 입는 방식이 '이키'다.

❻ 머리 모양
좀 흐트러진 인상을 주는, 눌러 찌부러뜨린 것 같은 여자 머리 모양이 화류계 여성에게 인기가 있었다.

❼ 세로 줄무늬 모양
가로 줄무늬나 곡선은 '이키'가 없다.

체념

❽ 덧없음
만물은 변해 간다(제행무상). 상대의 마음이 언제까지나 자신에게 있는 것은 아니다. 깔끔하게 헤어질 수 있도록 집착하는 마음을 버리는 것이 '이키'다. '두 사람이 맺어져 미소가 끊이지 않는 가정을 이루었다'는 등의 결말은 '이키'가 아니다.

구키 슈조는 서양이 중시하는 합리성과 생산성, 정신적으로 하나가 되어 완결하는 일원성(一元性)과는 다른 가치를 이키 속에서 발견했다.

일본 철학

▶106

우연

문　헌 ------------------------- 구키 슈조 《우연성의 문제》
메　모 --- 구키 슈조는 우연성을 정언적 우연(원인을 생각할 수 있는 우연),
가설적 사고(갑과 을의 조우), 접촉적 우연(원시 우연)의 3단계로 나누어 논했다

구키 슈조는 자신이 일본인 남자로 태어난 것도, 건강하게 태어난 것도 **우연**이라고 생각한다. 보통 사람들은 그것을 인정하려 하지는 않는다. 자신의 존재 의미나 특별성을 잃게 되어 불안해지기 때문이다.

구키 슈조가 생각하는 세계의 모습

내가 지금 일본에 태어난 것도,
남자인 것도, 건강한 것도,
중산층 가정에서 태어난 것도,
모두 우연

타인　나　타인

기독교적인 세계 모습

나의 존재는
필연이다

나의 존재는
필연이며
특별한 의미와
목적이 있다

나

하지만 수많은 가능성 중 하나가 자신에게 찾아온 사실을 운명으로 받아들이면, 그 운명을 사랑할 수 있다고 구키 슈조는 말한다. 또한 다른 사람에게 우연히 찾아온 운명은 어쩌면 자신에게 찾아온 것일 수도 있다. 그렇게 생각하면 타인의 운명도 자신의 운명처럼 느낄 수 있다고 주장한다.

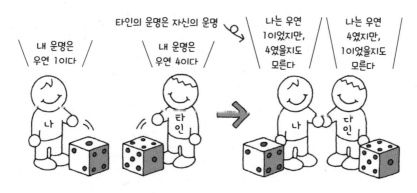

타인의 운명은 자신의 운명

내 운명은
우연 1이다

내 운명은
우연 4이다

나는 우연
1이었지만,
4였을지도
모른다

나는 우연
4였지만,
1이었을지도
모른다

나　타인　나　타인

일본 철학

자연

문　헌 ----------------------- 구키 슈조 《일본적 성격에 대해》 등
메　모 ----- 《일본적 성격에 대해》에서, 서양 사상에서는 '자연과 자유가
종종 대립된다'고 보았다. 그러나 '일본의 실천 체험에서는 자연과 자유가
하나로 융합되어 구별 없이 받아들이는 경향이 있다'고 주장했다

일본인은 자신의 의지로 결단한 것인데도 '이번에 취직하게 되었다' 식으로 **자연스럽게** 그렇게 된 것처럼 말한다. 서양인은 자신의 의지를 스스로 컨트롤할 수 있다고 생각하는 반면, 일본인은 자신의 의지 배후에 자신의 힘으로는 어떻게 할 수 없는 자연의 커다란 힘을 본다고 생각할 수 있다.

또한 일본에는 '자연에 맡긴다'라는 표현이 있다. 일본인은 결정을 우연이나 되어가는 대로 맡기는 것을 자유라고 받아들이기도 한다. 자신의 뜻대로 되는 것을 자유라고 생각하는 서양인과는 크게 다르다.

130

또한 기독교에서는 하나님이 사람을 위해 자연을 창조했다고 주장한다. 이에 대해 일본 불교에서는 사람은 자연에 포함되어 있으며, 개인에게 아무리 강한 의지가 있어도 자연이 거부하면 개인의 의지는 포기할 수밖에 없다고 주장한다. 여기서도 자연관의 차이를 볼 수 있다.

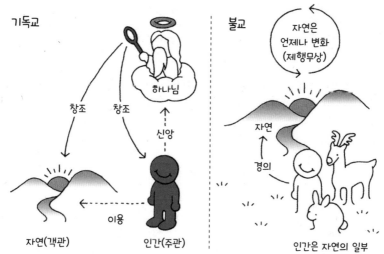

또한 일본어는 '스스로'나 '저절로'나 같은 말이다. 즉 일본인에게 자신의 의지는 자연이 되어 가는 형편과 같은 것이다.

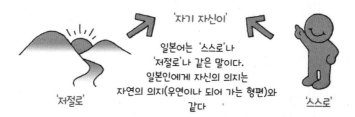

단가, 하이쿠, 회화, 건축, 화도, 다도 등 일본 예술은 결국 자연을 주제로 한다. 그 이유를 구키 슈조는 일본에서는 자연스런 데까지 가지 않으면 도덕이 완성되었다고 보지 않기 때문이라고 생각했다.

▶106

와츠지 데츠로

풍토

문 헌 -------------------------- 와츠지 데츠로 《풍토》 《묵자》

메 모 -------- 《풍토》 서문에서 하이데거의 《존재와 시간》이 풍토 문제를
생각하는 계기가 되었다고 언급하고 있다. 사람의 존재 구조를
공간성으로부터 파악한 것이 《풍토》라고 할 수 있다

와츠지 데츠로는 인간과의 관계로 파악한 자연을 **풍토**라고 불렀다. 그는 풍토를 ❶ **사
막형**, ❷ **목장형**, ❸ **몬순형**의 3가지로 나누어 고찰하였다.

❶ 사막형

[지역] 서아시아   [사람의 성격] 대항적이고 전투적
[자연] 가혹하다   [생활 양식] 유목

항상 건조한
자연과의 싸움이다!
단결하고 도전하자!

가혹한 자연과도,
다른 부족과도
대항하지 않으면
살아갈 수 없어

건조한 자연과 항상 싸워야 하기 때문에 사람은
대항적이고 전투적이 된다고 와츠지 데츠로는 생각했다

❷ 목장형

[지역] 유럽   [사람의 성격] 자발적이고 합리적
[자연] 온화하다   [생활 양식] 목축 · 농경

계획대로
합리적으로
행동하자

온화한 기후이므로
사람의 힘으로 자연을
조율할 수 있을 것 같다

온화한 기후라서 사람이 자연을 컨트롤할 수 있다.
비 오는 날과 맑은 날이 일정한 리듬으로 반복되므로
사람은 계획적 · 합리적 · 자발적이 된다고 와츠지 데츠로는 생각했다

❸ 몬순형

[지역] 동·동남·남아시아 [사람의 성격] 수용적이고 순종적
[자연] 풍부하지만 변덕스럽다 [생활 양식] 농경

천혜의
자연환경이지

날씨가 변덕을
잘 부리니까
도저히 계획을
세울 수가 없군

앗, 지진이야!

대풍이
불어오네!

가뭄이
심각하군!

풍부한 자연이 주는 혜택도 있지만 맹위도 떨친다.
자발적이고 합리적인 행동이 도움이 되지 않기 때문에 사람들은 수용적이고 순종적으로 되어 간다

와츠지 데츠로는 자연이 사람들의 성격에 영향을 준다고 생각하고, 지역적인 조건은 문화 교류 등을 통해 극복해 나가야 한다고 주장했다.

사막형

다른 지역을 경험하고
편견을 없애자

일본은 몬순형

목장형

와츠지 데츠로

관계적 존재

문　헌 ------- 와츠지 데츠로 《인간의 학문으로서의 윤리학》 《윤리학》
관　련 -------------------------------------- 풍토(p.132)
메　모 -------- 《윤리학》에는 '사람과 사람 사이의 문제로서가 아니면
행위의 선악도 의무도 책임도 덕도 진정으로 해석할 수 없다'고 되어 있다

와츠지 데츠로는 니시다 기타로(p.104)의 절대무(p.121)의 개념을 불교 사상의 **공**(空)으로 파악했다. 만물은 인과 관계(**기원**)로 이루어져 있어, 단독으로 존재할 수 없다는 것이 공(空)이라는 생각이다.

일본 철학

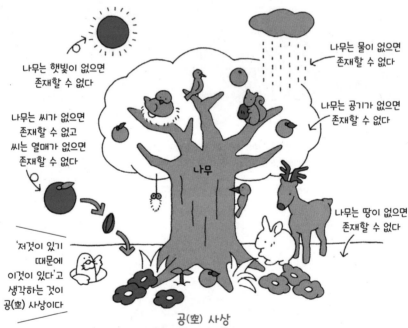

나무는 햇빛이 없으면
존재할 수 없다

나무는 물이 없으면
존재할 수 없다

나무는 공기가 없으면
존재할 수 없다

나무는 씨가 없으면
존재할 수 없고
씨는 열매가 없으면
존재할 수 없다

나무

나무는 땅이 없으면
존재할 수 없다

'저것이 있기
때문에
이것이 있다'고
생각하는 것이
공(空) 사상이다

공(空) 사상
만물은 단독으로 성립할 수 없고,
항상 먼가에 의거하여 존재하며, 실체가 비어 있다고 보는 것이 공(空) 사상이다

반야심경

공즉시색
색즉시공

세계는 공(空)이고,
공(空)은 세계이다
by 반야심경

와츠지 데츠로의 인간을 파악하는 방법에는 공(空) 사상을 짙게 반영하고 있다. 인간은 혼자서는 살아갈 수 없고, 사람과 사람과의 관계에서만 인간으로 완성되는 **관계적 존재**라고 생각했다.

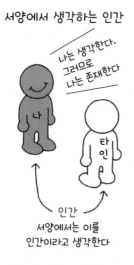

서양에서 생각하는 인간

나는 생각한다.
그러므로
나는 존재한다

나

타인

인간

서양에서는 이를
인간이라고 생각한다

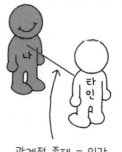

와츠지 데츠로가 생각하는 인간

개인은 사회가 없으면 존재할 수 없고,
사회는 개인이 없으면 존재할 수 없다

나

타인

관계적 존재 = 인간
와츠지 데츠로는
이를 인간이라고 생각했다

관계적 존재로서 인간은 자기의 개성을 발휘해야 하지만, 사회 속에서 자기를 부정해야 할 때도 있다. 이 자기 긍정과 부정의 반복이 진정한 인간성을 만든다고 와츠지 데츠로는 생각했다.

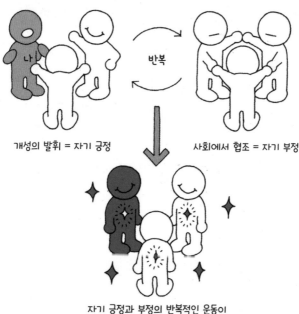

나

반복

개성의 발휘 = 자기 긍정

사회에서 협조 = 자기 부정

자기 긍정과 부정의 반복적인 운동이
진정한 인간성을 만든다

스즈키 다이세츠

무분별지

문 헌 -------------------- 스즈키 다이세츠 《일본적 영성》 등
메 모 -------------------- 스즈키 다이세츠는 《일본적 영성》에서
'영성은 무분별지'라고 말하며, 그것은 어떤 민족이나 지니고 있는
보편적인 것이라고 주장했다

인간은 주관과 객관, 산과 강, 동물과 식물, 왼쪽과 오른쪽, 정신과 물질, 선과 악 등의
개념(언어)으로 세계를 분별(구별)한다.

일본 철학

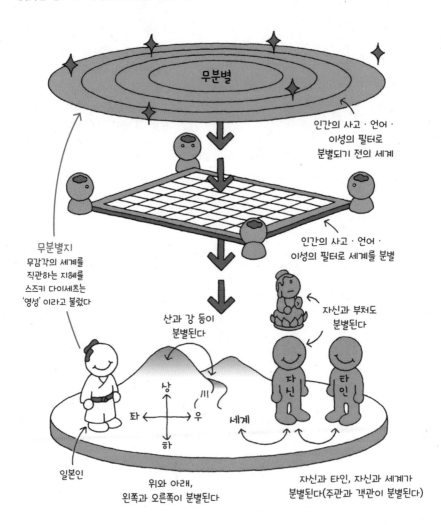

무분별

무분별지
무감각의 세계를
직관하는 지혜를
스즈키 다이세츠는
'영성' 이라고 불렀다

인간의 사고 · 언어 ·
이성의 필터로
분별되기 전의 세계

인간의 사고 · 언어 ·
이성의 필터로 세계를 분별

산과 강 등이
분별된다

자신과 부처도
분별된다

일본인

상
좌 ← → 우
하
세계

자신
타인

위와 아래,
왼쪽과 오른쪽이 분별된다

자신과 타인, 자신과 세계가
분별된다(주관과 객관이 분별된다)

스즈키 다이세츠는 모든 것을 개념(언어)으로 분별하기 전의 만물이 일체가 된 세계를 직관하는 지혜를 가리켜 **무분별지**(無分別智)라 하고, 무분별지를 **영성**이라고 불렀다.

영성은 민족이 어느 수준 이상이 되지 않으면 깨닫지 못한다고 말한다. 일본의 경우, 영성은 가마쿠라 시대 정토계의 사상이나 선을 통해 깨닫기 시작했다. 스즈키 다이세츠는 일본 정토계의 사상과 선에 무분별지(= 영성)의 순수한 모습이 있다고 생각한다. 예를 들어 정토계의 사상에서는 그저 염불만 외면 죄인도 성불할 수 있다고 한다. '나무아미타불'이라는 염불은 선악이나 자타, 그리고 자신과 부처와의 분별을 넘어선 무분별지로 나타난다는 것이다.

정토계의 사상이나 선을 통해 볼 수 있는 무분별지의 모습을 스즈키 다이세츠는 **일본적 영성**이라고 했다. 정토계 사상의 특징인 염불 또한 일본적 영성을 나타내는 것이라고 스즈키 다이세츠는 생각했다.

스즈키 다이세쓰

묘호인

의 미 -------- 품행이 훌륭한 신앙인이라는 뜻으로, 특히 정토진종의
독실한 신자를 가리킨다

문 헌 ------------------------------ 《일본적 영성》 등

메 모 -------- 《일본적 영성》에서는 아카오노 도슈, 아사하라 사이치,
두 사람을 대표적인 묘호인으로 들었다. 보편적인 것이라고 주장했다

인간은 너무 무력하기 때문에 완전한 선인이 될 수 없다고 정토진종을 창시한 신란(親
鸞, 1173~1263)은 생각했다. 그리고 사람은 좋은 사람(선인)이 될 필요는 없고, 이 몸
이대로(자신의 상태) 구원받아 성불하는 것이라고 신란은 말한다. 오히려 자신을 성인
(聖人)이라고 생각하는 사람이 오히려 문제 있는 사람이라고 생각했다.

선인도 왕생할 수 있으니까 악인이 왕생할 수 있는 것은 당연한다

신란은 선인, 악인 할 것 없이 누구나 성불할 수 있다고 말한다. 오히려 죄책감에 시달리고 있는 악인이 먼저 성불할 수 있다고 역설했다

그래, 사람은 본래 모두 부처니까 누구나 성불할 수 있는 거야

신란
(1173~1263)

나 같은 사람도 구원받을 수 있어

보통 사람

거짓말을 한 사람

살생한 사람

도둑질한 사람

게으른 사람

아무리 악한 사람이라도 구원은 처음부터 보장되어 있다. 그러니까 스스로 선행이나 수
행을 하고 싶어지는 것이라고 신란은 말한다. 무슨 목적(예를 들어 천국에 가기 위해)이
있어서가 아니기 때문에 선행이나 수행도 강박 관념 없이 즐겁게 할 수 있다는 것이다.

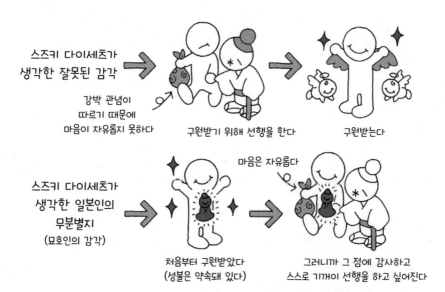

스즈키 다이세츠가
생각한 잘못된 감각

강박 관념이
따르기 때문에
마음이 자유롭지 못하다

구원받기 위해 선행을 한다

구원받는다

스즈키 다이세츠가
생각한 일본인의
무분별지
(묘호인의 감각)

마음은 자유롭다

처음부터 구원받았다
(성불은 약속돼 있다)

그러니까 그 점에 감사하고
스스로 기꺼이 선행을 하고 싶어진다

선인과 악인 할 것 없이 누구나 성불할 수 있다는 가르침은 일본적 영성(p.137)인 무분별지(p.137)와 겹친다. 무분별지(부처와 나는 같다)로 받아들여 자발적으로 선행을 하는 일반인을 정토진종에서는 **묘호인**(妙好人)이라 불렀다. 스즈키 다이세츠는 묘호인을 통해 일본적 영성을 고찰했다.

묘인은 무분별지
(p.137)를 직관
하고 있다

스트레스 없이
사람을 돕는 것을 표현

내가 아미타불이 되는
게 아니다. 아미타불
로부터 내가 된다
by 아사하라 사이치

아사하라 사이치는 나막신을
만드는 장인이었다

본래 사람은 모두 부처다.
나도 다른 사람도
반드시 구원을 받기
때문에 즐거운 마음으로
남을 돕는 것이다

아사하라 사이치(묘호인)
(1850 ~ 1932)

스즈키 다이세츠는 아무 생각하지 않고 염불을 외고 남의 고통을 모른 체하지 않는 묘호인이야말로 자유로운 존재라고 생각했다. 자유란 어떤 상황에서 달아나는 것이 아니라 말 그대로 자진해서(스스로) 하는 것이기 때문이다. 그런 묘호인이 일본적 영성을 구현한다고 스즈키 다이세츠는 말한다.

대륙 철학

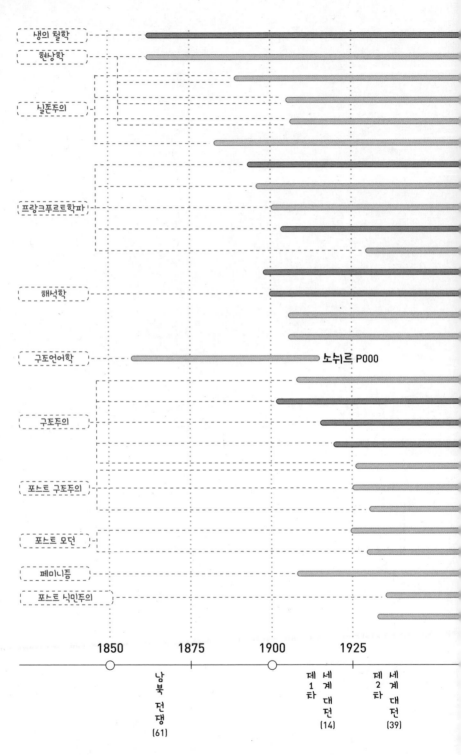

노쉬르 P000

대륙 철학

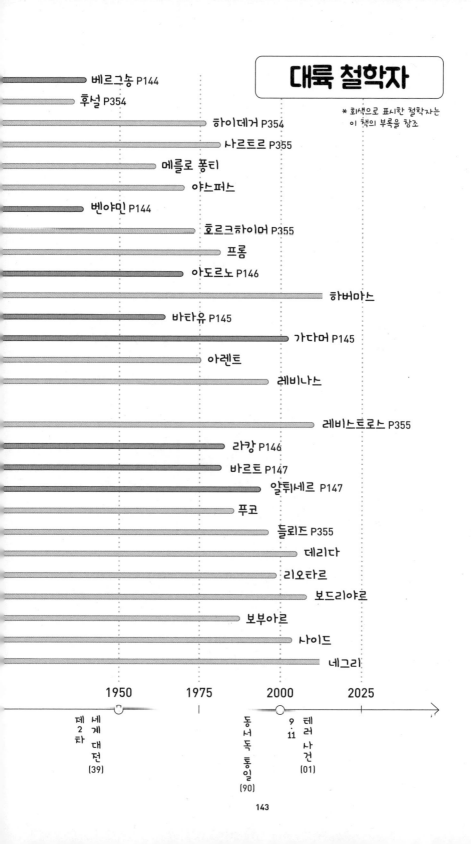

《시간과 자유》 《물질과 기억》 《창조적 진화》 《도덕과 종교의 두 원천》

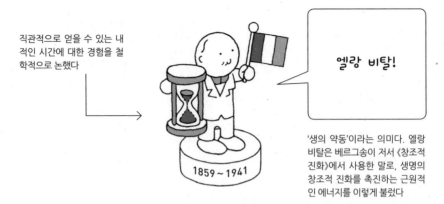

직관적으로 얻을 수 있는 내적인 시간에 대한 경험을 철학적으로 논했다

엘랑 비탈!

'생의 약동'이라는 의미다. 엘랑 비탈은 베르그송이 저서 《창조적 진화》에서 사용한 말로, 생명의 창조적 진화를 촉진하는 근원적인 에너지를 이렇게 불렀다

1859 ~ 1941

앙리 베르그송

HENRI-LOUIS BERGSON

▶ P.150~154

프랑스 철학자. 파리에서 태어나 국립고등사범학교를 졸업했다. 교수자격국가시험에 합격했으며, 서른 살 때 저서 중 하나인 《시간과 자유》를 써서 박사 학위를 받았다. 1900년 콜레 주드프랑스 교수가 되었다. 제1차 세계대전 중에는 국제연맹 설립을 위한 위원으로 임명되는 등 정치인으로도 활약했다. 1927년에는 노벨 문학상을 수상했다. 1941년 독일군이 점령한 파리에서 생을 마감했다.

《폭력 비판론》 《기술복제시대의 예술작품》 《파사주론》

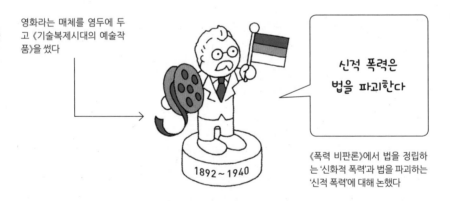

영화라는 매체를 염두에 두고 《기술복제시대의 예술작품》을 썼다

신적 폭력은 법을 파괴한다

《폭력 비판론》에서 법을 정립하는 '신화적 폭력'과 법을 파괴하는 '신적 폭력'에 대해 논했다

1892 ~ 1940

발터 벤야민

WALTER BENDIX SCHÖNFLIES BENJAMIN

▶ P.162~164

독일 사상가. 베를린에서 부유한 유태인 상인의 장남으로 태어났다. 베를린대학, 프라이부르크대학에서 철학과 문학을 공부했다. 사춘기 때, 유대 신비주의, 관념론적 변증법, 마르크스주의적 역사 철학의 영향을 받는다. 나치가 대두하자 파리로 이동해 초현실주의 작가들과 친분을 다졌다. 1940년 나치가 쳐들어오자 탈출을 시도했으나 망명 도중에 자살했다. 향년 48세.

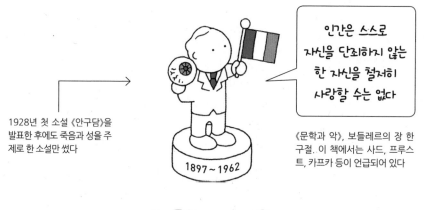

인간은 스스로 자신을 단죄하지 않는 한 자신을 철저히 사랑할 수는 없다

1928년 첫 소설 《안구담》을 발표한 후에도 죽음과 성을 주제로 한 소설만 썼다

《문학과 악》, 보들레르의 장 한 구절. 이 책에서는 사드, 프루스트, 카프카 등이 언급되어 있다

조르주 바타유

GEORGES BATAILLE
▶ P.156~158

프랑스의 사상가이자 소설가. 비온에서 태어났다. 프랑스 국립 고문서학교를 졸업한 후, 국립 도서관 사서로 근무했다. 잡지 《도큐망》과 《사회 비평》 등에 수많은 평론과 에세이를 발표했다. 1936년 내셔널리즘에 반격하는 단체를 결성했으며, 미셸 레리스를 비롯한 친구들과 사회학연구회를 조직해 성스럽고 거룩한 품성에 대해 연구하고 토론했다. 전후에는 서평 전문지 〈크리티크〉를 창간하고, 왕성한 집필 활동을 계속했다.

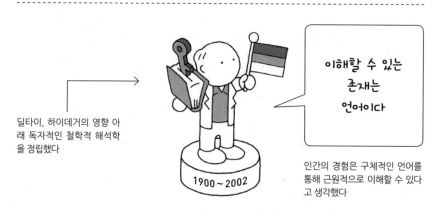

이해할 수 있는 존재는 언어이다

딜타이, 하이데거의 영향 아래 독자적인 철학적 해석학을 정립했다

인간의 경험은 구체적인 언어를 통해 근원적으로 이해할 수 있다고 생각했다

한스 게오르그 가다머

HANS-GEORG GADAMER
▶ P.166

독일의 철학자, 철학적 해석학의 대표적 인물. 마르부르크에서 태어났으며, 마르부르크대학에서 철학을 공부했다. 그 후 하이데거로부터 결정적인 영향을 받고 직접 지도도 받았다. 마르부르크대학, 라이프치히대학, 프랑크푸르트대학 교수를 거쳐 1949년 야스퍼스의 후임으로 하이델베르크대학 교수가 되었다. 1960년, 20세기 사상사에 결정적인 영향을 미친 《진리와 방법》을 발표했다.

유아가 거울에 비친 자신을 보고 자기 이미지를 획득해 가는 과정을 '거울 단계론'으로 이론화했다

무의식은 언어처럼 구조화되어 있다

라캉 사상의 기본 테제. 라캉은 무의식을 구조주의와 결부시켰다

자크 라캉
JACQUES LACAN

▶ P.168~172

프랑스의 카리스마적 정신분석학자. 구조주의의 대표주자 중 한 사람으로 꼽힌다. 파리에서 가톨릭 중산층 가정에서 태어났고, 고등사범학교에서 철학을, 파리대학에서 정신의학을 공부했다. 1963년 국제정신분석학회로부터 제명당한 뒤, '프로이트로 돌아가라'는 구호 아래 1964년 파리 프로이트파를 결성했으나 내부 갈등이 생겨 1980년에 해산을 선언했다. 1981년 생을 마감했다.

미학자, 음악비평가, 작곡가로서의 면모도 겸비해, 많은 음악론과 미학론을 남겼다

우리는 일상적으로 관계적 존재로 놓여 있다

아우슈비츠라는 야만을 만들어낸 현대 문명과 문화를 날카롭게 고발했다

테오도르 아도르노
THEODOR ADORNO

▶ P.160

프랑크푸르트학파의 독일 철학자, 사회학자. 프랑크푸르트 암 마인에서 태어났다. 호르크하이머와 함께 프랑크푸르트대학 사회연구소의 지도적 입장에 있었다. 나치가 유대인을 공직에서 추방하자 영국과 미국으로 망명했다. 전쟁 중에 '계몽의 변증법'을 호르크하이머와 공동으로 집필했다. 전쟁이 끝나자 귀국하여 사회연구소의 재건에 참여하면서 사회 비판과 문화 비판을 전개했다.

작품 독해란 저자의 의도를 이해하는 것이라고 하는 전제를 해체해야 한다고 생각하고 '저자의 죽음'을 선고했다

영도(零度)의 에크리튀르

1947년 잡지 〈콩파〉에 데뷔 논문으로 게재되었으나, 단행본에는 그 대부분의 내용이 빠져 있다

1915~1980

롤랑 바르트
ROLAND BARTHES

▶ P.174~178

프랑스 비평가. 셰르부르에서 태어났다. 파리대학에서 고대 그리스 문학을 공부하면서 동시에 고대 연극에도 열중했다. 청년 시절 폐결핵으로 장기 요양을 한 뒤 도서관에서 근무했으며, 프랑스어 강사 등으로 일했다. 1954년에 《영도의 에크리튀르》를 발간, 일약 주목을 끌었다. 이후 고등연구실습원 지도 교수를 거쳐 1977년부터 콜레주드프랑스 교수가 되었다. 1980년 교통사고로 생을 마감했다.

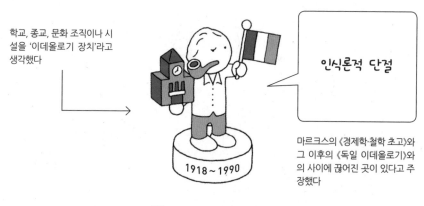

학교, 종교, 문화 조직이나 시설을 '이데올로기 장치'라고 생각했다

인식론적 단절

마르크스의 《경제학·철학 초고》와 그 이후의 《독일 이데올로기》와의 사이에 끊어진 곳이 있다고 주장했다

1918~1990

루이 알튀세르
LOUIS ALTHUSSER

▶ P.180~184

프랑스의 철학자, 구조주의적 마르크스주의자. 알제리에서 태어나 마르세이유에서 어린 시절을 보냈다. 전쟁 중 독일에서 포로 생활을 한 후 1948년 고등사범학교 강사가 되었고, 같은 해에 공산당원이 되었다. 젊은 시절부터 조울병을 앓았으며, 1980년 정신착란 상태에서 아내를 교살하고 정신병원에 수용되었다. 퇴원 후 집필 활동을 계속하다 1990년에 생을 마감했다.

대륙 철학

20세기 이후의 **현대 사상**은 일반적으로 프랑스와 독일의 **대륙 철학**과 영미(영미 철학 p.211)의 분석 철학(p.230)으로 크게 나눌 수 있다. 이 중 대륙 철학은 독일에서 탄생한 후설(p.354)의 현상학(p.381)이 하나의 기점이 되었다. 후설의 현상학은 니체(p.354)의 철학과 융합하면서 하이데거(p.354)를 거쳐 가다머(p.145)의 해석학(p.166)과 사르트르 (p.355)의 실존주의(p.383)를 낳았다.

현대 사상의 두 조류

우리의 철학은 프레게와 러셀의 논리에서 출발했습니다

우리는 막연한 '질'은 취급하지 않습니다. 객관적인 '양'을 취급하지요

우리의 철학은 언어를 분석하기 때문에 언어 분석 철학으로 알려져 있죠

로티

영미 철학은 과학적이고 객관적이라고 말들 하죠

러셀

프레게

포퍼

카르나프

영미 철학

비트겐슈타인

콰인

그런데 구조주의(p.387)를 제창한 레비스트로스(p.355)는 실존주의를 인간중심주의라 며 비판했다. 후에 구조주의는 포스트 구조주의(p.185)로 형태를 바꾸어간다. 또한 유대 인을 중심으로 한 프랑크푸르트학파(p.160)는 마르크스(p.354) 주의를 기반으로 반파시 즘 사상을 전개했다.

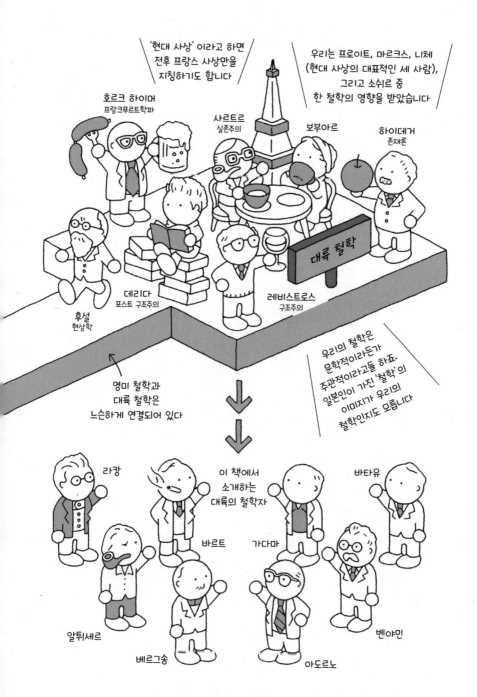

여기서는 매우 중요한 대륙 철학자이지만 전편 《철학사전》에서 다루지 못한 베르그송, 가다머, 아도르노, 벤야민, 바타유, 바르트, 라캉, 알튀세르 등 8명을 소개한다.

이마주

문　헌 ---------------------------- 베르그송 《물질과 기억》

메　모 -- 베르그송은 이마주를 '관념주의자가 표상이라고 부르는 것보다는
　　　　성능이 뛰어나지만, 실재주의자가 사물이라고 부르는 것보다는
　　　　뒤떨어진 존재'라고 설명한다

데카르트(p.352)는 마음과 물질은 명확하게 나뉘어 존재한다고 생각했다. 이를 물심(심
신) 이원론(p.361)이라고 한다.

물심(심신) 이원론
데카르트는 마음과
물질은 명확하게
나누어져 있다고 생각했다

그러나 베르그송은 그렇게 생각하지 않았다. 우리는 좋아하는 음식을 보면 '맛있을 것
같다'고 생각하고, 어린 시절 갖고 놀던 장난감을 만질 때면 '그립다'고 느낀다. 물질(대
상)과 마음은 감정과 기억에 연결되어 있다.

이마주　내가 본(지각한) 대상과 그것에 대한 의식의 움직임 두 가지를
　　　　한 쌍으로 해서 이마주라고 한다

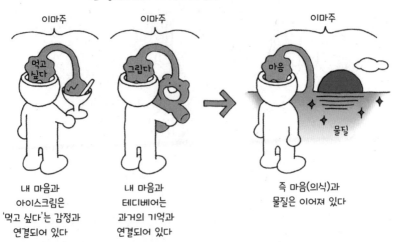

내 마음과
아이스크림은
'먹고 싶다'는 감정과
연결되어 있다

내 마음과
테디베어는
과거의 기억과
연결되어 있다

즉 마음(의식)과
물질은 이어져 있다

일본철학

150

베르그송은 내가 본(지각한) 대상과 그에 대한 나의 의식의 두 쌍을 **이마주**라고 했다. 그리고 세계는 나의 이마주와 타인의 이마주로 이루어져 있다고 생각했다.

세계는 이마주의 총체

타인의 이마주

나의 이마주

마음
의식에는 지각한
것에 대한 기억과
감정이 끊임없이
나타난다

아름
답다

넓다

먼있다

A
씨

B
씨

나

타인

물질
물질(풍경)은 보는
각도와 거리에 따라
늘 모양이 바뀐다

세계는 이마주만으로 되어 있다고 베르그송은 생각했다

베르그송에게 있어 세계는 간단한 물질이 아니다. 그렇다고 마음속에만 있는 것도 아니다. 그에게 세상은 이마주의 총체다. 그는 물질과 정신 같은 단순한 이원론으로 세상을 파악하지 못했다.

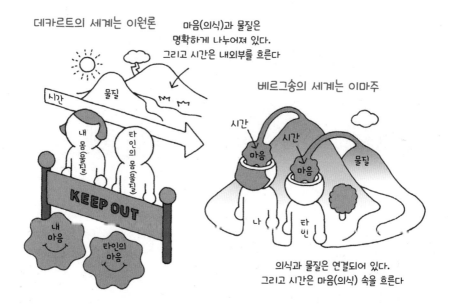

데카르트의 세계는 이원론

마음(의식)과 물질은
명확하게 나누어져 있다.
그리고 시간은 내외부를 흐른다

시간

물질

내
몸(메카닉)

타
인
의
몸(메카닉)

KEEP OUT

내
마음

타인의
마음

베르그송의 세계는 이마주

시간

시간

마음

마음

물질

나

타
인

의식과 물질은 연결되어 있다.
그리고 시간은 마음(의식) 속을 흐른다

▶144

순수 지속

메　모 --------- 베르그송은 순수 지속을 《시간과 자유》에서 다음과 같이
정리했다. '질적 변화 이외의 것이 아니다. 그 변화는 서로 융합되고
서로 침투해, 정확한 윤곽을 갖지 않으며, 서로에 대해 외재화하는
경향도 없고, 숫자와 어떤 근친성도 없다'

우리는 일반적으로 시간을 아래와 같이 파악한다.

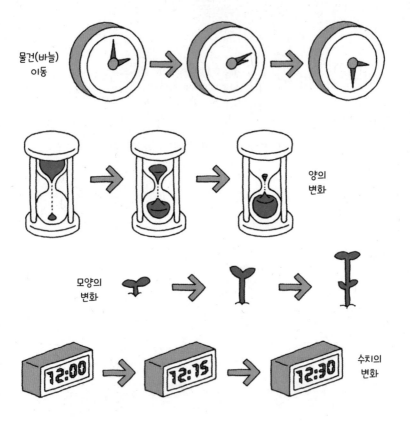

베르그송은 이들을 시간이라 생각하지는 않았다. 이들은 모두 시간이 아니라 공간상의
물질 이동이나 양과 수치의 변화이다. 시간이란 이러한 물질의 이동이나 변화가 아니라
'아이스크림이 보인다'→ '먹고 싶다'→ '달콤하다'→ '그립다'→ '행복'처럼, 의식 속에 감
정이나 기억이 끊임없이 나타나는 것으로 지속되는, 질적 변화를 말한다. 베르그송은
이러한 시간의 본질을 **순수 지속**이라고 했다.

멜로디에서 '도' 부분을
분리하여 분석한다 해도
아무것도 알 수 없는 것처럼,
시간(순수 지속)도
1프레임 1프레임을
분리할 수가 없다

순수 지속
시간이란 의식 속에 감정과
기억이 끊임없이 나타나서 지속하는 것을 말한다

시간은 물질처럼 관찰할 수도, 외부에서 볼 수 없다. 베르그송은 세계의 모습을 물질의 수나 양으로만 파악하는 물리적인 견해에 이의를 제기하고, 순수 지속이라는 생각을 대치한 것이다.

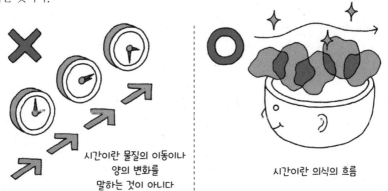

시간이란 물질의 이동이나
양의 변화를
말하는 것이 아니다

시간이란 의식의 흐름

엘랑 비탈

문 헌 ----------------------------------- 베르그송 《창조적 진화》
메 모 ----------------- 생명은 발사된 포탄이 튀어 파편이 되고,
그 파편이 또한 포탄이 되는 것을 반복하는 이미지로 진화해 간다고 한다.
그 폭발적 에너지가 '엘랑 비탈'이다

다윈의 진화론에 의하면 환경에 적합한 개체는 살아남고 적합하지 않은 개체는 도태된다. 그러나 베르그송은 생명의 진화를 이런 자연 도태로는 파악할 수가 없었다.

대륙 철학

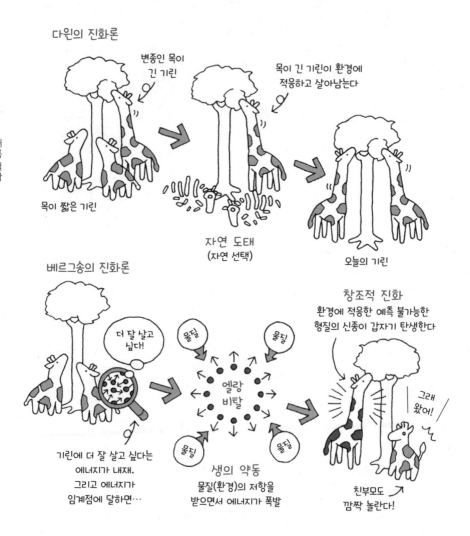

베르그송은 진화를 외부가 아니라 생명의 내면에서 생각한다. 생명에 내재하는 '잘 살고 싶다'라는 에너지가 지금까지의 방법으로는 환경에 적응하기 어려울 때, **엘랑 비탈(생(生)의 약동, 생명의 도약)**은 폭발을 일으켜 예측할 수 없는 신종을 낳는다고 그는 말한다(**창조적 진화**). 생명은 내재되어 있는 에너지가 현실화함으로써 진화한다.

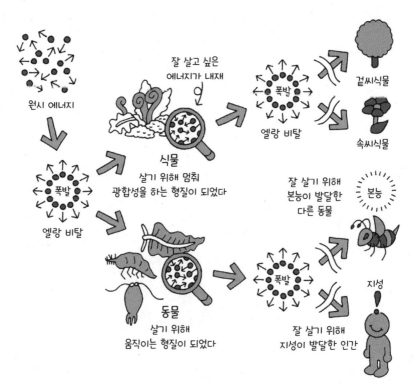

베르그송에 의하면, 원시부터 존재하는 에너지는 엘랑 비탈을 반복하다 지금에 이르렀다. 잘 살기 위해 지성을 진화시킨 것이 인간이고, 본능을 진화시킨 것이 인간 이외의 동물이다. 그리고 동물의 본능을 인간의 지성으로 의식화한 것이 직관이다. 이 직관을 사용하면 칸트가 도달하기 어렵다고 본 물자체(p.367)도 파악할 수 있다고 그는 주장한다.

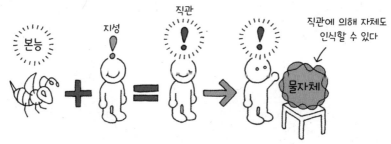

소진

의 미 --- 유용성을 넘은 비생산적인 소비를 말한다. '탕진'이라고도 한다
문 헌 -------------------- 바타유 《내적 체험》, 《저주받은 부분》
메 모 -------- 현대의 생산 우위는 소진을 '저주받은 부분'으로 보고
무시해 왔다. 거기서 생긴 잉여는 전쟁이라는 형태로
소비된다고 바타유는 지적했다

근대 사회에서 가치란 '뭔가를 만들어내는 것'이다. 이성·진보·노동·창조·탄생 등에 가치가 있다고 여기는 이유는 거기에 생산성이 있기 때문이다.

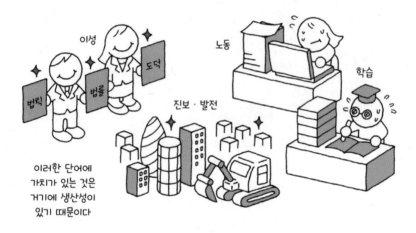

이러한 단어에
가치가 있는 것은
거기에 생산성이
있기 때문이다

그러나 인간은 때로 생산한 물건을 파괴하는 데서 즐거움을 발견한다. 예를 들어, 모처럼 만든 작품을 망가뜨리거나 돈을 낭비하는 행위이다. 또한 과도하게 호화로운 제품에 대한 소비, 쾌락만을 목적으로 한 성행위, 유희, 예술, 기호품 등에도 생산성은 없다.

인디언 사회에는 자신의 자산을 파괴하면서까지 상대방을 환영하는 '포틀래치'라는 축제가 있다. 또한 미친 듯이 정신없이 춤을 추는 축제 등 생산성의 관점에서 설명할 수 없는 행위가 세상에는 몇 가지 있다.

이러한 축제는 '생산성'의 관점에서 설명할 수 없다

포틀래치처럼 자신이 가지고 있는 힘과 자원을 다 써버리는 행위를 바타유는 **소진(탕진)**이라고 했다. 인간은 생산을 기준으로 살아 있는 것이 아니라 오히려 비생산적이고 충동적인 소비를 추구하며 살아간다고 바타유는 말한다. 인간에게 생산이란 소비를 목적으로 한 수단에 불과하다. 그런데도 근대 사회는 생산에 가치를 두고 사람들에게 생산을 강요한다. 근대 사회는 사람들을 억압한다고 바타유는 생각했다.

에로티시즘

문　헌 --------------------------------- 바타유 《에로티시즘》
메　모 ------- 바타유는 '에로티시즘의 본질은 성적인 쾌락과 금지가
　　　　　　　복잡하게 뒤얽힌 결합 속에 주어진다'고 정의했다

바타유는 인간을 불연속적인 존재라고 생각한다. 사람은 타인과도 분리되어 있으며, 영원히 살 수도 없기 때문이다. 그러나 사람은 죽음에 의해 타인이나 세계와 일체가 되며, 영원한 것이 되어 연속성을 얻을 수 있다. 그 연속성을 느끼기 위하여 사람은 잠재의식 속에서 죽음을 동경하는 것이다.

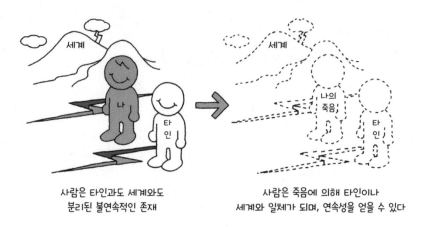

사람은 타인과도 세계와도
분리된 불연속적인 존재

사람은 죽음에 의해 타인이나
세계와 일체가 되며, 연속성을 얻을 수 있다

바타유는 죽음에 의해 얻어지는 연속성을 성적인 절정에 달했을 때 체감할 수 있다고 말한다.

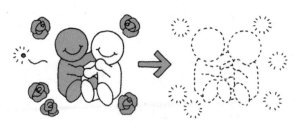

에로티시즘
인간은 성적인 절정에 의해 타인이나 세계와 일체가 되며,
연속성을 얻을 수 있다.
이 연속성을 얻을 때까지 삶을 구가하는 것을
에로티시즘이라고 한다

158

타인을 찾아 성적 절정에 달했을 때 사고는 멈춘다. 이것은 개인의 죽음을 의미한다. 이 죽음의 유사 체험을 통해 사람들은 자신과 타인과 세계가 하나로 융합하는 곳에 갈 수 있으며, 연속성을 얻을 수 있다. 거기에 도달할 때까지 삶을 구가하는 것을 그는 **에로티시즘**이라고 했다.

동물과 달리 인간의 성에는 다양한 금지가 있다

오빠 / 여동생

LOVE

근친상간 금지

불륜 금지

훔쳐보기 금지

공개적 외설 금지

공공장소에서의 성행위 금지

이 금기를 깨고 싶다!

교회에서의 성행위 금지

동물과 달리 인간의 성행위에는 다양한 금지가 있다. 바타유는 이 금기의 침범이야말로 에로티시즘의 본질이라고 말한다. 마치 소진(p.157)이라는 목적을 위해 과도한 물건을 만들어내는 것처럼, 사람은 그것을 벗을 때의 쾌락을 위해 아름다운 옷을 입고, 그것을 어겼을 때의 쾌락을 위해 질서와 도덕으로 평소 자신을 꾸미는 것이라고 그는 생각했다.

평소 규칙과 도덕은 그것을 어겼을 때 생기는 쾌락을 위해 있는 것이다

평소에는 신사와 숙녀

부도덕한 생활을 하고 싶다

질서를 어지럽히고 싶다

옷을 벗어버리고 싶다

동물처럼 살고 싶다

대륙 철학

아도르노

부정변증법

문 헌 ---------------------------- 아도르노 《부정변증법》
메 모 -- 아도르노는 헤겔의 변증법을 부정한다. 모순을 뛰어넘어 하나로
종합하려는 변증법을 부정하고 차이를 끝없이 추구하는 논리가 '부정변증법'이다

왜 유대인 홀로코스트(대학살)가 일어났는가? 이 문제를 평생의 테마로 삼고 밝히려고
한 사람이 호르크하이머, 프롬, 벤야민, 그리고 아도르노 같은 **프랑크푸르트학파** 사상
가들이다.

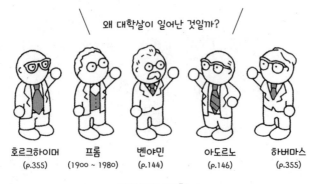

왜 대학살이 일어난 것일까?

호르크하이머 (p.355) 프롬 (1900 ~ 1980) 벤야민 (p.144) 아도르노 (p.146) 하버마스 (p.355)

프랑크푸르트학파
1923년에 설립된 사회연구소 멤버.
전체주의나 나치즘을 연구하면서 평생을 보냈다

아도르노는 홀로코스트에 이른 원인을 당시 독일 사상을 지배하고 있던 헤겔의 변증법
(p.370)적인 발상으로 알아냈다. 변증법은 다른 두 가지 생각을 통일해, 보다 고도의
생각을 만들어내는 방법이다.

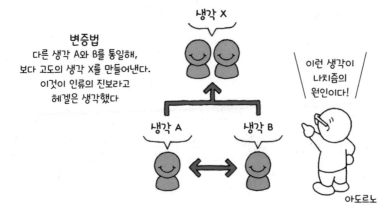

생각 X

변증법
다른 생각 A와 B를 통일해,
보다 고도의 생각 X를 만들어낸다.
이것이 인류의 진보라고
헤겔은 생각했다

생각 A   생각 B

이런 생각이
나치즘의
원인이다!

아도르노

대륙 철학

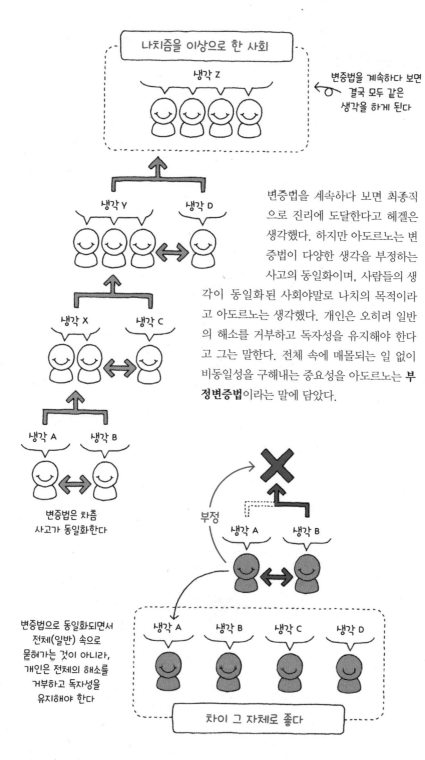

나치즘을 이상으로 한 사회

생각 Z

변증법을 계속하다 보면 결국 모두 같은 생각을 하게 된다

생각 Y   생각 D

생각 X   생각 C

생각 A   생각 B

변증법은 차츰
사고가 동일화한다

변증법을 계속하다 보면 최종적으로 진리에 도달한다고 헤겔은 생각했다. 하지만 아도르노는 변증법이 다양한 생각을 부정하는 사고의 동일화이며, 사람들의 생각이 동일화된 사회야말로 나치의 목적이라고 아도르노는 생각했다. 개인은 오히려 일반의 해소를 거부하고 독자성을 유지해야 한다고 그는 말한다. 전체 속에 매몰되는 일 없이 비동일성을 구해내는 중요성을 아도르노는 **부정변증법**이라는 말에 담았다.

대륙 철학

부정

생각 A   생각 B

변증법으로 동일화되면서
전체(일반) 속으로
묻혀가는 것이 아니라,
개인은 전체의 해소를
거부하고 독자성을
유지해야 한다

생각 A   생각 B   생각 C   생각 D

차이 그 자체로 좋다

벤야민

아우라

문 헌 - 벤야민 《기술복제시대의 예술 작품》
메 모 - - - - - - - 벤야민은 복제화로 예술의 아우라가 붕괴하는 데 대해,
　　　　　　　　　　예술의 평등화라는 관점에서 긍정적으로 파악했다

예술 작품을 사진으로 찍거나 인쇄한 복제품은 그것이 아무리 정교하게 만들어졌다 해
도 유일한 진짜 작품이 될 수는 없다. '지금' '여기에'밖에 없는 진짜 작품에 있는 보이지
않는 신비로운 기운을 벤야민은 **아우라(오라)**라고 불렀다.

대륙 철학

최근 예술 작품을 기술적으로 복제하기 쉬워졌다. 그러나 실물이 지니고 있는 유일성이
나 역사성은 복제품에서는 찾기 어렵다.

162

영화나 사진 등 복제 예술의 등장은 예술의 개념을 '숭고'하고 '귀중'한 것에서 '일반적'이고 '부담 없는' 것으로 인식을 바꾸었다. 벤야민은 복제 기술의 진보로 아우라가 보잘것없어진 것을 한탄한다. 그러나 다른 한편으로 아무리 권력이 예술, 표현, 정보 등을 관리, 규제하더라도 복제 기술의 진보는 예술이나 표현을 권력에서 해방시킨다고 벤야민은 생각했다.

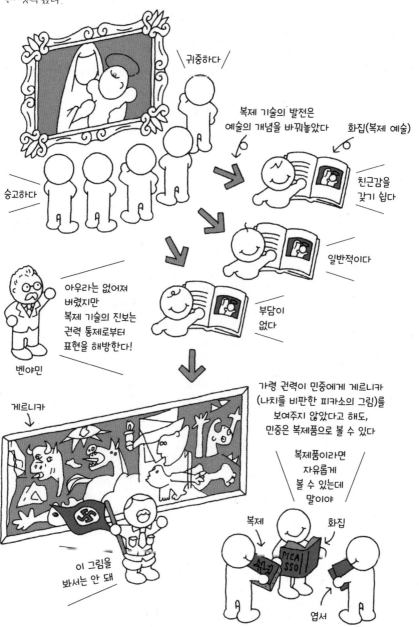

벤야민

파사주론

문　헌 -- 벤야민 《파사주론》
메　모 ---------- 벤야민은 미래나 진보의 상징과 같은 파리의 화려한
아케이드 속에 태고의 유토피아로 회귀하는 욕망을 꿰뚫어봤다

독일 태생의 유대인이었던 벤야민은 나치에서 벗어나 파리에 있었다. 그래서 그는 파사주 속의 유보자가 되어, **'파사주론'**이라는 단편집을 쓰기 시작한다. 파사주란 19세기 파리에 있던 유리 지붕으로 된 상가를 말한다. 유리 너머 희미한 빛 속에는 오래된 물건들이 즐비해 있었다.

파사주의 유보자가 된 벤야민은 유리 너머 희미한 빛에 휩싸인
19세기의 오래된 물건을 바라보면서 자본주의를 고찰했다

벤야민은 19세기의 사람들이 제품에 꾼 꿈을 회상한다. 그렇게 함으로써 자본주의에 대한 사람들의 생각을 고찰하려고 한 것이다.

'파사주는 바깥이 없는 집 또는 복도 같다. 꿈처럼'이라고 그는 표현했다. 그러나 실제 파사주 바깥에는 나치의 발소리가 다가오고 있었다. 그는 파사주의 흐릿한 빛에 휩싸인, 아직 나치가 없었던 19세기의 기억 속에 도망쳐 있었을지도 모른다.

파리에 나치의
발소리가 다가오고 있었다

1940년 나치가 파리를 침공한다. 벤야민은 미완의 '파사주론' 원고를 당시 파리국립도서관에 근무하고 있던 바타유(p.145)에게 맡기고 파리를 탈출한다. 피레네 산맥을 걸어서 넘어가려고 했으나 국경 부근에서 고립되자 음독자살을 했다. 벤야민이 48세 때였다.

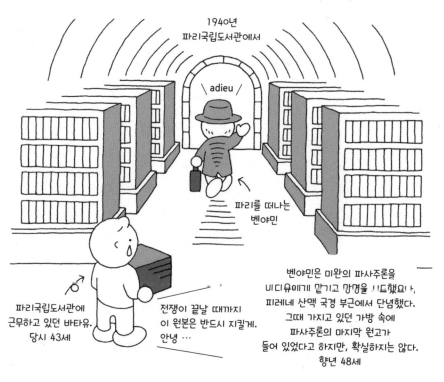

1940년
파리국립도서관에서

adieu

파리를 떠나는
벤야민

파리국립도서관에
근무하고 있던 바타유.
당시 43세

전쟁이 끝날 때까지
이 원본은 반드시 지킬게.
안녕 …

벤야민은 미완의 파사주론을
바타유에게 맡기고 망명을 시도했으나,
피레네 산맥 국경 부근에서 단념했다.
그때 가지고 있던 가방 속에
파사주론의 마지막 원고가
들어 있었다고 하지만, 확실하지는 않다.
향년 48세

▶145

가다마

지평

문 헌 - 가다마 《진리와 방법》
메 모 - - - - - - - 현대의 계몽사상은 전통과 선입견을 비이성적인 것으로
폄하했지만, 그 견해도 선입견이 아닐 수 없다. 가다마는 전통이나
선입견을 이해하거나 대화하는 데 필수적인 것이라고 생각했다.

문헌에 적혀 있는 것 이상을 저자의 마음이 되어 읽어내는 학문을 **해석학**이라고 한다.
가다마는 해석학을 다른 사람을 이해하는 학문으로 다루었다.

해석학
실제로 쓰여 있는
것뿐만 아니라 저자가
정말 전하고 싶었던 것을
읽어내는 학문이다.
기원은 고대 그리스

저자가
정말로 전하고
싶었던 것

원래 해석학의 목적은 과거에 쓰여진 글에서 저자의 주장을 읽을 것이다. 그러나 가다
마는 그 자체로 끝나 버리면 의미가 없다고 말한다. 해석학에게 중요한 것은 지금 내가
(해석하는 측) 지난 글(해석되는 측면)과 '대화'함으로써, 과거의 글을 지금의 나에게 활
용하는 것이다.

이렇지도 않아

그렇지도 않아

저자의 글

나

저자의 감정을 재현하는
것만으로는 의미가 없어
중요한 건 글과 대화하며
지금의 나에게 활용하는 거야

가다마는 '대화'를 하기 위한 전제가 되는 선입견을 **지평**이라고 한다. 보통 선입견은 버
려야 하는 것으로 여기지만, 가다마는 선입견이 없으면 다른 사람과 진정한 대화는 할
수 없고 말한다. 자란 환경도 문화도 자신과 완전히 다른 타인의 지평(선입견)을 이해하
려는 시도가 진정한 대화라는 것이다.

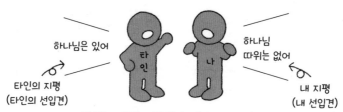

하나님은 있어

타인의 지평
(타인의 선입견)

하나님
따위는 없어

내 지평
(내 선입견)

진정한 대화란 자란 환경도 문화도 자신과는
전혀 다른 타인의 지평을 이해하려는 시도

가다마는 진정한 대화를 통해 타인의 지평이 이해되면 **지평 융합**이 일어나거나 자신의
지평이 넓어진다고 생각한다. 진정한 물음은 '일본의 수도는?' 등과 같은 질문과는 달리
답이 없다. 그러나 지평을 조금씩 넓혀 나가지 않으면 지평(선입견)은 단순한 편견으로
끝나고 만다.

지평 융합은 다른 사람의
생각과 같아지는 것이 아니라
이해하는 것이다

저자의 지평 1

나의 지평 1

지평 융합
2

저자의 지평
1

나의 지평
1

이해

타인의 지평
1

새로운 나의 지평
2

지평 융합
3

1

2

이해

지평 융합을
반복해서 하지 않으면
지평은 단순한
편견일 뿐이다

반복

라캉

거울상 단계

문　헌 ----------------------------- 라캉 《에크리(Écrits)》

메　모 ---------- 타인을 매개로 자기를 안다는 초기 라캉의 생각은
당시 열심히 청강하고 있던 알렉산드르 코제브의
'헤겔 《정신 현상학》 강의'에서 큰 영향을 받았다.

프로이트(p.354)의 정신 분석(자아 p.379)을 구조주의(p.387)적으로 다시 받아들인 것
이 라캉이다. 그의 말에 따르면, 유아에게는 배가 고프거나 소변이 마렵거나 기분 좋은
느낌 등 제각기 다른 감각밖에 없고, 그들을 '나'로서 통일적으로 파악하지는 못한다. 이
단계를 **토막토막 끊긴 몸**이라고 한다.

토막토막 끊긴 몸
유아는 단편적인 감각밖에 없다

6개월 후

거울상 단계
유아는 거울에 비친 상을
나라고 인식한다

멍멍!

라캉은 아무리 똑똑한 개라도 거울에 비친 상이
자신이라는 인식이 없다고 생각했다

6개월 정도 지나면 유아는 거울에 비친 형상을 보고 그것이 내 몸이라고 인식한다. 여
기에서 처음으로 사람은 자신의 이미지를 통일해서 파악한다. 이를 **거울상 단계**라고 한
다.

대륙 철학

그러나 거울에 비친 나의 몸은 나의 내부가 아닌 외부에 존재한다. 사람은 나라는 관념을 자신 속에서가 아니라 세상에 이미 있는 거울이라는 외부로부터 획득한 것이다.

**후설의 현상학과
사르트르의 실존주의 사고**
(현상학 p.381 · 실존주의 p.383)

나

유아는 나라는 감각을
가지고 태어난다

스스로
내 몸의
이미지를
획득

내 의식으로
움직이니까
내 몸

나는 나 자신이
만든다

나는 내가 만든다

라캉의 구조주의적 사고

목이
마르다   좋다
배가
고프다   기분
좋다
학학하다
따뜻하다   돌리다

토막토막 끊긴 몸

나

내 몸의
이미지를 외부
세계로부터
획득

거울상 단계

세상의 규칙을
따르자

나는 나의 외부에 의해 만들어진다

대륙 철학

원래 나라는 관념조차 외부에서 획득한 것이므로, 당연히 그 후의 인간 형성도 자신의 내부가 아닌 외부 세계에 좌우된다.

이게
나인가?

원래 '나'는 외부에
의해 만들어졌다

질서

법칙

언어

근린   부친

그 후의 '나'도 외부에
의해 만들어진다

라캉

상상계 ㅣ 상징계

문   헌 ---------- 라캉 《정신병자의 말과 언어 활동의 기능과 영역》
관   련 -------------------- 거울상 단계(p.168) 현실 세계(p.172)
메   모 --------- 라캉의 '상징계 ㅣ 상상계 ㅣ 현실 세계'라는 세 구분은
        프로이트의 '초자아 ㅣ 자아 ㅣ 에스'(p.379)를 염두에 두고 구상되었다

생후 6개월인 거울상 단계(p.168)의 유아는 거울에 비친 자신을 보고 처음으로 '나'라는 통일된 이미지를 가질 것이라고 라캉은 생각했다. 이 시기의 유아에게 자기 속에 있는 자신의 이미지와 현실의 자신은 같다. 또한 자기 안에 있는 어머니의 이미지와 현실의 어머니도 마찬가지라고 라캉은 생각했다.

거울상 단계의 유아에게 자기 속에 있는
어머니의 이미지와 현실의 어머니는 같다

사회의 상징으로서의 아버지는 존재하지 않고 언어도 필요 없고 질서도 없는 유아가 보는 대로 느끼는 대로의 세계를 라캉은 **상상계**라고 한다

상상계
라캉은 자신의 이미지대로 생각한 대로의 세상을 상상계라고 불렀다

그러나 유아는 2세 정도가 되면 엄마의 관심은 자기뿐만 아니라 아버지와 그 외에 다른 것에도 향하고 있다는 것을 알게 된다.

상징계
아버지와 언어, 지켜야 하는
규칙이 존재하는 세계를
라캉은 상징계라고 불렀다

엄마는 나에게만
관심이 있는 게 아니야

사회의 상징인 아버지의 존재를 발견했을 때, 사회에 의해 만들어진 언어라는 질서와 지켜야 하는 규칙(대문자의 타자)이라는 것이 세상에 있다는 것을 유아는 안다. 여기서 유아는 세계는 자기의 생각대로 안 된다는 것을 알게 된다.

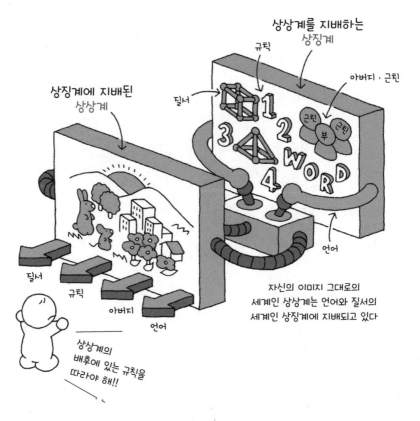

상상계를 지배하는
상징계

규칙

아버지 · 근친

질서

상징계에 지배된
상상계

질서

규칙

아버지

언어

언어

상상계의
배후에 있는 규칙을
따라야 해!!

자신의 이미지 그대로의
세계인 상상계는 언어와 질서의
세계인 상징계에 지배되고 있다

그 후 유아의 자아는 언어에 의한 질서를 받아들임으로써 형성되어 간다. 이 언어에 의한 질서가 지배하는 세계를 라캉은 **상징계**라고 한다. 생후 6개월 유아가 만난 상상계는 사실은 배후에 있는 상징계의 지배를 받고 있었던 것이다.

현실계

문　헌 ---------- 라캉 《정신병자의 말과 언어 활동의 기능과 영역》등
관　련 ----------------------------- 상상계 I 상징계(p.170)
메　모 -------------- 현실계는 언어화도 이미지화도 할 수 없는
　　　　　　　　　　　　카오스적 진실의 영역이라고 보았다

거울상 단계(p.168)의 유아가 아는 세계를 상상계(p.170)라고 라캉은 불렀다. 유아는 그
후, 상상계는 언어와 규칙의 세계인 상징계(p.171)의 지배를 받는다는 것을 알게 된다.
그리고 상징계의 규칙을 받아들이는 형태로 유아의 자아는 형성되어 간다.

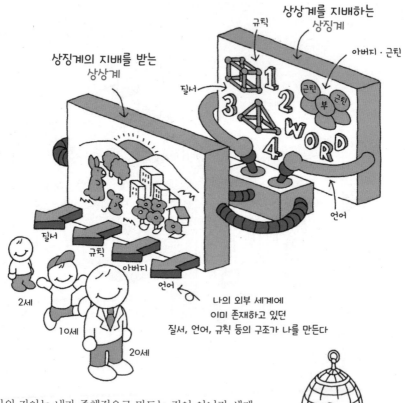

상징계의 지배를 받는
상상계

규칙

상상계를 지배하는
상징계

아버지 · 근친

질서

언어

질서

규칙

아버지

언어

2세

10세

20세

나의 외부 세계에
이미 존재하고 있던
질서, 언어, 규칙 등의 구조가 나를 만든다

나의 자아는 내가 주체적으로 만드는 것이 아니라 세계
에 이미 존재하고 있던 타인이나 언어 등의 구조로 만들
어진다고 라캉은 생각한다. 이 아이디어는 자아는 스스
로 만든다고 하는 사르트르 등의 실존주의(p.383)와는
크게 다르다.

**사람은 결국
바구니 속의 새**

라캉은 상상계, 상징계 외에 또 하나의 **현실계**가 존재한다고 말한다. 현실계란 우리가 살고 있는 이 현실 사회라는 의미가 아니다. 그것은 언어와 이미지 등의 필터를 제거한 영역을 말한다. 일반적으로 현실계에 사람이 도달할 수 없지만, 환각이나 예술에 현실계가 나타날 수 있다고 라캉은 생각한다.

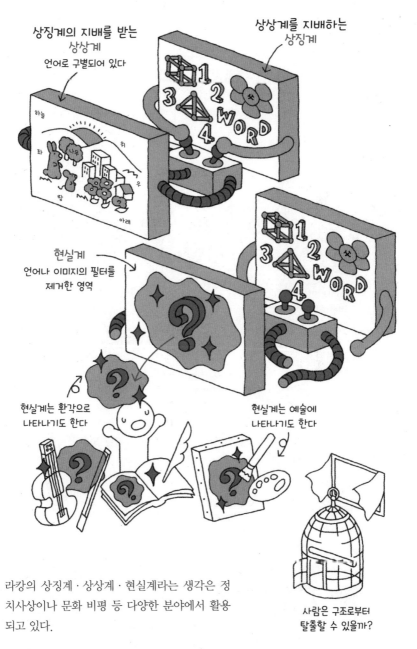

상징계의 지배를 받는
상상계
언어로 구별되어 있다

상상계를 지배하는
상징계

현실계
언어나 이미지의 필터를
제거한 영역

현실계는 환각으로
나타나기도 한다

현실계는 예술에
나타나기도 한다

사람은 구조로부터
탈출할 수 있을까?

라캉의 상징계 · 상상계 · 현실계라는 생각은 정치사상이나 문화 비평 등 다양한 분야에서 활용되고 있다.

에크리튀르

문　헌 ------------------- 바르트 《영도(零度)의 에크리튀르》 등
메　모 ----- 프랑스 문학을 연구하는 이시카와 요시코는 바르트 자신이
　　　　　　　'에크리튀르'의 의미를 끊임없이 변화시켜 갔다고 말한다
　　　　　　　　　　　　　　　　　《영도의 에크리튀르》 해설)

어느 집단에서 사용되고 있는 특징적인 표현을 바르트는 **에크리튀르**라고 불렀다. 그러니까 상류층의 에크리튀르(말씨)가 따로 있을 수 있다. 일본이나 영어와 같은 모국어는 스스로 선택할 수는 없지만, 우리는 다양한 집단의 에크리튀르를 자신의 의지로 선택할 수 있다.

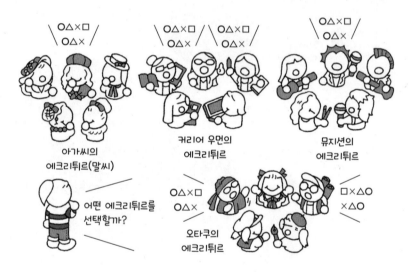

그리고 일단 상류층의 에크리튀르를 선택하면 그 사람의 말씨는 모두 '상류'로 변화해 간다. 곧 옷차림이나 생활 스타일에도 영향을 미치기 시작한다.

어느 특정의 에크리튀르를 선택한다는 것은 그 집단의 사상을 그대로 받아들인다는 것을 뜻한다. 바르트는 특정 에크리튀르라는 것을 모르고, 그것을 사용하는 위험성을 지적한다. 예를 들어 '올바르다'고 여기는 말 중에는 사실 남자 집단의 에크리튀르인 경우가 많다.

바르트는 에크리튀르가 전혀 없는 표현을 **영도(零度)의 에크리튀르**라고 부르며 강하게 동경했다. 비유하자면, 사건만을 냉정하게 전하는 저널리스트의 문장이다.

그러나 아무리 중립적인 기자의 글에도 역시 사상은 들어가기 마련이다. '나무가 쓰러져 있다'는 사건의 묘사는 '전쟁의 처절함'을 상징하기 때문이다. 영도의 에크리튀르를 찾아나선 바르트는 일본의 하이쿠 속에서 그것을 발견했다. 거기에는 특정 집단의 사상이 아니라 순수하게 사건만 표현되고 있었다.

175

▶147

바르트

신화 작용

문　헌 -------- 바르트 《현대 사회의 신화》《신화 작용》《영상의 수사학》
메　모 -------- 바르트는 소쉬르의 언어학에 따라 기호학을 구상했으나,
　　　　　　　언어학을 기호학의 한 부분으로 파악한 소쉬르와 달리,
　　　　　　　기호학을 언어학의 한 분야라고 생각했다

바르트는 옛날 사람이나 현대인이나 모두 신화의 세계에 사는 사람들이라고 보았다. 그는 판자니 파스타 광고 사진을 예로 들어 이를 설명한다.

그물(망태기)에서
상품이 떨어지는
모습에서 갓 만들어진
파스타를 표현

야채의 빨간색과
녹색, 버섯과 그물의
흰색으로
이탈리아를 표현

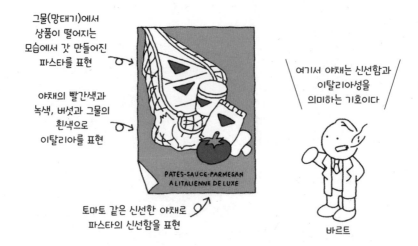

PATES-SAUCE-PARMEGAN
A LITALIENNE DE LUXE

토마토 같은 신선한 야채로
파스타의 신선함을 표현

여기서 야채는 신선함과
이탈리아성을
의미하는 기호이다

바르트

판자니 파스타 광고 사진에는 파스타 포장과 함께 토마토 등의 야채가 그물에서 쏟아져 나오는 모습이 찍혀 있다. 여기서 야채는 순수하게 야채를 의미하는 것이 아니다. 야채는 '신선함', 빨강·녹색·흰색은 '이탈리아'를 의미하는 기호다. 우리는 무엇을 봐도 순수하게 그 자체(**디노테이션**)보다는 뭔가 기호로서의 의미(**코노테이션**)로 파악해 버린다.

판자니 사의 광고 사진 토마토는
두 가지 의미를 가진다

디노테이션
(denotation, 외연 의미)
토마토 그 자체

코노테이션
(connotation, 함축 의미)
이탈리아, 신선함 등 기호로서의 의미

대륙 철학

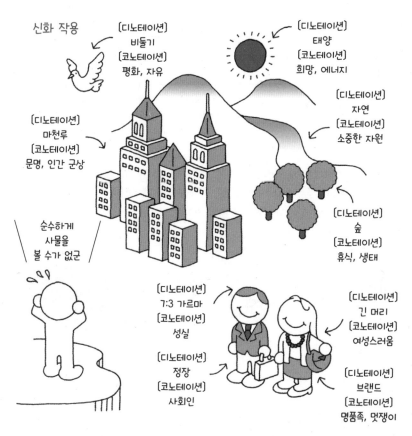

신화 작용

[디노테이션]
비둘기
[코노테이션]
평화, 자유

[디노테이션]
태양
[코노테이션]
희망, 에너지

[디노테이션]
마천루
[코노테이션]
문명, 인간 군상

[디노테이션]
자연
[코노테이션]
소중한 자원

[디노테이션]
숲
[코노테이션]
휴식, 생태

순수하게
사물을
볼 수가 없군

[디노테이션]
7:3 가르마
[코노테이션]
성실

[디노테이션]
정장
[코노테이션]
사회인

[디노테이션]
긴 머리
[코노테이션]
여성스러움

[디노테이션]
브랜드
[코노테이션]
명품족, 멋쟁이

대륙 철학

옛날 사람들은 태양을 신으로 받아들이는 등 신화의 세계에 살았다. 동일하게 현대인도 태양을 에너지로 받아들이는 등 그 물건이 가지고 있는 다른 의미의 세계에 살고 있다. 바르트는 기호로 된 현대 세계를 **사회적 신화**의 세계라고 불렀다. 모든 물건에는 **신화 작용**이 있다는 이러한 생각은 대중문화 속에 숨겨진 기호를 읽는 **컬처럴 스터디즈**(대중 문화 연구)에도 큰 영향을 주었다.

TV 프로그램

기호

책 · 만화

기호

신문 · 잡지 · 광고

NEWS

MAGA ZINE

영화 · 음악

기호

영화나 만화 등의 표현에 포함된,
저자도 모르는 기호를 읽으면
사회의 구조를 밝혀 낼 수 있다

기호

바르트

저자의 죽음

문　헌 -------------------------- 바르트 《이야기의 구조 분석》
메　모 --------- 《이야기의 구조 분석》에 수록된 논문 '저자의 죽음'에는
　　　　　　　　'독자의 탄생'은 '저자'의 죽음으로 대신 얻어야 한다고 언급되어 있다

구조주의(p.387)에서는 주체가 사회 구조에 규정되어 있다고 생각한다. 근대에는 개인을 자율적으로 행동하는 주체로 여겨왔으나, 구조주의가 개인의 견해나 사고방식은 시대와 지역, 문화에 의해 깊이 규정된다고 밝힌 것이다.

개인(주체)이 모여
전체가 되는 것이 아니라
먼저 사회라는 구조가
주체를 규정한다
(구조주의 p.387)

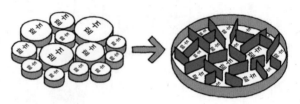

대륙철학

문학 작품에서도 위와 같이 말할 수 있다. 바르트는 '작품의 진리를 알고 있다'는 저자의 특권성을 부정했다.

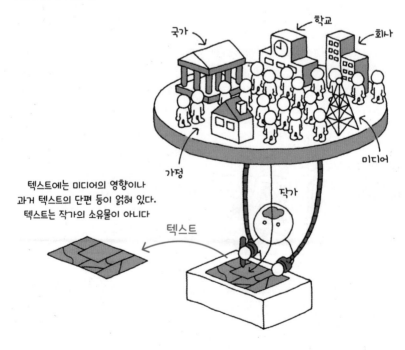

국가　학교　회사
가정　미디어
작가

텍스트에는 미디어의 영향이나
과거 텍스트의 단편 등이 얽혀 있다.
텍스트는 작가의 소유물이 아니다

텍스트

바르트는 작품을 **텍스트**라고 한다. 텍스트란 직물(텍스타일)이라는 뜻이다. 텍스트는 다양한 에크리튀르(p.174)가 짜낸 콜라주이며, 텍스트에는 작가의 독창성이 없다. 따라서 바르트에게 저자는 텍스트에 가장 가까운 존재조차도 아니었다. 그는 텍스트와 저자를 완전히 분리하여 고찰했다.

바르트는 작품을 텍스트라고 부르고, 텍스트에만 관심을 보였다

저자의 사상을 아는 것이 '읽는' 것은 아니다

바르트는 저자와 텍스트를 분리하여 생각했다

바르트에게 작가는 죽은 것이나 다름이다(**저자의 죽음**). 살아 있는 것은 우리 독자이다(**독자의 탄생**). 텍스트를 읽을 때 독자는 저자가 말하려는 것을 생각할 필요가 전혀 없다. 텍스트는 저자의 지배에서 떨어져 나왔기 때문이다.

텍스트 배후에는 저자가 없다

저자

텍스트를 자유롭고 즐겁게 읽자. 저자의 주장을 해독할 필요는 없다

독자

텍스트를 읽는 행위는 저자가 내는 문제에 하나하나 답해가는 수동적 행위가 아니다. 더 자유롭고 창조적인 능동적 행위라고 할 수 있다.

▶147

알튀세르

인식론적 단절

문 헌 ---------------- 《마르크스를 위하여》에 수록되어 있는 논문
〈마르크스주의와 휴머니즘〉에는 '1845년 이후 마르크스는 인간의 본질을
기초로 하는 일체의 역사 - 정치 이론과 근본적으로 결별했다'라고 언급한다

알튀세르는 마르크스(p.354)의 사상을 해독함으로써 인간의 사고가 지속적으로 심화되어가는 것이 아니라, 어느 날 갑자기 진화한다는 것을 알아냈다.

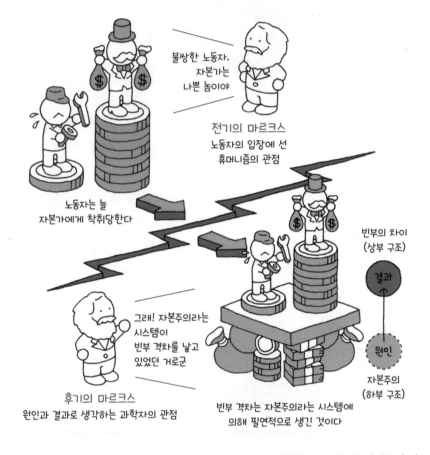

불쌍한 노동자.
자본가는
나쁜 놈이야

전기의 마르크스
노동자의 입장에 선
휴머니즘의 관점

노동자는 늘
자본가에게 착취당한다

빈부의 차이
(상부 구조)

결과

원인

자본주의
(하부 구조)

그래! 자본주의라는
시스템이
빈부 격차를 낳고
있었던 거로군

후기의 마르크스
원인과 결과로 생각하는 과학자의 관점

빈부 격차는 자본주의라는 시스템에
의해 필연적으로 생긴 것이다

전기의 마르크스는 노동자가 자본가에게 착취당하고 소외당하는 문제를 휴머니즘의 관점에서 보았다(노동의 소외 p.376)고 알튀세르는 생각했다. 그러나 어느 시기부터 이 문제를 자본주의의 원리적인 문제로서 과학적으로 파악하게 된다(상부 구조 | 하부 구조 p.377).

노동자 개인의 문제를 깊이 파고 들어가 연구한 결과, 자본주의의 구조적인 문제가 마르크스의 머릿속에 생긴 것이다. 어떤 문제가 새로운 고차원의 문제를 낳는 것을 알튀세르는 **인식론적 절단**이라고 불렀다.

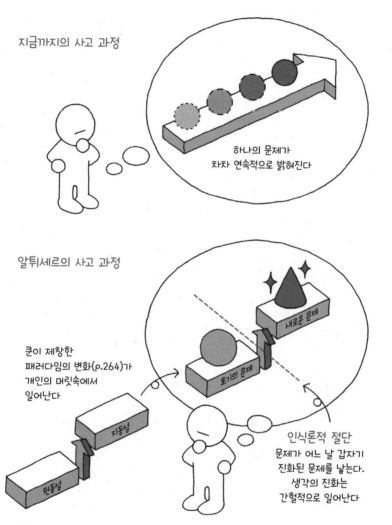

지금까지의 사고 과정

하나의 문제가
차차 연속적으로 밝혀진다

알튀세르의 사고 과정

쿤이 제창한
패러다임의 변화(p.264)가
개인의 머릿속에서
일어난다

진동널

진동널

새로운 문제

토기의 문제

인식론적 절단
문제가 어느 날 갑자기
진화된 문제를 낳는다.
생각의 진화는
간헐적으로 일어난다

상대주의자였던 쿤은 패러다임의
변화 이전과 이후의 생각에 우열은 없다고 했지만,
알튀세르는 이전보다 이후가 고차원적인 생각이라고 여겼다

쿤(p.201)은 패러다임의 변화(p.264)에 의해 간헐적으로 과학사는 변화한다고 말했다. 알튀세르는 개인의 머릿속에서 이 같은 변화가 일어난다고 생각했다. 고차원적인 발상은 갑자기 찾아온다. 그러니까 고차원적인 발상을 얻는 데는 하나의 문제를 계속 생각하는 끈기가 중요하다.

중층적 결정

문　헌 ----------------------------- 알튀세르 《마르크스를 위해》
메　모 ---- 알튀세르는 마르크스주의의 상부 구조(법·정치·사회의식)와
　　　　　하부 구조(경제 구조)를 둘러싼 논쟁을
　　　　　'중층적 결정'이라는 개념으로 해결하려고 했다.

헤겔(p.353)은 역사가 변화하는 원인을 인류가 자유를 추구하는 정신이라고 생각했다.
반면 마르크스(p.354)는 역사가 변화하는 원인을 경제 구조의 모순이라고 생각했다. 그
들은 역사와 사회의 변화를 과학의 원리처럼 하나의 인과 관계로 파악했다.

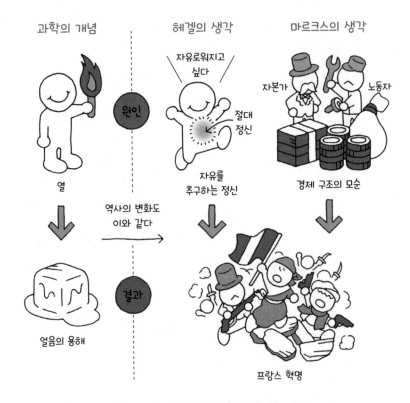

헤겔이나 마르크스는 역사의 변화를
과학처럼 하나의 인과 관계로 파악했다

한편, 알튀세르는 역사와 사회의 변화는 하나의 원인이 아니라, 경제, 정치, 기술, 문화
등이 복잡하게 얽히면서 일어난다고 생각했다.

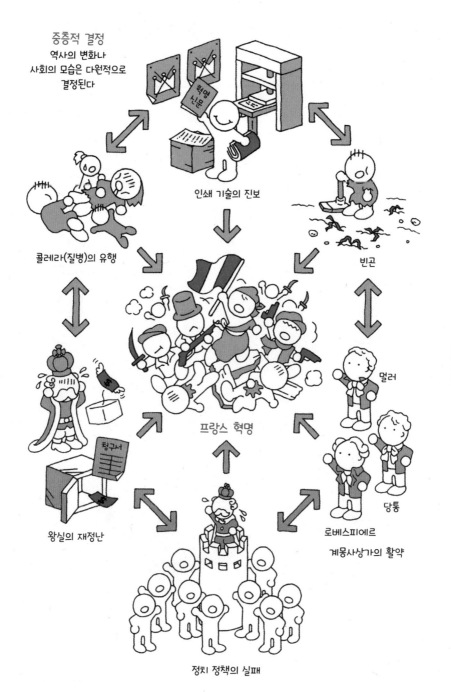

중층적 결정
역사의 변화나
사회의 모습은 다원적으로
결정된다

인쇄 기술의 진보

콜레라(질병)의 유행

빈곤

프랑스 혁명

멀러

당통

왕실의 재정난

로베스피에르

계몽사상가의 활약

정치 정책의 실패

역사의 변화와 사회의 모습에 하나의 원인을 상정할 수 없다. 그것은 복잡한 구조 속에서 다원적으로 결정되기 때문이다. 이것을 **중층적 결정**이라고 한다.

▶147

알튀세르

국가의 이데올로기 장치

문　헌 ------------------------------ 알튀세르 《재생산에 대해》
메　모 ------------------ 국가 장치는 '억압 장치'(군, 경찰 등)와
　　　　　　　　　　　'이데올로기 장치'(학교, 종교, 정보 등)로 구성된다

사르트르(p.355)는 자신의 본질은 자신의 의지로 만드는 것이라고 말했다. 그리고 자신의 본질은 사회에 주체적으로 참여함으로써 실현할 수 있다고 했다.

대륙 철학

사르트르의 생각

'나'는 이렇게 생각해

내 생일

나의 의지는 내 스스로 정한다

사회에 적극적으로 참여하고 자신의 의지로 이상적인 사회를 만들어 가자! 그게 자신의 본질을 만드는 일로 이어질 거니까

사르트르

이상 사회를 만들면서 나 자신을 만들어 가자!

이상적인 사회

주체적으로 사회에 참여함으로써 자신의 본질을 스스로 만들어간다

사르트르 군, 그건 아니야. 인간의 의지는 사회 구조에 의해 형성되는 거야

알튀세르

그러나 알튀세르는 개인의 사상이나 신조(이데올로기)는 학교, 미디어, 기업 등의 시스템에 의해 국가에 맞게 만들어진다고 생각했다. 국가의 이 같은 구조를 그는 **국가의 이데올로기 장치**라고 불렀다. 국가의 이데올로기 장치로 만들어진 주체는 무의식적으로 스스로 기꺼이 국가에 복종하고, 이번에는 이데올로기를 만드는 쪽에 선다.

국가의 이데올로기 장치

사회에 적합한 개인의
이데올로기는 학교나 미디어 등의
시스템에 의해 만들어진다

무의식적으로 사회에 복종하고,
이데올로기를 만드는 쪽에 선다

개비스트로스(p.355), 라깡(p.140), 미드(p.147), 그리고 알튀세르 등의 사상을 구조주의(p.387)라고 한다. 인간에게 주체성은 없고, 인간은 무의식적으로 사회의 구조에 규정된다고 생각한다. 이윽고 델리다(p.355)와 들뢰즈(p.355) 등의 **포스트 구조주의** 사상가들이 구조의 해체 방법과 구조에서 탈출하는 방법을 모색하게 된다.

프래그머티즘
언어 철학과 과학 철학
마음의 철학
윤리학
형이상학

영미 철학
(분석 철학)

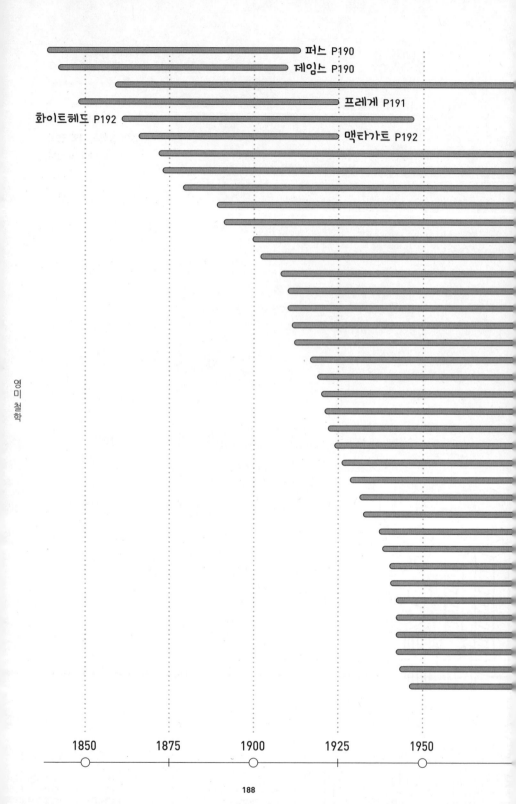

퍼스 P190
데임스 P190
프레게 P191
화이트헤드 P192
맥타가트 P192

영미 철학

1850   1875   1900   1925   1950

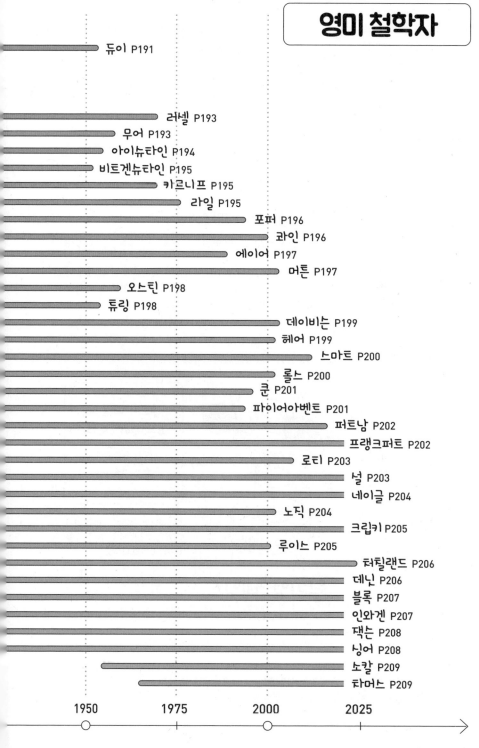

영미 철학자

듀이 P191

러셀 P193
무어 P193
아인슈타인 P194
비트겐슈타인 P195
카르나프 P195
라일 P195
포퍼 P196
콰인 P196
에이어 P197
머튼 P197
오스틴 P198
튜링 P198
데이비슨 P199
헤어 P199
스마트 P200
롤스 P200
쿤 P201
파이어아벤트 P201
퍼트남 P202
프랭크퍼트 P202
로티 P203
널 P203
네이글 P204
노직 P204
크립키 P205
루이스 P205
터틀랜드 P206
데닛 P206
블록 P207
인와겐 P207
잭슨 P208
싱어 P208
노칼 P209
타머스 P209

1950   1975   2000   2025

검증 가능한 개념은 학문적으로 의미가 있다고 생각했다. 예컨대 '딱딱하다'는 개념은 광물로 긁어 상처가 나는지 여부로 검증할 수 있다

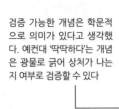

애브덕션(abduction)은 설명하는 데 필요한 가설을 형성하는 과정이다

'애브덕션'이라는 가설을 설정하고 그 가설을 근거로 결론을 도출하는 추론법을 제창했다

찰스 샌더스 퍼스

CHARLES SANDERS PIERCE

▶P.214~218

프래그머티즘을 창시한 미국의 철학자. 매사추세츠 주 케임브리지에서 태어났다. 아버지는 하버드대학 교수. 하버드대학에서 수학, 물리학을 공부했다. 졸업 후 하버드대학 천문대, 미국해안측량발전소 엔지니어로 일하면서 '형이상학 클럽'을 창설하고 수학과 철학 논문을 발표했다. 이혼을 둘러싼 스캔들 때문에 대학에 자리를 잡지 못하고 외롭고 가난한 중년 이후의 인생을 보냈다.

저서 《프래그머티즘》에서는 나무 그늘에 숨는 다람쥐에 대한 비유를 사용하여 프래그머티즘의 의미를 설명했다

슬프기 때문에 우는 것이 아니라 울기 때문에 슬픈 것이다

생리학적인 반응이 심리적 감정의 체험보다 먼저 일어나는 것을 설명한 유명한 한 구절

윌리엄 제임스

WILLIAM JAMES

▶P.220

프래그머티즘을 발전시킨 미국의 철학자이자 심리학자. 하버드대학에서 의학을 공부하고 박사학위를 받았다. 이후 미국에서 처음으로 심리학 실험실을 설립하고 심리학과 철학을 담당했다. '형이상학 클럽'에서 퍼스와 함께 활동했으며, 퍼스의 사상을 계승해 프래그머티즘을 확립했다. 일본의 철학자 니시다 기타로에게도 커다란 영향을 미쳤다.

인간의 지능은 다양한 과제에 대응하는 '도구'라고 하는 '도구주의'를 제창했다

행함으로써 배운다

경험에 의한 학습을 중시한 교육 운동을 견인했다. 자발적인 학습이야말로 민주주의의 근간이라고 생각했다

1859~1952

존 듀이

JOHN DEWEY

▶ P.222~226

프래그머티즘을 발전시킨 미국의 철학자이자 교육학자. 버몬트에서 태어났다. 버몬트대학 졸업 후 고등학교 교사, 초등학교 교사를 거쳐 존스홉킨스대학 대학원에 재입학해 학위를 받았다. 후에 시카고대학과 컬럼비아대학 철학 교수를 지냈다. '실험학교' 설립과 문제중심학습 실천 등 교육 사상 분야에서도 많은 기여를 했다.

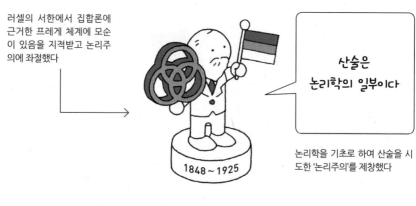

러셀의 서한에서 집합론에 근거한 프레게 체계에 모순이 있음을 지적받고 논리주의에 좌절했다

산술은 논리학의 일부이다

논리학을 기초로 하여 산술을 시도한 '논리주의'를 제창했다

1848~1925

고틀로프 프레게

FRIEDRICH LUDWIG GOTTLOB FREGE

▶ P.232~236

독일의 수학자이자 논리학자이며 철학자. 발트해 연안 비스마르에서 태어났다. 예나대학을 졸업한 후 괴팅겐대학으로 옮겨 수학 박사 학위를 받았다. 1874년 예나대학의 상사보 임용된 이후 44년간 동 대학에서 수학(96년 교수 취임)을 가르쳤다. 산술을 논리로부터 이끌어내는 논리주의는 좌절했지만, 러셀과 함께 20세기의 기호논리학과 분석 철학을 개척했다. 1925년 생을 마감했다.

세계를 창조적인 생성 과정으로 받아들이는 화이트헤드의 철학을 '과정 철학'이라고 불렀다

서양 철학은 플라톤의 각주에 지나지 않는다

화이트헤드에게는 플라톤의 이데아론을 바탕으로 한 '영원한 객체'라는 개념이 있다

1861~1947

알프레드 노스 화이트헤드

ALFRED NORTH WHITEHEAD ▶P.210

영국의 철학자이자 수학자. 켄트 주 램스게이트에서 태어났다. 학창 시절에는 시와 역사도 좋아했다. 케임브리지대학에서 수학을 전공하였으며, 케임브리지대학, 런던대학을 거쳐 1924년부터는 미국 하버드대학에서 교수를 지냈다. 러셀과의 공저 《수학 원리》는 논리학의 금자탑이라 평가되는 작품이다. 그 후 자연 철학과 형이상학을 깊이 사색한 끝에 '유기체 철학'이라는 새로운 철학 사상을 구축했다.

맥타가트 특유의 시간론은 지금 전 세계에서 활발한 논의가 진행되고 있다

시간은 실재하지 않는다

생리학적인 반응이 심리적 감정의 체험보다 먼저 일어나는 것을 설명한 유명한 한 구절

1866~1925

존 맥타가트

JOHN MCTAGGART ▶P.338

영국의 철학자. 런던에서 태어났다. 소년 시절 프리패러토리 스쿨에 다녔으나 무신론을 공언했다는 이유로 퇴학당했다. 1885년에 케임브리지대학 트리니티 칼리지에 입학하여 철학을 연구하기 시작했다. 영국 관념론자로서 헤겔 연구로 높은 평가를 받았고, 1908년 철학 잡지 《마인드》에 발표한 논문 '시간의 비실재성'은 현대 시간론의 효시가 되었다.

▶ P.238

제2차 세계대전 후 평화 운동을 추진했으며 아인슈타인과 함께 '원자폭탄과 수소폭탄 금지 선언'을 발표했다

사랑을 받는 사람은 일반적으로 남에게 사랑을 주는 사람이다

명문가 출신 러셀은 행복론, 결혼론 등 인생론에 관한 저서도 많이 남겼다

《사회 개조의 제원리》《서양 철학사》《인류에 미래는 있는가》

버트런드 러셀

BERTRAND ARTHUR WILLIAM RUSSELL

영국의 수학자이자 철학자. 웨일즈에서 태어나 케임브리지대학에서 수학과 철학을 공부한 후 동 대학에서 교편을 잡았다. 화이트헤드와 함께 《수학 원리》를 저술하는 등 현대의 기호논리 학에 기여한 공로가 크다. 제1차 세계대전 때 반전 운동을 했다는 이유로 대학에서 쫓겨났다. 교육론, 종교론, 사회론 등 다양한 분야에서 활약했으며, 1950년에 노벨 문학상을 받았다.

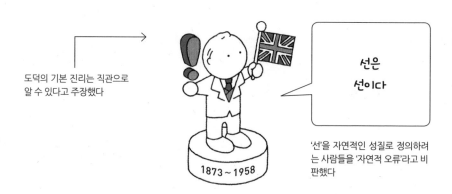

▶ P.320

도덕의 기본 진리는 직관으로 알 수 있다고 주장했다

선은 선이다

'선'을 자연적인 성질로 정의하려는 사람들을 '자연적 오류'라고 비판했다

《논리학 원리》

조지 에드워드 무어

GEORGE EDWARD MOORE

영국의 철학자이자 윤리학자. 런던 교외의 어퍼노어우드에서 태어났다. 케임브리지대학에서 고전을 공부했으나 러셀의 권유로 철학을 배웠다. 이후 동 대학 강사, 동 대학 교수를 지냈다. 철학 잡지 《마인드》의 편집 주간으로 일하기도 했으며, 러셀과 함께 영미 분석 철학의 기초를 닦는 데 크게 기여했다. 무어의 윤리학은 현대 윤리학에 결정적인 영향을 주었다.

저서 《상대성 이론》 《특수 및 일반 상대성 이론에 대하여》

양자를 확률론적으로 다루려는 양자역학에 대해 회의적이었다

종교가 없는 과학은 절름발이고 과학이 없는 종교는 장님이다

유신론자는 아니지만 우주의 구조에 대해 종교적 감정을 갖고 있었다

1879~1955

알베르트 아인슈타인

ALBERT EINSTEIN

▶ P.252 ▶ P.347

20세기를 대표하는 이론물리학자. 독일에서 태어났다. 취리히공과대학을 졸업한 후 특허국에 근무하면서 광양자설, 브라운 운동, 특수 상대성 이론을 연구하여 발표했다. 1910년대에는 중력 이론인 일반 상대성 이론을 발표했으며, 1921년 노벨 물리학상을 받았다. 유대인이었기 때문에 히틀러가 정권을 잡자, 미국으로 망명해 프린스턴 고등연구소에서 연구를 계속했다. 전후에는 핵무기 폐기를 호소했다.

저서 《논리 철학 논고》

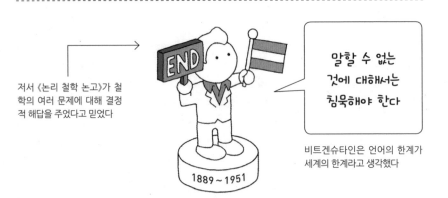

저서 《논리 철학 논고》가 철학의 여러 문제에 대해 결정적 해답을 주었다고 믿었다

END

말할 수 없는 것에 대해서는 침묵해야 한다

비트겐슈타인은 언어의 한계가 세계의 한계라고 생각했다

1889~1951

루트비히 비트겐슈타인

LUDWIG WITTGENSTEIN

▶ P.230 ▶ P.240~244

오스트리아 태생의 영국 철학자. 분석 철학과 언어 철학의 형성과 발전에 결정적인 영향을 주었다. 아버지는 철강 사업으로 성공한 사업가였다. 베를린공과대학에서 항공공학을 배웠으나 수학과 논리학에 흥미가 있었고, 케임브리지대학에서는 러셀에게 배웠다. 4형제 중 세 명의 형은 모두 자살했다. 비트겐슈타인도 지원병이 되기도 하고 초등학교 교사가 되기도 하는 등 기구한 삶을 살았다.

경험을 통해 검증할 수 없는
명제는 무의미하다고 생각
했다

'세계의 원리는
물이다'라는 말은
아무 것도
말하지 않는다

검증할 수 있는지 여부가 과학의
조건이라고 생각했다

1891 ~ 1970

루돌프 카르나프

RUDOLF CARNAP

▶ P.246~248

독일 태생의 미국 철학자. 논리실증주의의 대표적인 인물이다. 프라이부르크대학과 예나대학
에서 철학과 수학, 물리학을 공부했다. 1926년부터 1931년까지 빈대학에서 강사 생활을 하면서
논리실증주의를 내거는 빈학파에 가입했다. 그 후, 나치의 박해를 피해 미국으로 망명, 시카고
대학과 캘리포니아대학 교수를 지냈다.

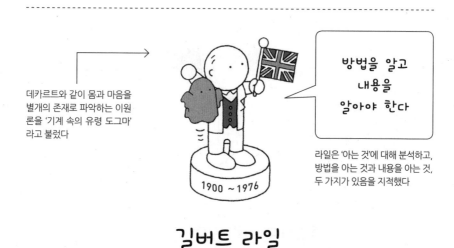

데카르트와 같이 몸과 마음을
별개의 존재로 파악하는 이원
론을 '기계 속의 유령 도그마'
라고 불렀다

방법을 알고
내용을
알아야 한다

라일은 '아는 것'에 대해 분석하고,
방법을 아는 것과 내용을 아는 것,
두 가지가 있음을 지적했다

1900 ~ 1976

길버트 라일

GILBERT RYLE

▶ P.276 ▶ P.280~284

영국의 철학자. 브라이턴에서 태어났다. 브라이턴대학에서 공부한 후 옥스퍼드대학에서 철학
과 윤리학을 공부했다. 1924년 크라이스트 처치 칼리지에서 강사 생활을 시작했고, 그 후, 옥스
퍼드대학 웨인플리트 기념 강좌 철학 교수로 임명되어 1968년까지 근무했다. 1947년부터는 철
학 잡지 《마인드》의 편집장으로서 일상언어학파가 형성되는 데 지도적 역할을 했다.

포퍼는 반증 가능성이 있는 것을 '과학의 조건'으로 삼았다. 까만 백조가 발견되었다면 '백조 = 흰색'이라는 이론은 뒤집힌다는 것이다

역사는 반복되지 않는다

포퍼는 역사의 법칙을 주장하는 마르크스주의나 파시즘을 혐오했다

1902~1994

칼 포퍼

KARL RAIMUND POPPER

▶ P.250

오스트리아 태생의 영국 철학자. 과학 철학, 정치 철학 분야에서 지금도 큰 영향을 미치고 있다. 빈의 유대인 가정에서 태어나 빈대학에서 철학박사 학위를 받았다. 그 후, 나치의 침공을 피해 뉴질랜드로 건너갔다. 전쟁이 끝난 뒤에는 영국에 살며 런던스쿨오브이코노믹스 교수를 지냈다.

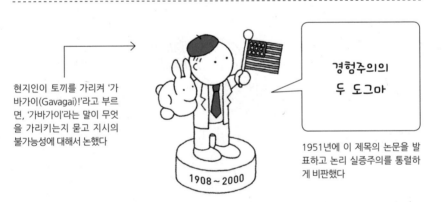

현지인이 토끼를 가리켜 '가바가이(Gavagai)!'라고 부르면, '가바가이'라는 말이 무엇을 가리키는지 묻고 지시의 불가능성에 대해서 논했다

경험주의의 두 도그마

1951년에 이 제목의 논문을 발표하고 논리 실증주의를 통렬하게 비판했다

1908~2000

윌러드 밴 오먼 콰인

WILLARD VAN ORMAN QUINE

▶ P.252~260

미국의 철학자이자 논리학자. 오하이오 주 애크런에서 태어났다. 러셀의 영향을 받아 오벌린대학에서 수학을 전공하고, 하버드대학에서 철학박사 학위를 받았다. 그 후 하버드대학에서 교편을 잡았고, 1948년 동 대학 철학 교수가 되었다. 논리실증주의 비판을 통해 형성된 콰인의 의미론, 존재론은 20세기 후반의 언어 철학과 과학 철학, 인식론에 지대한 영향을 주었다.

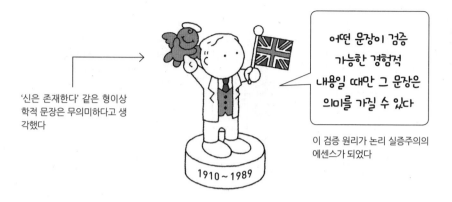

'신은 존재한다' 같은 형이상 학적 문장은 무의미하다고 생 각했다

어떤 문장이 검증 가능한 경험적 내용일 때만 그 문장은 의미를 가질 수 있다

이 검증 원리가 논리 실증주의의 에센스가 되었다

1910 ~ 1989

앨프리드 에이어

ALFRED JULES AYER

▶P.322

영국 철학자. 런던에서 태어났다. 옥스퍼드 크라이스트 처치 칼리지 졸업 후 빈대학으로 유학을 갔다. 러셀, 비트겐슈타인의 영향 아래 《언어·진리·논리》를 발표해, 영국 논리실증주의의 주창자가 되었다. 제2차 세계대전에 참전했으며 전쟁이 끝난 뒤에는 런던대학 교수를 거쳐 1958년에 옥스퍼드대학 교수가 되었다.

젊은 시절에는 길거리의 마 술사로 활동하기도 했다

중범위 이론

한정된 범위의 현상을 대상으로 한 '중범위 이론'의 필요성을 주장 했다

1910 ~ 2003

로버트 킹 머튼

ROBERT KING MERTON

▶P.269

미국의 사회학자. 필라델피아에서 태어났다. 템플대학 졸업 후 1936년 하버드대학에서 박사 학위를 받았다. 하버드대학 강사, 툴레인대학 조교수와 교수를 거쳐 1941년 컬럼비아대학으로 옮겼다. 1947년 동 대학 사회학 교수가 되었고, 그곳에서 1979년 은퇴하기까지 강의를 했다. 1956년에는 미국 사회학회 회장이 되어 미국 사회학의 지도적 역할을 했다. 1994년 미국 국가과학상을 받았다.

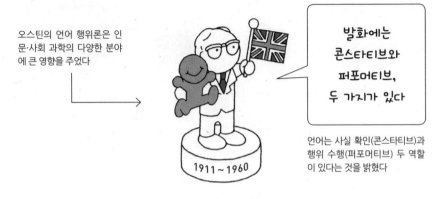

오스틴의 언어 행위론은 인문·사회 과학의 다양한 분야에 큰 영향을 주었다

발화에는 콘스타티브와 퍼포머티브, 두 가지가 있다

언어는 사실 확인(콘스타티브)과 행위 수행(퍼포머티브) 두 역할이 있다는 것을 밝혔다

1911 ~ 1960

존 오스틴

JOHN LANGSHAW AUSTIN

▶ P.272

영국 철학자. 일상 언어의 엄밀한 분석을 과제로 하는 일상언어학파의 중심 인물 중 한 사람이다. 랭커스터에서 태어나 옥스퍼드대학에서 고전학을 전공했다. 옥스퍼드 올 소울즈 칼리지의 연구원을 거쳐 1952년 동 대학 화이트 기념 도덕철학 교수가 되었다. 전쟁 중에는 육군에서 정보장교로 일하면서 노르망디 상륙 작전을 성공으로 이끌었다. 1960년 48세의 나이에 암으로 생을 마감했다.

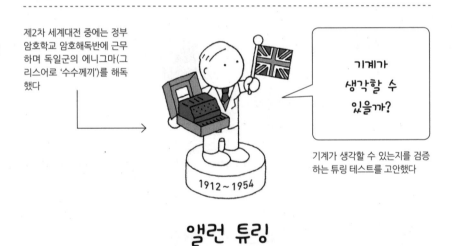

제2차 세계대전 중에는 정부 암호학교 암호해독반에 근무하며 독일군의 에니그마(그리스어로 '수수께끼')를 해독했다

기계가 생각할 수 있을까?

기계가 생각할 수 있는지를 검증하는 튜링 테스트를 고안했다

1912 ~ 1954

앨런 튜링

ALAN MATHISON TURING

▶ P.294

영국 수학자. 인간이 하고 있는 계산 과정을 모델링한 튜링기계 고안자. 런던에서 태어났다. 케임브리지대학 졸업 후 프린스턴대학에서 연구했다. 그 시기에 발표한 '계산 가능한 수와 결정문제에 대한 응용'은 수리논리학이나 계산기 이론의 획기적인 실적이 되었다. 전쟁이 끝난 뒤에는 국립 물리학연구소와 맨체스터대학에서 계산기 설계와 수치계산법을 고안했다.

'스웜프맨'이라는 사고 실험에서 '나는 무엇인가'라는 정체성의 문제를 생각했다

우리는 대개의 사항을 타인이 옳다고 생각해야 한다

타인을 이해하는 데는 이러한 '관용의 원리'가 강요된다고 생각했다

1917 ~ 2003

도널드 데이비슨

DONALD HERBERT DAVIDSON

▶P.288 ▶P.344

미국의 철학자, 현대 언어 철학에서 가장 중요한 인물. 매사추세츠 주 스프링필드에서 태어났다. 고교 시절부터 철학에 흥미를 가져, 니체, 플라톤, 칸트를 읽었다. 하버드대학에서 영문학과 비교 문학, 고전을 공부했고 전쟁 중에는 해군에 입대했다. 전쟁이 끝난 뒤 하버드대학으로 돌아와 1949년 박사 학위를 받았다. 51년에 스탠포드대학 조교수가 되었고 이후 캘리포니아 버클리대학 교수로 20년 이상 재직했다.

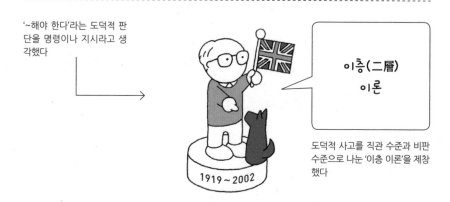

'~해야 한다'라는 도덕적 판단을 명령이나 지시라고 생각했다

이층(二層) 이론

도덕적 사고를 직관 수준과 비판 수준으로 나눈 '이층 이론'을 제창했다

1919 ~ 2002

리처드 마빈 헤어

RICHARD MERVYN HARE

▶P.324

영국 윤리학자이자 공리주의자. 영국 서머싯 주 백웰에서 태어났다. 옥스퍼드대학 베일리얼 칼리지에서 고전학을 공부하던 중에 제2차 세계대전이 일어났고 왕실 포병대에 사원하여 복무하던 중 일본군 포로가 되었다. 전쟁이 끝난 뒤 옥스퍼드대학에 돌아와 고전 공부를 마치고 학생 지도원과 연구원으로 근무했다. 1966년에 옥스퍼드대학 코퍼스 크리스티 칼리지의 도덕철학 교수가 되었고, 1983년에는 플로리다대학 철학과 교수가 되었다.

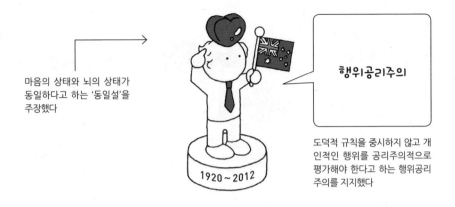

마음의 상태와 뇌의 상태가
동일하다고 하는 '동일설'을
주장했다

행위공리주의

도덕적 규칙을 중시하지 않고 개
인적인 행위를 공리주의적으로
평가해야 한다고 하는 행위공리
주의를 지지했다

1920~2012

J. J. C. 스마트

JOHN JAMIESON CARSWELL SMART　　　▶ P.286

호주 철학자이자 윤리학자. 영국 케임브리지에서 태어났다. 글래스고대학과 옥스퍼드대학에
서 공부했다. 1950년 멜버른 애들레이드대학에서 일자리를 얻어 이주했다. 그 후, 라트로브대
학, 호주국립대학 등을 거쳐 모나쉬대학 명예교수를 지냈다. 형이상학, 과학 철학, 마음의 철
학 등의 분야에서 활약했으며, 행위 공리주의의 중요한 논객으로 주목을 받았다.

《정의론》《공정으로서의 정의》

롤스는 자신과 타인이 서로
아무것도 모르는 '무지의 베
일'이라는 가정 하에 사고 실
험을 실시했다

정의 개념은 선의
개념에 대해
우선권을 지닌다

'정의'는 개개인에 따라 다른 '좋
다'고 하는 가치관에 중립적이어
야 한다는 뜻이다

1921~2002

존 롤스

JOHN BORDLEY RAWLS　　　▶ P.326

미국의 정치철학자. 메릴랜드 주 볼티모어에서 태어났다. 프린스턴대학을 졸업하고 육군에 입
대해 뉴기니와 필리핀을 거쳐 점령군의 일원으로 일본에도 방문했다. 전후 프린스턴대학에서
박사 학위를 받았으며 1953년 코넬대학 조교수 등을 거쳐 하버드대학 교수가 되었다. 1971년에
발표한 《정의론》은 큰 반향을 불러일으키며 세계 각국에서 번역되었다.

견해가 확 바뀌는 '패러다임의 전환(패러다임 시프트)'이라는 말은 쿤의 논의에서 나왔다

과학 혁명!

이론의 틀이나 사고의 규칙이 새로워지는 것을 과학 혁명이라고 불렀다

1922~1996

토마스 쿤

THOMAS SAMUEL. KUHN

▶ P.264~266

미국 오하이오 주에서 독일계 유대인 토목기사의 아들로 태어났다. 하버드대학에서 물리학을 공부하고 박사 학위를 받았다. 하버드대학, 캘리포니아대학, 프린스턴대학을 거쳐 1979년 매사추세츠 공과대학(MIT) 과학사 · 과학 철학 교수가 되었다. 쿤이 주장한 패러다임의 개념은 과학사 이외의 분야에서도 널리 사용되고 있다.

파이어아벤트는 자신의 과학 철학적 입장을 '다다이스트적'이라고 평했다

지(知)의 아나키즘

쿤의 패러다임 개념을 상대주의로 해서 속속들이 파헤쳐 '지(知)의 아나키즘'을 주장했다

1924~1994

파울 파이어아벤트

PAUL KARL FEYERABEND

▶ P.268

미국에서 활약한 과학 철학자. 과격한 상대주의자로 알려져 있다. 오스트리아 빈에서 태어나 청년기에는 빈 음악대학, 빈테학, 비이미르 연극연구소 등에서 공부했다. 1952년 영국으로 선너가 런던정치경제대학에서 과학 철학자 칼 포퍼를 만나 그의 지도 아래, 철학 연구에 몰두했다. 1958년 UC 버클리대학으로 옮겼으며, 취리히공과대학 교수도 겸임했다.

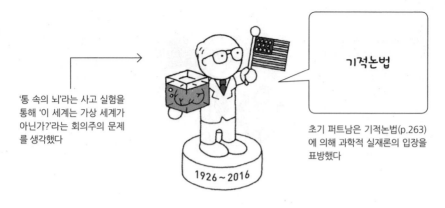

기적논법

'통 속의 뇌'라는 사고 실험을 통해 '이 세계는 가상 세계가 아닌가?'라는 회의주의 문제를 생각했다

초기 퍼트남은 기적논법(p.263)에 의해 과학적 실재론의 입장을 표방했다

1926~2016

힐러리 퍼트남
HILARY WHITEHALL PUTNAM

▶ P.262~263
▶ P.290~292
▶ P.334~336

미국의 철학자. 시카고에서 태어났다. 펜실베니아대학에서 철학과 수학을 전공한 후 캘리포니아대학 로스앤젤레스 캠퍼스에서 철학박사 학위를 받았다. 프린스턴대학과 매사추세츠공과대학, 노스웨스턴대학에서 철학을 가르치다 1965년 하버드대학 교수가 되었다. 1976년 미국철학학회 회장으로 선출됐으며 분석 철학, 심리 철학, 언어 철학, 과학 철학 등 다양한 분야에서 활약했다.

'이층의 욕구'라는 이론에 의해 자유의지와 결정론은 양립한다고 생각했다

개소리에
대하여

헛소리의 범주를 철학적으로 설명했다. 내용은 상당히 벅차다고 할 수 있다

1929~

해리 G. 프랭크퍼트
HARRY GORDON FRANKFURT

▶ P.347

미국의 철학자. 펜실베니아에서 태어났다. 존스홉킨스대학에서 박사 학위를 받았다. 예일대학, 록펠러 대학, 오하이오주립대학에서 도덕 철학 교수를 지낸 후 프린스턴대학 철학과 명예교수가 되었다. 도덕 철학, 마음의 철학, 행위 철학 등을 주요 분야로 하고 있다. 1986년 발표한 소론 《개소리에 대하여》가 2005년에 단행본으로 재출간되어 미국에서 베스트셀러가 되었다.

마음이 자연을 거울처럼 비
춰 지식의 기초를 형성해 나
간다고 하는 인식론적 기초
주의 철학을 비판했다

리버럴
아이러니스트

공공적인 영역에는 리버럴리즘,
사적인 영역에는 아이러니스트
로 접근하는 방식을 말한다

1931~2007

리처드 로티
RICHARD RORTY

▶ P.270

미국의 철학자. 뉴욕에서 태어났다. 시카고대학을 졸업하고 예일대학에서 박사 학위를 받았다.
군 복무 후, 웨슬리대학, 프린스턴대학, 버지니아대학의 조교수, 교수를 거쳐 스탠포드대학 비
교문학 교수가 되었다. 근대의 인식론을 비판하고 프래그머티즘을 재확인하는 네오프래그머티
즘의 입장을 표방했다. 영미권 뿐만 아니라 세계적인 영향력을 지녔다.

《철학과 자연의 거울》《우연성·아이러니·연대》《미국 미완의 프로젝트》

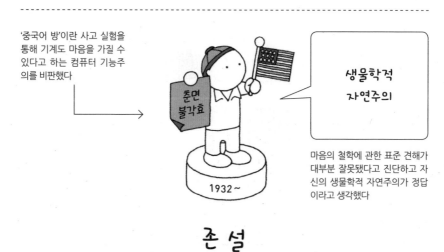

'중국어 방'이란 사고 실험을
통해 기계도 마음을 가질 수
있다고 하는 컴퓨터 기능주
의를 비판했다

춘연
불각효

생물학적
자연주의

마음의 철학에 관한 표준 견해가
대부분 잘못됐다고 진단하고 자
신의 생물학적 자연주의가 정답
이라고 생각했다

1932~

존 설
JOHN ROGERS SEARLE

▶ P.311~312

미국의 철학자. 콜로라도 덴버에서 태어났다. 위스콘신대학을 다니다가 옥스퍼드대학에 유학,
문학 석사와 철학 석사학위를 받았다. 졸업 후 옥스퍼드대학교 강사로 일하다 1959년 미국으로
돌아왔고, 1967년에 캘리포니아대학 버클리 캠퍼스 교수가 되었다. 전문 분야는 마음의 철학과
언어 철학이다. 언어 철학은 오스틴의 언어행위론을 발전적으로 계승했다.

《언어 행위》《MiND마음의 철학》

'박쥐가 된다는 것은 어떤 것일까'를 철학적으로 논했다

인생은 단지 무의미할 뿐만 아니라 부조리인지도 모른다

네이글의 저서 《이 모든 것은 무엇을 의미하는가(What Does It All Mean?)》의 한 구절. 이 책은 철학 입문서로 세계 각국어로 번역되었다

토마스 네이글
THOMAS NAGEL

▶ P.314

미국의 철학자. 세르비아 베오그라드에서 태어났다. 1939년에 미국으로 건너가 뉴욕에서 성장했다. 코넬대학, 옥스퍼드대학, 하버드대학에서 공부한 후, 1963년에 박사학위를 받았다. UC버클리, 프린스턴대학을 거쳐 뉴욕대학 철학 교수가 되었다. 타인론, 인식론, 윤리학, 사회 철학 등 관심이 광범위한 분야에 걸쳐 있다.

노직 같은 리버테리안(자유지상주의자)은 미국의 부유층에 많다

최소 국가

국가의 역할을 시민의 인신과 소유의 보호에 한정하는 '최소 국가'의 사상을 구상했다

로버트 노직
ROBERT NOZICK

▶ P.337

미국의 철학자. 러시아계 유대인 이민자의 아들로 뉴욕의 브룩클린에서 태어났다. 컬럼비아대학에서 학사 학위를, 프린스턴대학에서 박사 학위를 받았다. 1969년 하버드대학 철학 교수가 되었다. 데뷔작 《무정부, 국가 그리고 유토피아》에서는 리버럴리즘의 입장에서 롤스를 비판해 주목을 받았지만, 분석 철학 분야의 논문과 저서도 많다.

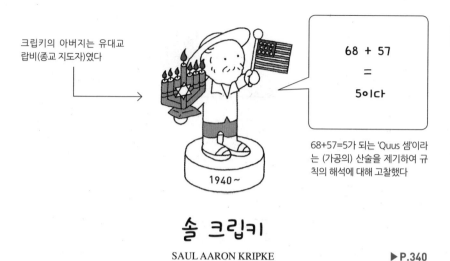

크립키의 아버지는 유대교 랍비(종교 지도자)였다

68 + 57
=
5이다

68+57=5가 되는 'Quus 셈'이라는 (가공의) 산술을 제기하여 규칙의 해석에 대해 고찰했다

1940~

솔 크립키

SAUL AARON KRIPKE

▶ P.340

미국의 철학자이자 논리학자. 뉴욕에서 태어났다. 18살 때 미국수학협회에서 양상논리학의 완전성에 대한 증명을 발표해 일약 유명해졌다. 하버드대학에서 콰인의 지도를 받아 박사 학위를 받았다. 하버드대학 강사, 록펠러대학 조교수, 교수, 프린스턴대학 교수, 뉴욕시립대학 교수 등을 지냈다. 프린스턴대학 명예교수.

가능 세계의 논쟁에는 두 입장이 있다. 가능 세계는 실재한다고 하는 '가능주의'와 실재하는 것은 현실계뿐이라고 하는 '현실주의'가 그것이다. 루이스는 물론 전자에 해당한다

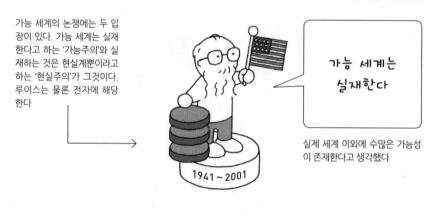

가능 세계는 실재한다

실제 세계 이외에 수많은 가능성이 존재한다고 생각했다

1941~2001

데이비드 루이스

DAVID KELLOGG LEWIS

▶ P.342

미국의 철학자. 영미 분석 철학의 중심 인물 중 한 사람. 오하이오 주 오벌린에서 태어났다. 스와스모어내학을 졸업한 뒤, 옥스퍼느내학에서 1년간 유학했다. 라일과 스트로슨, 오스틴의 강의에 출석했다. 그 후 하버드대학에서 콰인의 지도를 받았고, 1967년 박사학위를 받았다. 1970년부터 프린스턴대학에서 교편을 잡았다. 2001년 당뇨병이 악화되어 60세 나이로 생을 마감했다.

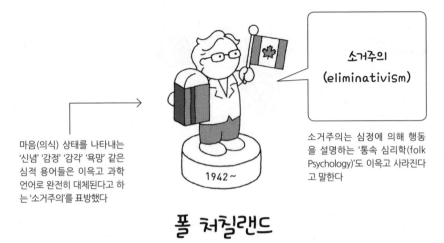

마음(의식) 상태를 나타내는 '신념' '감정' '감각' '욕망' 같은 심적 용어들은 이윽고 과학 언어로 완전히 대체된다고 하는 '소거주의'를 표방했다

소거주의
(eliminativism)

소거주의는 심정에 의해 행동을 설명하는 '통속 심리학(folk Psychology)'도 이윽고 사라진다고 말한다

폴 처칠랜드
PAUL CHURCHLAND

▶P.296

캐나다의 철학자. 밴쿠버에서 태어났다. 브리티시 컬럼비아대학에서 철학, 수학, 물리학을 공부하고 1969년 피츠버그대학에서 박사 학위를 받았다. 그 후 토론토대학, 매니토바대학, 프린스턴 고등연구소를 거쳐 1984년에 캘리포니아대학 샌디에이고 캠퍼스 교수가 되었다. 마음의 철학, 신경 철학을 주요 관심 영역으로 하고 있으며, 뇌 과학의 관점에서 심리 철학에 몰두하고 있다.

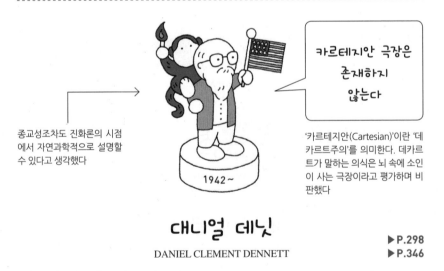

종교성조차도 진화론의 시점에서 자연과학적으로 설명할 수 있다고 생각했다

카르테지안 극장은 존재하지 않는다

'카르테지안(Cartesian)'이란 '데카르트주의'를 의미한다. 데카르트가 말하는 의식은 뇌 속에 소인이 사는 극장이라고 평가하며 비판했다

대니얼 데닛
DANIEL CLEMENT DENNETT

▶P.298
▶P.346

미국의 철학자. 보스턴에서 태어났다. 하버드대학에서 철학을 배웠으며 콰인의 지도를 받았다. 1965년 옥스퍼드대학에서 박사 학위를 받았다. 옥스퍼드대학에서 길버트 라일 밑에서 연구했다. 현재 터프츠대학 철학 교수이며 인지과학연구센터 공동 책임자다. 철학과 진화생물학·인지과학의 가교 역할을 한 연구가 세계적으로 크게 주목받고 있다.

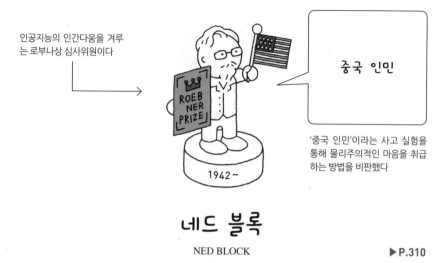

인공지능의 인간다움을 겨루
는 로부나상 심사위원이다

중국 인민

'중국 인민'이라는 사고 실험을
통해 물리주의적인 마음을 취급
하는 방법을 비판했다

네드 블록

NED BLOCK ▶ P.310

미국의 철학자. 시카고에서 태어났다. 1971년 하버드대학에서 힐러리 퍼트남의 지도 아래 박사
학위를 받았다. 그 후 매사추세츠공과대학에서 교편을 잡았고, 1996년에 뉴욕대학 교수가 되
었다. 전문은 마음의 철학. '블록헤드(Blockhead)'라는 이론상의 컴퓨터 시스템을 고안해, 튜링
테스트를 비판함으로써 주목을 받았다.

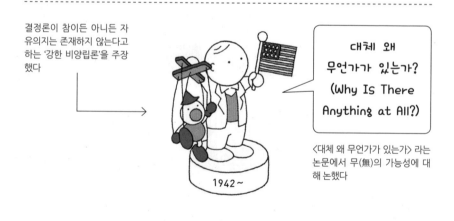

결정론이 참이든 아니든 자
유의지는 존재하지 않는다고
하는 '강한 비양립론'을 주장
했다

대체 왜
무언가가 있는가?
(Why Is There
Anything at All?)

〈대체 왜 무언가가 있는가〉 라는
논문에서 무(無)의 가능성에 대
해 논했다

피터 반 인와겐

PETER VAN INWAGEN ▶ P.348

미국의 철학자. 뉴욕에서 태어났다. 렌셀러공과대학에서 공부하고, 1969년 로체스터대학에서
박사 학위를 받았다. 시러큐스대학을 거쳐 1995년에 노트르담대학의 철학과 교수가 되었다. 형
이상학, 종교 철학, 행위의 철학을 주요 영역으로 하고 있다. 또한 자유의지론에서는 자유의지
와 결정론은 양립하지 않는다고 하는 비양립론의 대표론자로 알려져 있다.

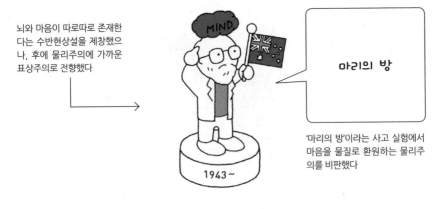

뇌와 마음이 따로따로 존재한다는 수반현상설을 제창했으나, 후에 물리주의에 가까운 표상주의로 전향했다

마리의 방

'마리의 방'이라는 사고 실험에서 마음을 물질로 환원하는 물리주의를 비판했다

프랭크 잭슨

FRANK CAMERON JACKSON

▶ P.304~306

호주의 철학자. 아버지도 철학자였다. 멜버른대학에서 수학과 철학을 배우고 라 트로브대학(La Trobe University)에서 철학박사 학위를 받았다. 애들레이드대학, 모나쉬대학을 거쳐 1986년 호주국립대학 교수가 되었다. 전문은 마음의 철학, 인식론, 형이상학, 메타윤리학. 마음의 철학 분야에서는 물리주의를 비판하고 수반현상설(Epiphenomenalism)을 표방한 것으로 알려져 있다.

공리주의의 입장에서 동물의 권리와 채식주의를 주장했다

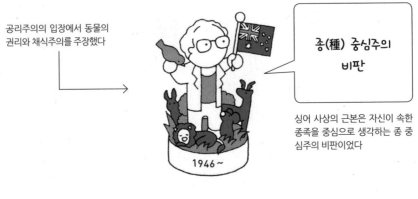

종(種) 중심주의 비판

싱어 사상의 근본은 자신이 속한 종족을 중심으로 생각하는 종 중심주의 비판이었다

저서 《동물의 해방》 《실천의 논리》

피터 싱어

PETER SINGER

▶ P.328

호주의 윤리학자이자 공리주의자. 멜버른에서 태어났다. 멜버른대학과 옥스퍼드대학에서 공부했다. 옥스퍼드대학 강사, 뉴욕대학 철학과 객원 조교수 등을 거쳐 1977년부터 멜버른에 있는 모나쉬대학 철학과 교수가 되었고, 1999년부터는 프린스턴대학 생명윤리학 교수로 있다. 국제 생명윤리학회의 초대 회장. 세계에서 가장 저명한 윤리학자로 알려져 있다.

엉터리 물리와 수학을 담은 패러디 논문을 포스트 모더니즘 계열 학술지인 '소셜 텍스트'지에 투고했더니 그대로 게재되었던 일을 가리켜 '소칼 사건'이라고 한다

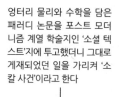
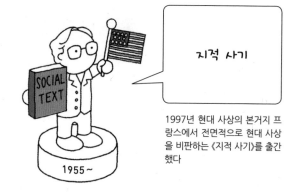

지적 사기

1997년 현대 사상의 본거지 프랑스에서 전면적으로 현대 사상을 비판하는 《지적 사기》를 출간했다

1955~

앨런 데이비드 소칼

ALAN DAVID SOKAL

▶P.269

미국의 물리학자이자 수학자. 보스턴에서 태어났다. 하버드대학에서 학사 학위를, 1981년 프린스턴대학에서 박사 학위를 받았다. 현재 유니버시티 칼리지 런던 수학과 교수와 뉴욕대학 물리학 교수를 겸하고 있다. 전문은 물리학과 수학, 과학 철학이지만, 1995년 포스트 모더니즘을 비판한 '소칼 사건'을 일으킨 것으로 더 유명하다.

'철학적 좀비'로 불리는 사고 실험을 통해 마음을 물질로 환원하는 물리주의를 비판했다

의식의 하드 프로블럼

뇌의 메커니즘에 관한 문제를 '이지 프로블럼(easy Problem)'이라 하고, 뇌와 마음의 관계를 '하드 프로블럼(hard Problem)'이라고 생각했다

1966~

데이비드 차머스

DAVID JOHN CHALMERS

▶P.300~302
▶P.308~309

호주의 철학자. 시드니에서 태어났다. 고등학교 때 수학 올림픽에서 동메달을 획득했다. 애들레이드대학, 옥스퍼드대학에서 수학을 배운 후, 최종으로 진공을 바꾸고 인디애나대학에서 철학·인지과학 박사 학위를 받았다. 캘리포니아대학 산타크루즈 캠퍼스, 애리조나대학을 거쳐 2004년, 호주국립대학 교수가 되었다. 마음의 철학의 중심 인물이다.

영미 철학(분석 철학)

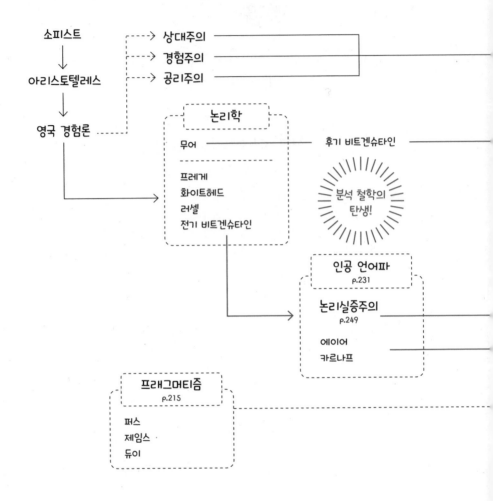

소피스트

↓

아리스토텔레스

↓

영국 경험론

상대주의

경험주의

공리주의

논리학

무어

프레게
화이트헤드
러셀
전기 비트겐슈타인

후기 비트겐슈타인

분석 철학의
탄생!

인공 언어파
p.231

논리실증주의
p.249

에이어
카르나프

프래그머티즘
p.215

퍼스
제임스
듀이

20세기 초 프레게(p.191), 러셀(p.193), 비트겐슈타인(p.194), 무어(p.193) 등의 논리학
으로 언어의 의미(p.232)를 조사하는 분석 철학(p.230)이라는 커다란 흐름이 탄생했다.
분석 철학은 프레게나 전기의 비트겐슈타인의 영향을 받은 독일 인공언어파(p.231)와
무어나 후기 비트겐슈타인의 영향을 받은 영국의 일상언어파(p.231)로 나뉜다.

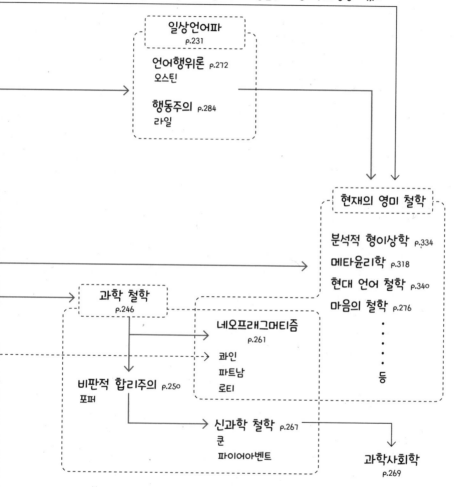

영미 철학은 전통적으로 상대주의 · 경험주의 · 공리주의 경향이 있다

일상언어파 p.231

언어행위론 p.272
오스틴

행동주의 p.284
라일

현재의 영미 철학

분석적 형이상학 p.334
메타윤리학 p.318
현대 언어 철학 p.340
마음의 철학 p.276
⋮
등

과학 철학 p.246

네오프래그머티즘 p.261
→ 콰인
파트남
로티

비판적 합리주의 p.250
포퍼

신과학 철학 p.267
쿤
파이어아벤트

과학사회학 p.269

그 후, 일상언어파는 주로 영국에서 발전하고, 독일의 인공언어파는 나치를 피해 미국
으로 건너갔다. 그리고 공리주의(p.372)나 미국에 원래 있던 프래그머티즘(p.215)과 결
합하면서 주로 미국에서 발전하게 된다. 현재 분석 철학의 범위가 너무 넓어져 모호하
기는 하지만 **영미 철학**이라고 하면 분석 철학을 가리키는 경우가 많다.

프래그머티즘

퍼스 등

프래그머티즘

의　미 -- 진리인지 아닌지 그 가치를 경험의 결과로 판단하는 철학적 태도
사　례 -------------------------------- 퍼스, 제임스, 듀이
메　모 ----------------- 현재는 네오프래그머티즘으로 발전했다

퍼스는 '그 무엇을 아는 지식(개념)'이란 '그 무엇에 대해 어떤 행동(행위)을 할 수 있고, 그 결과 어떻게 되는지 아는 것'이라고 생각했다. 예를 들어, 얼음을 안다는 것은 얼음 그 자체를 아는 것이 아니라 '얼음을 만지면 차갑다'든가 '얼음에 열을 가하면 녹는다'는 것을 아는 것이다. 비록 모양과 소재가 '얼음'이라도, 만져 보아 차갑지 않으면 그것은 '얼음'이 아니다.

지식이란 결과를 예측하는 것

얼음 그 자체
(얼음 모양과 소재)를
알고 있다

얼음에 열을
가하면 녹는다는
것을 알고 있다

등호가
성립되지
않는다

'얼음'을
알고 있다

등호

앗, 차가워!

등호

얼음을 만지면
차갑다는 것을 알고 있다

'얼음'에 대한 지식은
'만지면 차갑다'는 것이며,
모양과 소재가 '얼음'이라도
만져 보아 차갑지 않으면 '얼음'이 아니다

즉 무언가에 대한 지식은 그 무엇에 대한 행동의 결과를 예측하는 것이라고 할 수 있다. 이렇게 생각하면, 지식(개념)은 검증 가능한 것이 된다.

영미 철학 ― 프래그머티즘

지식을 행동(행위)의 결과와 연결시킨 퍼스의 생각을 더 발전시킨 사람이 제임스(p.190)이다. 제임스는 어떤 지식을 바탕으로 행동한 결과가 유용하다면 그것이 진리라고 말한다. 이것을 실용주의(p.221)라고 한다. 또한 듀이(p.191)는 지식 그 자체에 가치가 있는 것이 아니라 그 지식이 행동에 도움이 되는 도구여야 한다고 하는 도구주의(p.223)를 주장했다.

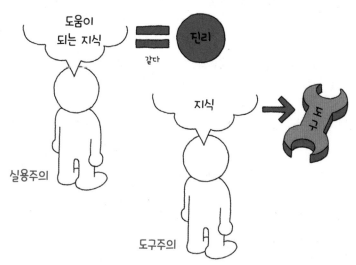

지식이란 행동의 결과를 예측하는 것이며, 그 지식이 인간에게 유용하다면 진리로 간주하는 입장을 **프래그머티즘**(Pragmatism)이라고 한다.

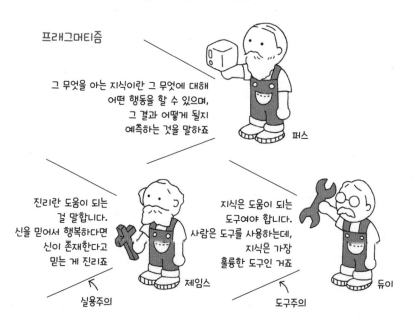

215

오류가능주의

▶190

의　미 ------ 인간의 지식은 미래에 오류가 발견되어 수정될 가능성이
늘 있다는 생각이다

문　헌 --------------------- 퍼스의 오류가능주의, 연속성, 진화

관　련 ------------ 프래그머티즘(p.214), 보증된 주장 가능성(p.224)

퍼스

전통적인 철학은 의심할 여지가 없는 절대 확실한 진리를 먼저 파악하고 거기서부터 이론을 전개해 나가는 것을 이상으로 여겼다. 그것은 '태초에 진리가 있었다'고 말할 수 있다.

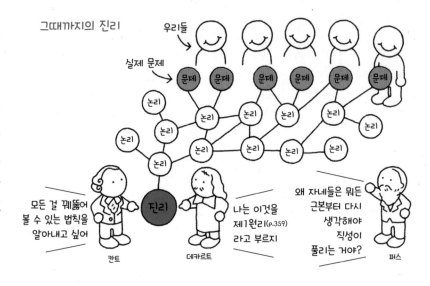

그때까지의 진리

우리들

실제 문제

문제

논리

진리

모든 걸 꿰뚫어
볼 수 있는 법칙을
알아내고 싶어

칸트

나는 이것을
제1원리(p.359)
라고 부르지

데카르트

왜 자네들은 뭐든
근본부터 다시
생각해야
직성이
풀리는 거야?

퍼스

그러나 퍼스는 진리란 과학자가 실험이나 관찰로 얻어낸 납득이 가고 설명할 수 있는 지식이라고 생각했다. 이렇게 해서 얻은 진리(지식)는 끊임없이 검증되어야 하기 때문에 처음부터 절대 확실한 진리를 설정할 수는 없다.

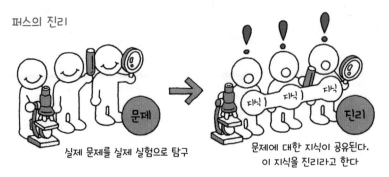

퍼스의 진리

문제

지식

진리

실제 문제를 실제 실험으로 탐구

문제에 대한 지식이 공유된다.
이 지식을 진리라고 한다

영미 철학 — 프래그머티즘

실험 결과, 원자라는 것이
이런 형태를 띠고 있다고 생각하면
앞뒤가 맞다

분자는 현미경으로 볼 수 있어.
그러니까 원자의 형태를
추측할 수 있는 거야!

공통의 지식(개념)

예를 들어 원자는 현미경으로도 관찰할 수 없다. 그러나 분자를 관찰하고 조사함으로써
과학자들은 원자에 대한 지식(개념)을 공유한다. 새로운 실험과 관찰로 그 지식에 잘못
이 발견될 가능성이 있다 하더라도 그 시점에서 원자에 대한 지식은 우리에게 진리라고
퍼스는 말한다.

실험 결과
새로운 학설이
발견되었어요!

구
진리

구
진리

구
진리

신
진리

신
진리

오류가능주의
진리(지식이나 개념)는
변할 수 있다.
진리는 실험이나 관찰 같은
경험에 의해 늘 갱신된다

진리는 항상 변화한다

좋아,
학설을
갱신하자!

신
진리

신
진리

신
진리

신
진리

수렴점

진리(지식과 개념)는
언젠가는 어떤 수렴점으로
향한다고 퍼스는 생각했다

우리는 절대 확실한 진리를 알 수가 없다. 새로운 납득이 가는 설명이 있으면 신리가 생
신되기 때문이다. 진리는 미리 존재하는 것이 아니라 실험이나 관찰 등의 행위에 의해
서 만들어지는 것이다. 이런 식으로 진리를 파악하는 방법을 **오류가능주의**(可謬主義)라
고 한다.

퍼스

애브덕션

문　헌 ---------- 요네모리 유우지 《애브덕션: 가설과 발견의 논리》
관　련 ------------------------------ 프래그머티즘(p.214)
메　모 -------- 우리말로는 '가설 형성적 추론' 등으로 번역할 수 있다

추상적인 문제가 아니라 실제로 일어나고 있는 문제를 다루는 것이 프래그머티즘 (p.215)이다. 이때 도움이 되는 것이 **애브덕션**이다. 애브덕션은 뭔가 뜻밖의 사건을 만났을 때, '왜 그렇게 되었는지' 설명하는 가설을 세워가는 추론 방법이다.

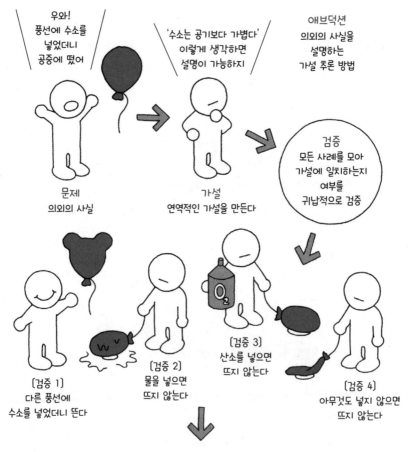

우와!
풍선에 수소를
넣었더니
공중에 떴어

'수소는 공기보다 가볍다'
이렇게 생각하면
설명이 가능하지

애브덕션
의외의 사실을
설명하는
가설 추론 방법

문제
의외의 사실

가설
연역적인 가설을 만든다

검증
모든 사례를 모아
가설에 일치하는지
여부를
귀납적으로 검증

[검증 1]
다른 풍선에
수소를 넣었더니 뜬다

[검증 2]
물을 넣으면
뜨지 않는다

[검증 3]
산소를 넣으면
뜨지 않는다

[검증 4]
아무것도 넣지 않으면
뜨지 않는다

가설이 맞다는 것이 검증되어
새로운 지식이 탄생!

영미 철학 - 프래그머티즘

추론 방법에는 이외에도 **연역법**과 **귀납법**이 있지만, 연역법이나 귀납법만으로는 새로운 지식을 획득할 수 없다. 그러나 애브덕션을 사용하면 새로운 지식을 습득할 수 있다.

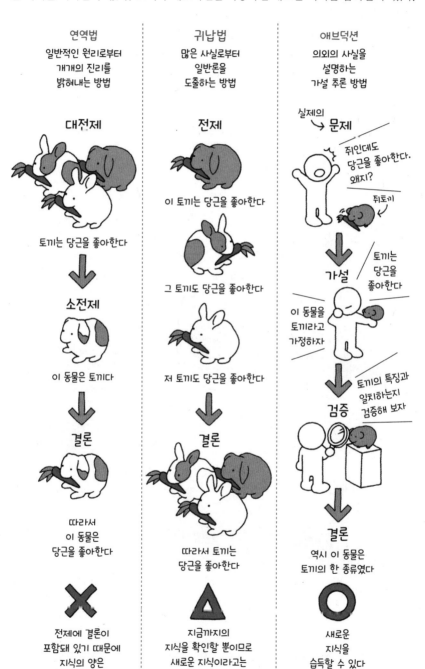

제임스

▶190

진리의 유용성

문　헌 ------------------------------ 제임스 《프래그머티즘》
관　련 ------------------ 프래그머티즘(p.214), 도구주의(p.222)
메　모 --------------------- 제임스는 프래그머티즘의 발상을
　　　　　　　　　　　　 과학뿐만 아니라 종교, 생활, 도덕에 적용했다

퍼스가 말하는 진리는 모두가 납득이 가고 설명할 수 있는 지식이었다. 진리는 학자나 전문가들이 만들어가는 것이며 늘 갱신된다(오류가능주의 p.217).

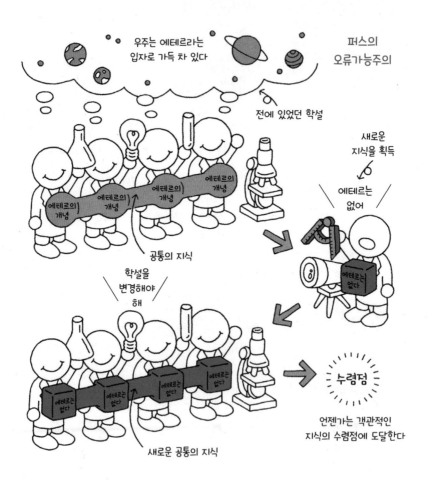

그리고 퍼스는 관찰이나 실험을 계속하면 진리는 언젠가는 인류에게 공통되는 객관적인 수렴점에 도달한다고 생각했다.

제임스에게 진리가 객관적이라든가 사실이라는 점 등은 문제가 되지 않았다. 그에게 중요한 것은 그것이 나에게 쓸모가 있는지 여부이며, 쓸모가 있다면 그것은 진리라고 생각했다(**진리의 유용성**).

진리는 저 멀리 어딘가에 단독으로 존재하는 것이 아니다. 제임스에 따르면 종교적인 신념도 누군가가 그것을 옳다고 믿어 도움이 되었다면 그 사람에게 그 믿음은 진리다. 이러한 프래그머티즘은 **실용주의**라고 번역할 수 있다.

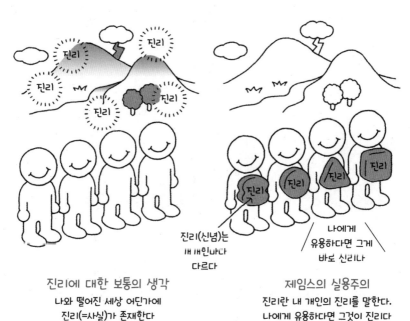

듀이

도구주의

의　미　--- 학문이나 지식은 인간의 행동에 도움이 되는 도구라는 사고방식
문　헌　------------------------------- 듀이 《철학의 개조》
관　련　---------------- 프래그머티즘(p.214) 진리의 유용성(p.220)

영미 철학 ― 프래그머티즘

생사를 가르는 혹독한 환경 속에서 광야를 개척한 미국인에게 있어서 일상생활과 관계
없는 데카르트나 플라톤의 철학은 진리가 아니었다. 프래그머티즘은 이러한 전통적인
미국의 **프런티어 정신**에 기반을 두었다.

깊이 생각하면, 인간의 행동은 모두 처한 상황에 대한 적응 반응이라고 듀이는 생각했다. 어려움을 피해 보다 나은 상황을 만들어내기 위해 행동한다는 의미에서는 인간도 다른 생물과 전혀 다를 바 없다.

사람이나 동물이나
행동 원리는 같다

추우니까
집을 지어
안으로
들어가자

추우니까
구멍을 파고
안으로 들어가자

동물의 행동도 인간의 행동도
모두 처한 상황에 대한
적응 반응이다

그러나 인간은 어려움을 해결하기 위해 도구를 사용한다. 그런데 가장 훌륭한 도구가 지식이라고 듀이는 말한다. 지식이라는 도구도 다른 도구가 그런 것처럼 그 자체에 가치가 있는 것이 아니라 사용한 결과의 유용성에 있는 것이다. 지식에 대한 이러한 생각을 프래그머티즘 중에서도 특히 **도구주의**라고 한다.

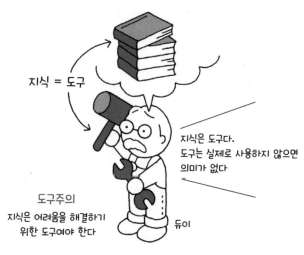

지식 = 도구

지식은 도구다.
도구는 실제로 사용하지 않으면
의미가 없다

도구주의
지식은 어려움을 해결하기
위한 도구여야 한다

듀이

보증된 주장 가능성

문 헌 ----------------------------- 듀이 《행동의 논리학》
관 련 ----------------------------- 오류가능주의(p.216)
메 모 ------------ 듀이의 프래그머티즘은 근대 철학뿐만 아니라
플라톤 이래 철학에 대한 비판을 한다는 특징이 있다

듀이가 말하는 진리는 제임스만큼 주관적이지는 않았으나(진리의 유용성 p.221) 퍼스처럼 언젠가는 객관적인 지식의 수렴점에 도달할 수 있다고도 생각하지 않았다(오류가능주의 p.217).

영미 철학 ─ 프래그머티즘

듀이는 진리란 '전문가 모두가 납득할 수 있는 방법으로 가설 증명에 성공한 지식'이라고 말했다. 그 지식에 객관성은 있지만 사실과 일치하는지, 그리고 지식의 수렴점에 도달하는지는 문제로 삼지 않는다.

듀이는 이렇게 해서 도출된 진리를 **보증된 주장 가능성**이라고 불렀다.

퍼스가 생각한 진리

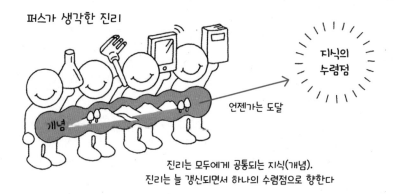

언젠가는 도달

지식의 수렴점

진리는 모두에게 공통되는 지식(개념).
진리는 늘 갱신되면서 하나의 수렴점으로 향한다

제임스가 생각한 진리

일치하지 않는다

사실
(객관적인 세계)

진리는 사람마다 다르다.
객관적인 세계인 '사실'과는 관계가 없다

듀이가 생각한 진리

모두에게
증명해 보일
수 있어!

일치하지 않는다

사실
(객관적인 세계)

보증된 주장 가능성

진리란 납득할 수 있게 이미 증명된 객관적인 것이다.
그러나 인간과 무관하게 존재하는
'사실'과 일치할 필요는 없다

창조적 지성

문   헌 ---------------- 듀이 《인간성과 행위》 《민주주의와 교육》
관   련 ---------------- 프래그머티즘(p.214), 오류가능주의(p.216)
메   모 ------ '실천적 지성'이라고도 한다. 듀이는 교육으로 기른 창조적
                        지성이 민주주의의 기반이 된다고 생각했다

문제가 발생하면 상황을 관찰하고 해결 방법을 찾아 원하는 결과에 다가가는 과정에서 진리를 획득할 수 있다고 듀이는 생각했다. 여기에서 중요한 점은 항상 행동(실천)을 한다는 것이다. 행동을 통한 **시행착오** 없이는 절대로 진리를 얻을 수 없다고 듀이는 말한다. 진리는 머리로만 얻을 수 있는 것이 아니다.

영미 철학 - 프래그머티즘

행동으로 얻은 지식은 우리의 시야를 넓히고 새로운 인간성으로 이끈다고 듀이는 말한다. 이렇게 획득된 정보를 그는 **창조적 지성**이라고 불렀다.

창조적 지식은 항상 의심할 수 있다고 보는 오류가능주의(p.217)와 창조적 지성은 '**행함으로써 배운다**'는 말로 표현된다. 이 말은 영국과 미국 교육자 사이에 **문제 해결**의 기본으로 공유되어 있다.

창조적 지성과 오류가능주의는 영국과 미국 학교 교육의 기본

언어 철학과 과학 철학

(언어)분석 철학

사 례 ---------------- 무어, 러셀, 비트겐슈타인, 카르나프, 라일
관 련 ------ 그림 이론(p.240), 언어 게임(p.242), 논리실증주의(p.248)
메 모 -------------- 분석 철학은 기호논리학 연구에서 발전했다.
　　　　　　　　　　현대 영미 철학에서는 분석 철학이 주류를 이룬다

▶194

철학은 예로부터 '진리' '선악' '신' 등을 문제로 삼았다. 그러나 이들은 원래 인간이 만들어 낸 말이다.

신에게 신이라는 이름을 붙인 것이 아니라,
일상의 언어 활동에서 신이라는 말이 생겨났다

그러니까 '신'이 무엇인지 생각할 것이 아니라 '신'이라는 말이 어떤 의미로 사용되는지를 분석하면 '신'의 문제를 해결할 수 있다. 철학의 역할은 '~란 무엇인가'를 생각하는 것이 아니라 언어(문장)의 의미를 분석하는 것이라고 보는 철학을 **(언어)분석 철학**이라고 한다.

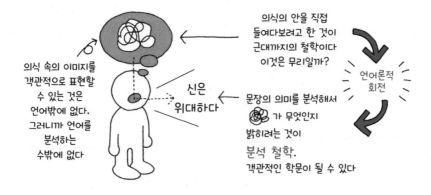

분석 철학은 독단적이고 주관적이었던 철학을 객관적인 언어 문제로 바꿨다. 이를 **언어론적 회전(Linguistic Turn)**이라고 한다.

분석 철학은 프레게(p.191), 러셀(p.193), 무어(p.193)의 철학에서 유래해, 비트겐슈타인을 거쳐 현대 영미 철학의 주류를 이루고 있다.

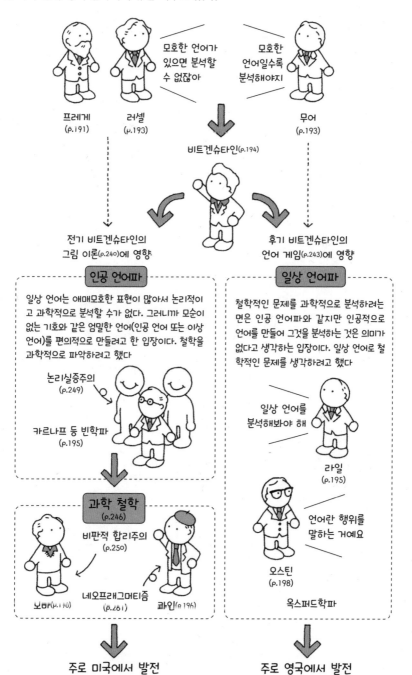

모호한 언어가 있으면 분석할 수 없잖아

모호한 언어일수록 분석해야지

프레게
(p.191)

러셀
(p.193)

무어
(p.193)

비트겐슈타인(p.194)

전기 비트겐슈타인의 그림 이론(p.240)에 영향

후기 비트겐슈타인의 언어 게임(p.243)에 영향

인공 언어파

일상 언어는 애매모호한 표현이 많아서 논리적이고 과학적으로 분석할 수가 없다. 그러니까 모순이 없는 기호와 같은 엄밀한 언어(인공 언어 또는 이상 언어)를 편의적으로 만들려고 한 입장이다. 철학을 과학적으로 파악하려고 했다

논리실증주의
(p.249)

카르나프 등 빈학파
(p.195)

일상 언어파

철학적인 문제를 과학적으로 분석하려는 면은 인공 언어파와 같지만 인공적으로 언어를 만들어 그것을 분석하는 것은 의미가 없다고 생각하는 입장이다. 일상 언어로 철학적인 문제를 생각하려고 했다

일상 언어를 분석해봐야 해

라일
(p.195)

과학 철학
(p.246)

비판적 합리주의
(p.250)

네오프래그머티즘
(p.251)

포퍼(p.170)

콰인(p.196)

언어란 행위를 말하는 거예요

오스틴
(p.198)

옥스퍼드학파

주로 미국에서 발전

주로 영국에서 발전

▶191

의미

문　헌 ----------------------- 프레게 《산술의 기초》 《철학론집》
관　련 ----------------------- 문장(명제)(p.234), 의의(p.236)
메　모 -------- 프레게는 의미를 마음속의 이미지로 생각하는 것을
　　　　　　　　　　　　　　　'심리주의'라며 비판했다

프레게는 우리의 마음속에는 이미지와 감정이 있을 뿐이며, **의미**는 없다고 보았다. 의미는 문장 속에만 존재한다는 것이다.

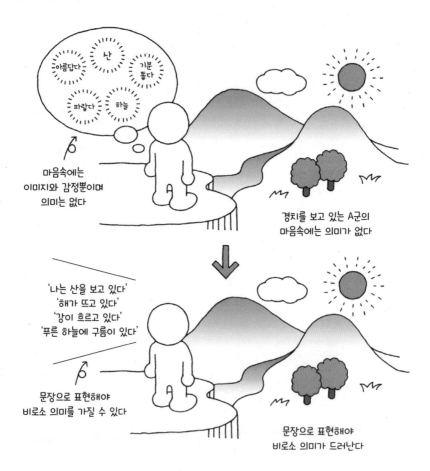

반대로 이미지는 문장 속에는 존재하지 않는다. 그때까지는 글(언어)은 자기 마음속의 이미지를 다른 사람의 마음속에 옮기는 역할을 한다고 생각했다. 그러나 글은 이미지가 아니라 의미를 옮긴다고 프레게는 생각했다.

영미 철학 - 언어 철학과 과학 철학

프레게가 말하는 의미는 '반드시 참(옳다) 또는 거짓(잘못이다) 중 어느 쪽인지 판단할 수 있는 (문장의) 내용'을 가리킨다. 이것을 **진리값**이라고 한다. 진위 판단을 해서는 안 된다는 말이 아니라 진위 판단이 가능한 것을 말한다. 프레게는 올바른 문법의 글은 의미, 즉 참이나 거짓 중 어느 한 진리값을 갖고 있다고 생각했다.

지금까지의 문장(언어)의 개념

고양이가 걷고 있어요

A의 말이 A의 이미지를 옮겨 B의 마음속으로 들어간다

A와 같은 이미지가 B의 마음속에 들어간다

이미지

고양이가 걷고 있어요

A 씨

A의 이미지

B 씨

프레게의 문장(언어)의 개념

고양이가 걷고 있어요

진리값
언어는 참인지 거짓인지 판단이 가능한 의미(진리값)을 옮긴다. 이 경우, 고양이가 걷고 있으면 참이고, 고양이가 걷고 있지 않으면 거짓이 된다

참 거짓

의미

고양이가 걷고 있어요

B의 이미지 (A의 이미지가 아니다)

A 씨

의미 ▰▰▰ 참인지 거짓인지 판단할 수 있는 문장의 내용(참이나 거짓 값을 진리값이라고 한다)

언어는 이미지를 옮기지 않는다

B 씨

의미가 마음속에 있는 것이 아니라 문장 속에 있다면 인간의 사고는 문장 속에 있다고 말할 수 있다. 이렇게 의미(참 또는 거짓의 진리 값)를 가진 문장, 즉 명제(p.234)의 진위를 분석하는 분석 철학이 탄생했다.

프레게

문장(명제)

문　헌 ------------------------------ 프레게 《산술의 기초》 《철학론집》
관　련 ------------------------------ 의미(p.232), 의의(p.236)
메　모 ------------------------- 의미(진리값)를 가진 문장을 명제라고 한다

프레게는 올바른 문법의 **문장**은 반드시 의미를 갖고 있다고 생각했다. '의미(p.232)를 가진다'는 것은 프레게에게 있어 글 내용의 진위를 판단할 수 있음을 뜻한다. '진리값(p.233)을 갖는다'고 바꿔 말할 수도 있다.

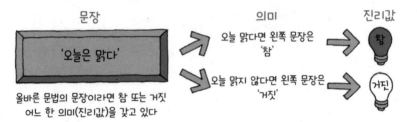

문장

'오늘은 맑다'

올바른 문법의 문장이라면 참 또는 거짓
어느 한 의미(진리값)을 갖고 있다

의미

오늘 맑다면 왼쪽 문장은
'참'

오늘 맑지 않다면 왼쪽 문장은
'거짓'

진리값

참

거짓

철학 세계에서는 의미(진리값)를 가진 문장을 **명제**라고 한다. 철학에서 취급하는 문장은 반드시 명제여야 한다. 진위 판단을 할 수 없는 시 등은 명제가 아니기 때문에, 프레게의 철학에서는 취급하지 않는다.

의미(진리값)를 갖지 못한 문장
(진위 판단 불가능)

내일 맑았으면
좋겠다

누가 칠면조
좀 사와!

시, 명령문, 의문문 등
진위를 판단할 수 없는 문장은
명제가 아니다

산은 강이고
하늘이다

의미(진리값)를 갖고 있는 문장=명제
(진위 판단이 가능)

내일은
크리스마스다

내일이 크리스마스라고
판단되면 참,
그렇지 않으면 거짓

인간은
포유류다

인간이 포유류라고 판단되면 참,
그렇지 않으면 거짓

영미 철학 — 언어 철학과 과학 철학

그리고 프레게는 문장은 의미(진리값)밖에 갖지 못하고 문장 발신자의 이미지(표상 p.237)는 가질 수 없다고 주장한다.

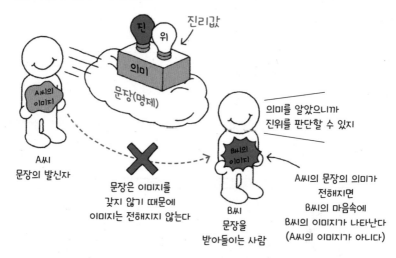

만일 문장이 개인의 주관적인 이미지를 갖는다면 발신자(주장자)에 따라 문장의 의미가 달라져 버린다. 언어는 마음속 이미지에 좌우되지 않는 항상 객관적인 것이어야 한다고 프레게는 생각했다. 그렇지 않으면 주장의 진위를 논증할 수 없기 때문이다.

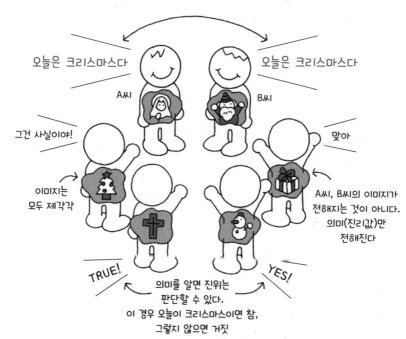

의의

문　헌 ---------------------------------- 프레게 《철학론집》
관　련 ---------------------------------- 문장(명제)(p.234), 의미(p.232)
메　모 ---------------------------------- 프레게는 a=a와 a=b의 차이로
　　　　　　　　　　　　　　　　　　　 의미와 의의의 구별을 생각했다

'① 새벽별은 저녁별이다'라는 명제(p.234)는 의미(p.232)만 취하면 '② 금성이란 금성을 말한다'와 동일하다.

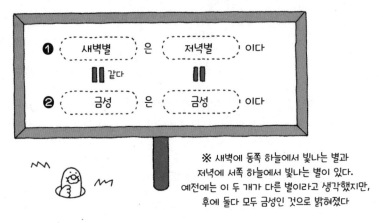

※ 새벽에 동쪽 하늘에서 빛나는 별과
저녁에 서쪽 하늘에서 빛나는 별이 있다.
예전에는 이 두 개가 다른 별이라고 생각했지만,
후에 둘다 모두 금성인 것으로 밝혀졌다

하지만 ②와 달리, ①의 명제는 새로운 인식과 지식을 갖게 해주는 내용을 담고 있다. 프레게는 ①과 같은 명제를 설명하기 위해 **의의**라는 개념을 도입한다. 그는 새벽별과 저녁별은, 의미는 동일하지만 의의는 다르다고 말한다.

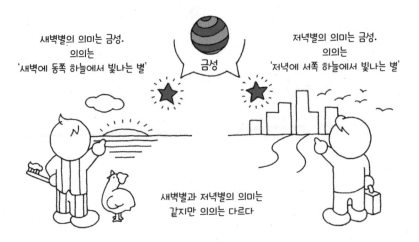

새벽별의 의미는 금성.
의의는
'새벽에 동쪽 하늘에서 빛나는 별'

금성

저녁별의 의미는 금성.
의의는
'저녁에 서쪽 하늘에서 빛나는 별'

새벽별과 저녁별의 의미는
같지만 의의는 다르다

영미 철학 ― 언어 철학과 과학 철학

그리고 프레게는 모든 명제는 의미와 의의를 둘 다 갖고 있다고 생각한다. 예를 들어 '오늘 비가 온다'는 명제의 의미는 참이거나 거짓(진리값 p.233), 둘 중 하나다. 그러나 이 문장에서 어제와 오늘은 또 다른 의의를 갖는다. 즉, 명제의 의미(진위)는 의의를 통해 결정되는 것이다.

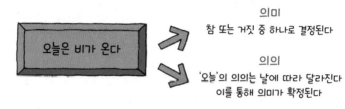

프레게는 의의와 의미의 구별을 망원경으로 본 달에 비유하여 설명한다. 우선 말, 명제의 의미는 대상인 달 그 자체이다. 그리고 의의는 망원경에 비친 달이다. 망원경에 비친 달은 관찰 위치에 따라 모양을 바꾸는 달의 한 면이지만, 모두가 같은 것을 볼 수 있기 때문에 객관적이다. 그리고 본 사람의 마음에 비친 이미지를 **표상**이라고 한다.

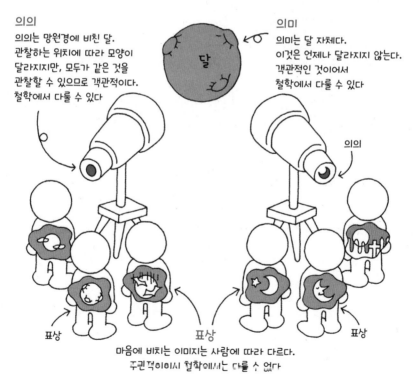

표상은 주관적이므로 객관적으로 분석할 수 없다. 프레게는 철학으로 할 수 있는 것은 표상 즉 관념의 분석이 아니라 객관적인 의미와 의의, 즉 언어(명제)의 분석이라고 결론지었다.

기술 이론

문　헌 -- 러셀 《표시에 대하여》
관　련 -- 문장(명제)(p.234)
메　모 -------- 러셀은 '현재의 프랑스 왕은 대머리다'에서 기호 논리로
　　　　　　　표현하기 어려워 기술 이론을 고안했다

명제(p.234)란 논리적으로 진위(의미 p.232)를 판단할 수 있는 문장을 말한다. 그리고 명제의 진위는 그 명제의 주어가 술어의 집합에 포함되는지 여부에 따라 결정된다. 예를 들어 '인간은 포유류다'라는 명제는 인간이 포유류의 집합에 포함되면 참이 된다.

명제 ❶
'인간은 포유류다'
↓
인간(주어)이 포유류(술어)의 집합에
포함되기 때문에 참

명제 ❷
'새는 포유류다'
↓
새(주어)가 포유류(서술어)의 집합에
포함되지 않기 때문에 거짓

그러면 '현재 프랑스 왕은 대머리다'라는 문장은 참일까? 거짓일까? 만일 이 문장이 거짓이면 '현재의 프랑스 왕은 대머리가 아니다'라는 문장은 어떨까? 사실 이런 종류의 문장 진위를 논리적으로 판단하기는 매우 어렵다. 왜냐하면 현재 프랑스에는 왕이 없어 주어(현대 프랑스의 왕)가 술어(대머리)의 집합에 포함되는지 여부를 판단할 수 없기 때문이다.

명제 ❸
'현재의 프랑스 왕은 대머리다'
↓
현재의 프랑스에는 왕(주어)이
존재하지 않아
대머리(술어) 집합에
포함되는지 알 수 없다.
따라서 진위를 판단할 수 없다

러셀은 이 문제를 그냥 보고 있을 수 없었다. 진리값(p.233)을 특정할 수 없는 명제의 패턴이 있으면 논리의 근거가 무너진다고 생각했기 때문이다. 그는 '현재의 프랑스 왕은 대머리다'라는 문장을 '현재의 프랑스 왕'이라는 표현을 사용하지 않고 세 문장으로 분해했다. 그리고 이 세 가지가 모두 참이 아니면 전체 문장은 참이 아니라고 했다.

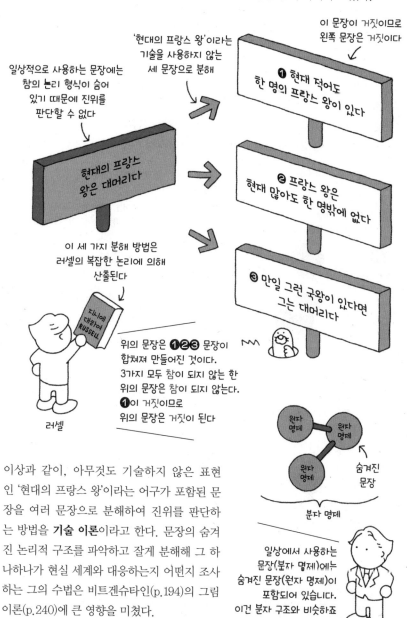

일상적으로 사용하는 문장에는 참의 논리 형식이 숨어 있기 때문에 진위를 판단할 수 없다

'현대의 프랑스 왕'이라는 기술을 사용하지 않는 세 문장으로 분해

이 문장이 거짓이므로 왼쪽 문장은 거짓이다

현대의 프랑스 왕은 대머리다

❶ 현재 적어도 한 명의 프랑스 왕이 있다

❷ 프랑스 왕은 현재 많아도 한 명밖에 없다

❸ 만일 그런 국왕이 있다면 그는 대머리다

이 세 가지 분해 방법은 러셀의 복잡한 논리에 의해 산출된다

지시에 대하여 RUSSELL

위의 문장은 ❶❷❸ 문장이 합쳐져 만들어진 것이다. 3가지 모두 참이 되지 않는 한 위의 문장은 참이 되지 않는다. ❶이 거짓이므로 위의 문장은 거짓이 된다

러셀

원자 명제

원자 명제

원자 명제

숨겨진 문장

분자 명제

이상과 같이, 아무것도 기술하지 않은 표현인 '현대의 프랑스 왕'이라는 어구가 포함된 문장을 여러 문장으로 분해하여 진위를 판단하는 방법을 **기술 이론**이라고 한다. 문장의 숨겨진 논리적 구조를 파악하고 잘게 분해해 그 하나하나가 현실 세계와 대응하는지 어떤지 조사하는 그의 수법은 비트겐슈타인(p.194)의 그림 이론(p.240)에 큰 영향을 미쳤다.

일상에서 사용하는 문장(분자 명제)에는 숨겨진 문장(원자 명제)이 포함되어 있습니다. 이건 분자 구조와 비슷하죠

영미 철학 ─ 언어 철학과 과학 철학

그림 이론

의 미	언어는 세계를 모사한 것이라는 사고
문 헌	비트겐슈타인 《논리 철학 논고》
관 련	기술 이론(p.238), 논리실증주의(p.248)
메 모	전기 비트겐슈타인 철학의 특징

비트겐슈타인은 현실 세계를 사실 하나하나의 모음이라고 보았다. 한편, 언어는 과학적 명제(p.234)의 모음으로 보았다. 과학적인 명제란 '새가 나무 위에 앉아 있다'처럼 하나의 사실을 모사한 문장을 말한다. 과학적인 명제(문장)는 사실과 1 대 1로 대응하므로 과학적인 명제와 사실은 같은 수만큼 존재한다. 이것을 **그림 이론**이라고 한다.

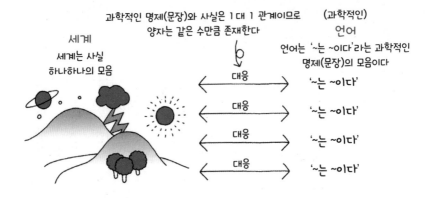

과학적인 명제(문장)가 현실 세계를 모사한 것이라면, 과학적인 명제를 모두 분석하면 세계의 모든 것을 분석할 수 있다는 말이 된다. 그리고 하나하나의 과학적인 명제는 이론상 실제로 확인 가능한 것이어야 한다.

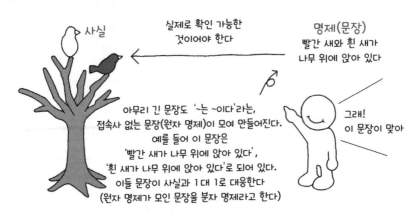

영미 철학 — 언어 철학과 과학 철학

반대로 이론상 실제로 확인할 수 없는 명제는 사실과의 대응에서 남은 것이므로 그 내용의 옳고 그름은 문제되지 않는다. 그런 문장은 언어를 오용한 것이라고 봐야 한다. 예를 들어, '신은 죽었다'든가 '달은 아름답다'처럼 종교, 미, 윤리 등에 관한 명제는 비트겐슈타인 입장에서는 올바른 언어 용법이 아니다.

사실과 대응하지 않는 언어는 진위를 판단을 할 수 있는 명제가 아니다. 비트겐슈타인에게 있어 기존 철학은 바로 이 언어의 오용으로 이뤄진 학문이었다.

철학의 진정한 역할은 언어로 표현할 수 있는 것과 할 수 없는 것의 경계를 확정하는 것이라고 비트겐슈타인은 생각했다. 그는 '언어로 표현할 수 없는 것에 대해서는 침묵해야 한다'는 말을 남겼다.

비트겐슈타인

언어 게임

문　헌 ------------------------------ 비트겐슈타인 《철학탐구》
관　련 ------------------ 그림 이론(p.240), 가족 유사성(p.244)
메　모 ------------------ 후기 비트겐슈타인의 중심 개념으로,
　　　　　　　　　　　　　그림 이론에 대한 반성을 기반으로 한다

비트겐슈타인은 사실과 대응하는 과학적 언어를 분석하면 세계를 분석할 수 있다고 생각했다(그림 이론 p.240). 그러나 그는 스스로 그 생각을 부정했다. 왜냐하면 과학적 언어가 먼저 있고 그것을 일상에서 사용하는 것이 아니라, 일상 대화가 먼저 있고 그로부터 과학적 언어가 체계화된다는 사실을 깨달았기 때문이다. 요컨대 세계를 이해하려면 오리지널인 일상 언어를 분석해야 한다는 것이다.

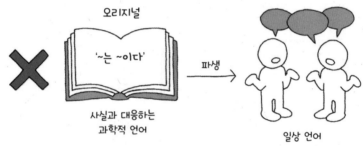

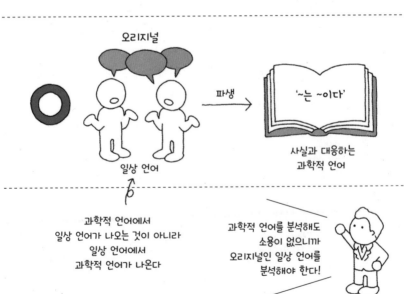

과학적 언어에서
일상 언어가 나오는 것이 아니라
일상 언어에서
과학적 언어가 나온다

과학적 언어를 분석해도
소용이 없으니까
오리지널인 일상 언어를
분석해야 한다!

영미 철학 ─ 언어 철학과 과학 철학

또한 일상 언어는 과학적 언어처럼 한 가지 사실에 1 대 1로 대응하지 않는다. '오늘은 날씨가 좋다'는 말은 때와 장소에 따라 다양한 의미를 지닌다. 우리는 이 대화 규칙을 모르고서는 일상 언어를 쓰기 어렵다. 비트겐슈타인은 이러한 대화의 특성을 **언어 게임**이라고 부르며, 언어 게임 규칙은 일상생활에서 배우는 수밖에 없다고 말했다.

'오늘은 날씨가 좋다'와 같은 일상 언어를 대화 속에서 끄집어내 그것만 분석하면 의미를 잘못 이해할 수 있다. 그 말이 정확히 무슨 뜻인지 알려면 실제로 일상생활을 하면서 언어 게임에 참여해야 한다. 그런데 안타깝게도 일상 언어를 아무리 분석하고 싶어도 일상 언어를 다루는 자신이 그 구조 안에 있기 때문에 그 전모를 파악하기는 어렵다.

비트겐뉴타인

가족 유사성

문　헌 -------------------------- 비트겐슈타인 《철학 탐구》
관　련 ----------------------------- 언어 게임(p.242)
메　모 --- 가족 유사성이라는 생각은 기존의 논리학에 큰 전환을 가져왔다

비트겐슈타인은 일상 언어를 언어 게임(p.243)이라는 게임에 비유했으나, '게임'이라는 말 자체도 명확하게 정의하기 어렵다고 말한다.

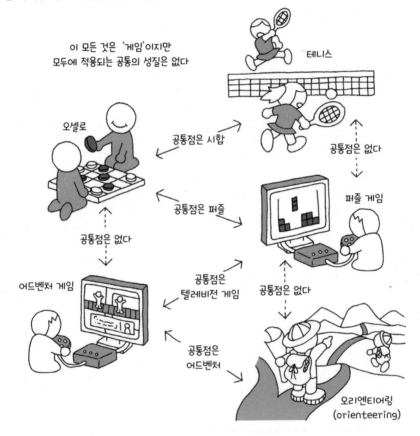

'게임'이라는 개념은 어떤 필요 충분한 특성을 지녀야 게임이라 규정될 수 있는 것이 아니다. 이것은 가족 구성원들에게 어떤 공통적인 특성이 없어도 모두 비슷하게 보이는 가족사진에 비유할 수 있다. 아버지의 귀가 오빠 귀와 비슷하고, 오빠의 눈이 어머니 눈과 비슷하고, 어머니의 코가 여동생 코와 비슷하다면 그 가족은 왠지 모르게 모두 비슷하게 보인다.

이렇게 어떤 공통적인 특성을 소유하지 않고도 그 개념의 범주 안에 놓이는 집합체를 **가족 유사성**이라고 한다.

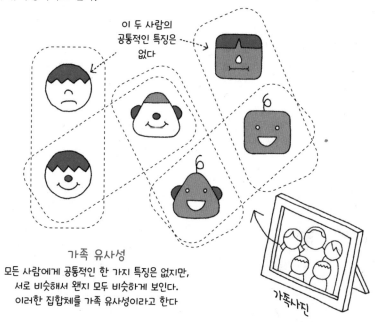

가족 유사성
모든 사람에게 공통적인 한 가지 특징은 없지만,
서로 비슷해서 왠지 모두 비슷하게 보인다.
이러한 집합체를 가족 유사성이라고 한다

가족 유사성의 개념을 통해 하나의 집합체에 반드시 공통된 성질이 존재하는 것은 아님을 알 수 있다. 세상에는 다양한 정의가 있지만, 이들 정의에 뭔가 하나의 공통된 성질이 있는 것은 아니다. 이것은 플라톤의 이데아론(p.356) 부정으로 이어진다.

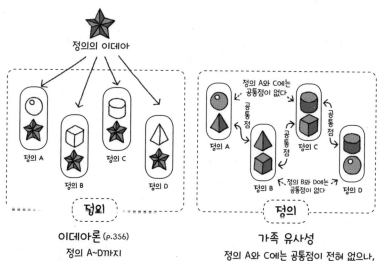

이데아론 (p.356)
정의 A~D까지
모두 공통된 성질을 지니고 있다

가족 유사성
정의 A와 C에는 공통점이 전혀 없으나,
정의 A와 B, B와 C는 각각 공통점이 있으므로
같은 '정의'라는 말을 A와 C에도 적용할 수 있다

카르나프 등

과학 철학

의 미 ---------------- 과학을 철학적으로 고찰하는 분야를 말한다
사 례 ---------------------- 카르나프, 쿤, 파이어아벤트 등
관 련 -------------------- 반증 가능성(p.250), 홀리즘(p.252)
과학적 실재론(p.262), 기적 논법(p.263), 패러다임(p.264)

'과학적 근거가 없다'거나 '그것은 비과학적이다'라는 말을 들어봤을 것이다. 그러면 과학이기 위한 조건은 무엇일까?

영미 철학 ─ 언어 철학과 과학 철학

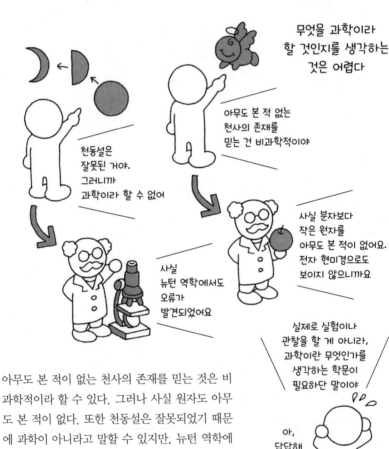

무엇을 과학이라 할 것인지를 생각하는 것은 어렵다

천동설은 잘못된 거야. 그러니까 과학이라 할 수 없어

아무도 본 적 없는 천사의 존재를 믿는 건 비과학적이야

사실 뉴턴 역학에서도 오류가 발견되었어요

사실 분자보다 작은 원자를 아무도 본 적이 없어요. 전자 현미경으로도 보이지 않으니까요

실제로 실험이나 관찰을 할 게 아니라, 과학이란 무엇인가를 생각하는 학문이 필요하단 말이야

아, 답답해

아무도 본 적이 없는 천사의 존재를 믿는 것은 비과학적이라 할 수 있다. 그러나 사실 원자도 아무도 본 적이 없다. 또한 천동설은 잘못되었기 때문에 과학이 아니라고 말할 수 있지만, 뉴턴 역학에서도 오류가 발견되었다. 과학과 비과학을 구분 짓기는 아주 어렵다. 그것을 생각하기 위하여 생겨난 것이 **과학 철학**이다. 과학 철학은 논리실증주의(p.249)에서 시작되었다고 한다.

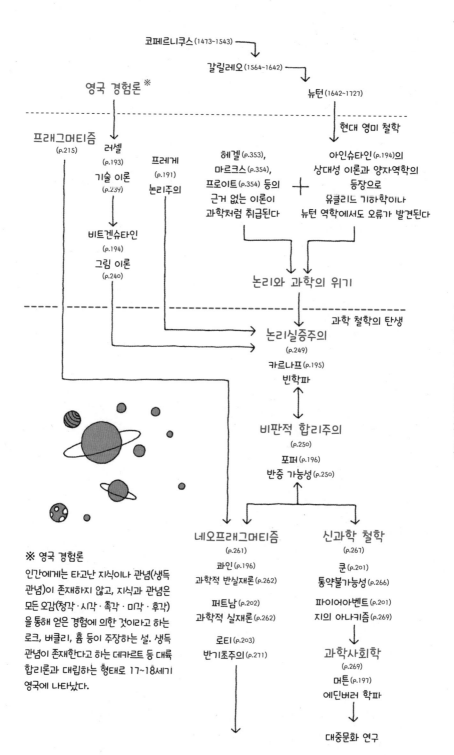

코페르니쿠스 (1473~1543)

갈릴레오 (1564~1642)

뉴턴 (1642~1727)

영국 경험론 ※

프래그머티즘
(p.215)

러셀
(p.193)

기술 이론
(p.234)

비트겐슈타인
(p.194)

그림 이론
(p.240)

프레게
(p.191)
논리주의

헤겔 (p.353),
마르크스 (p.354),
프로이트 (p.354) 등의
근거 없는 이론이
과학처럼 취급된다

현대 영미 철학

아인슈타인 (p.194)의
상대성 이론과 양자역학의
등장으로
유클리드 기하학이나
뉴턴 역학에서도 오류가 발견된다

논리와 과학의 위기

과학 철학의 탄생

논리실증주의
(p.249)

카르나프 (p.195)
빈학파

비판적 합리주의
(p.250)

포퍼 (p.196)
반증 가능성 (p.250)

네오프래그머티즘
(p.261)

콰인 (p.196)
과학적 반실재론 (p.262)

퍼트남 (p.202)
과학적 실재론 (p.262)

로티 (p.203)
반기초주의 (p.271)

신과학 철학
(p.267)

쿤 (p.201)
통약불가능성 (p.266)

파이어아벤트 (p.201)
지의 아나키즘 (p.269)

과학사회학
(p.269)

머튼 (p.197)
에딘버러 학파

대중문화 연구

※ 영국 경험론
인간에게는 타고난 지식이나 관념(생득
관념)이 존재하지 않고, 지식과 관념은
모든 오감(청각·시각·촉각·미각·후각)
을 통해 얻은 경험에 의한 것이라고 하는
로크, 버클리, 흄 등이 주장하는 설. 생득
관념이 존재한다고 하는 데카르트 등 대륙
합리론과 대립하는 형태로 17~18세기
영국에 나타났다.

논리실증주의

사 례 ------------------------------ 셀링, 카르나프, 에이어

메 모 -------------------- 1920년대 말기에 빈 대학의 철학자와
과학자 그룹인 '빈학파'가 추진한 철학의 혁신 운동을 가리킨다.
제2차 세계 대전 중 영국과 미국으로 활동 중심지를 옮겼다

20세기 초 상대성이론과 양자 역학이 도입되면서 자연과학은 현저하게 발전했다. 그런 가운데, 마르크스(p.354)의 사회과학, 프로이트(p.354)의 정신 분석 등 근거가 불확실한 논리도 마치 과학처럼 논의됐다.

과학의 위기

인간의 행동은 무의식에 지배되고 있어!

언젠가는 공산주의가 될 거야! 사회과학이니까 틀림없어!

카르나프 등 물리학자와 수학자로 결성된 빈학파는 이에 위기감을 느낀다. 그래서 그들은 관찰이나 실험 등으로 검증할 수 있는 이론(명제)을 과학적이라고 보고, 관찰이나 실험 등으로 검증할 수 없는 이론을 비과학적이라고 보는 통일된 규칙을 만들려고 했다.

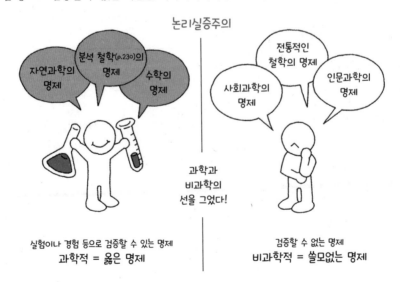

논리실증주의

자연과학의 명제

분석 철학(p.230)의 명제

수학의 명제

전통적인 철학의 명제

사회과학의 명제

인문과학의 명제

과학과 비과학의 선을 그었다!

실험이나 경험 등으로 검증할 수 있는 명제
과학적 = 옳은 명제

검증할 수 없는 명제
비과학적 = 쓸모없는 명제

그들이 보기에 철학이 지금껏 문제로 삼은 '신이란 ~' 등은 검증할 수 없는 비과학적 이론이며, 쓸모없는 지식에 지나지 않는다. 그것은 비트겐슈타인이 지적한 것처럼 잘못된 언어의 용법에 지나지 않는다(그림이론 p.240). 빈학파는 검증할 수 있는 '과학적 사실'만을 옳은 이론으로 보는 **논리실증주의**를 주장했다. 그리고 철학의 역할은 세계를 말로 설명하는 것이 아니라 말 자체를 분석하는 것으로 봤다.

'사실' 추구는 과학자에게 맡기고 철학자는 '언어' 분석만 해야 한다!

빈학파 멤버

전통적인 철학은 실험도 할 수 없고 관찰도 할 수 없는 사이비 학문이다

자연과학은 누구나 경험할 수 있는 믿을 수 있는 학문이다

논리실증주의는 비트겐슈타인의 그림이론을 토대로 했다

그러나 실증을 과학적인 이론의 조건으로 삼는 데는 문제가 있었다. 실증에 의한 '과학적 사실'은 새로운 사실이 발견되면 언제든 뒤집힐 수 있기 때문이다. 실제로 '과학적 사실' 대부분은 갱신되었다(반증 가능성 p.250).

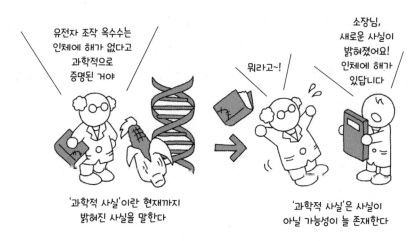

유전자 조작 옥수수는 인체에 해가 없다고 과학적으로 증명된 거야

뭐라고~!

소장님, 새로운 사실이 밝혀졌어요! 인체에 해가 있답니다

'과학적 사실'이란 현재까지 밝혀진 사실을 말한다

'과학적 사실'은 사실이 아닐 가능성이 늘 존재한다

포퍼

반증 가능성

문　헌 ------------------------- 포퍼 《과학적 발견의 논리》
관　련 ------------------------- 논리실증주의(p.248)
메　모 ------------------- 반증 가능성 이론은 귀납주의와
　　　　　　　　　　　　　논리실증주의에 대한 비판으로 제기되었다

검증할 수 있는 논리만 과학이라고 보는 논리실증주의(p.249)가 제창한 사상에는 심각한 결점이 있었다. 아무리 완벽한 이론도 단 한 가지 예외로 뒤집힐 가능성은 항상 존재하기 때문이다. 과학적 이론을 사람이 검증해서 증명하기란 불가능하다.

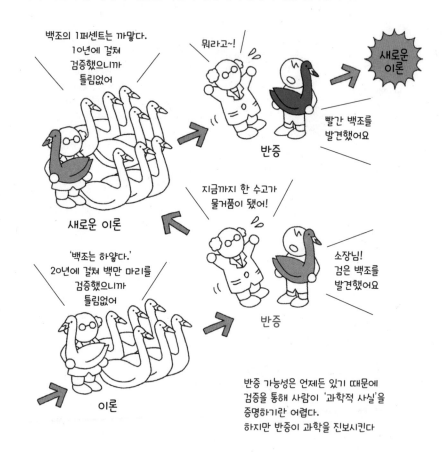

영미 철학 ― 언어 철학과 과학 철학

그래서 포퍼는 과학과 비과학의 차이를 카르나프(p.195)처럼, 검증할 수 있는가 없는가가 아니라 반증할 수 있는가 없는가로 판단하려고 했다. 이 **반증 가능성**이 과학적인 사고의 조건이며, 반증에 의해 과학은 진보한다고 그는 생각했다(**비판적 합리주의**).

과학과 비과학을 구별하는 카르나프의 방법

검증이 가능한가 그렇지 않은가로 과학을 구별하면 과학에 속하는 이론이 없어진다

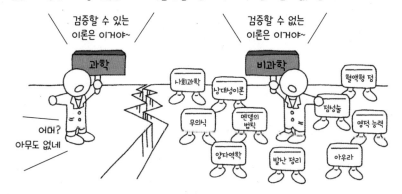

과학과 비과학을 구별하는 포퍼의 방법

반증이 가능한지 그렇지 않은지로 과학을 구별하면 과학에 속하는 이론이 존재하게 된다

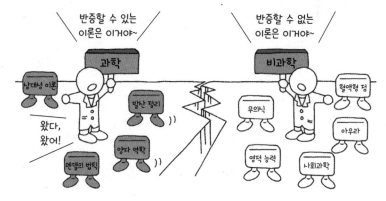

포퍼의 논리대로 하면 과학적인 이론은 '현재 반증되지 않은 이론'이라고 바꿔 말할 수 있다. 이에 반해 유사 과학은 직감과 감성으로 이뤄지기 때문에 반증할 방법이 없다.

과학자는 잘못을 솔직하게 인정하지만, 유사 과학은 도망칠 길이 많이 있다?

홀리즘(전체론)

문 헌 ----------------------- 콰인 '경험주의의 두 도그마'

메 모 ----- 위의 논문에서 콰인은 '우리의 모든 지식과 신념의 총체는
주위에서 일어나는 일을 통해 경험적으로 접하는
인공 구조물이다'라고 말했다

콰인

19세기에 위르뱅 르베리에라는 천문학자가 수성 궤도를 관찰했더니, 뉴턴 역학에서 이론적으로 이끌어낸 궤도와는 다른 움직임을 보였다. 그래서 그는 태양계에는 발칸이라는 미확인 행성이 있으며, 발칸의 인력이 수성의 궤도를 이상하게 만든다고 생각했다.

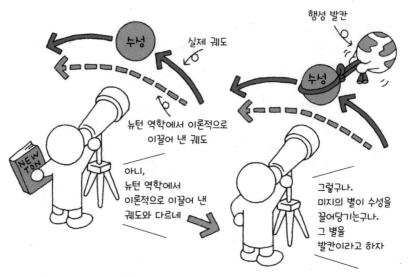

그런데 후에 상대성 이론이 발표되자 뉴턴 역학 그 자체의 오류가 지적되었다. 즉, 관측 결과에 잘못된 점이 있어, 천문학과 물리학 이론 전체의 어딘가에 잘못이 있다는 것은 알았지만 구체적으로 어디에 잘못이 있는지는 알 수 없었다.

영미 철학 ― 언어 철학과 과학 철학

하나의 실험이나 관찰의 앞뒤를 맞추기 위해 전체 중 어느 것을 개정해 버리는 것을 **전면적 개정 가능론(뒤에무 콰인 테제)**이라고 한다. 보통 과학자는 뉴턴 역학과 같은 근본적인 이론을 수정하려고 하지는 않는다.

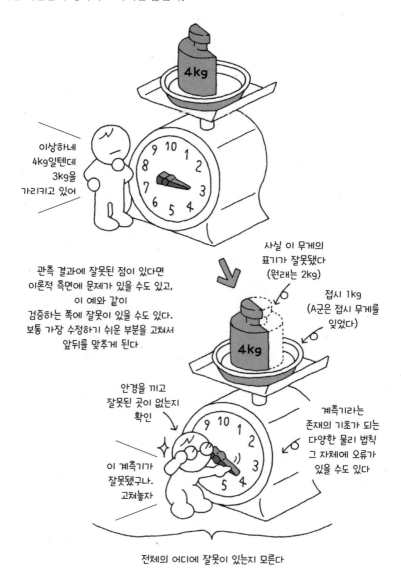

이상하네
4kg일텐데
3kg을
가리키고 있어

관측 결과에 잘못된 점이 있다면
이론적 측면에 문제가 있을 수도 있고,
이 예와 같이
검증하는 쪽에 잘못이 있을 수도 있다.
보통 가장 수정하기 쉬운 부분을 고쳐서
앞뒤를 맞추게 된다

사실 이 무게의
표기가 잘못됐다
(원래는 2kg)

접시 1kg
(A군은 접시 무게를
잊었다)

안경을 끼고
잘못된 곳이 없는지
확인

이 계측기가
잘못됐구나.
고쳐놓자

계측기라는
존재의 기초가 되는
다양한 물리 법칙
그 자체에 오류가
있을 수도 있다

전체의 어디에 잘못이 있는지 모른다

논리실증주의(p.249)는 하나의 명제(p.234)가 그 단독으로 진위를 확정할 수 있다고 생각했다. 그러나 명제는 서로 연관되어, 한 체계를 만든다. 따라서 단독 명제의 진위만을 검증할 수는 없다. 개별 명제는 체계 전체의 일부분으로서 경험할 수 있을 뿐이다. 이런 생각을 **홀리즘(전체론)**이라고 한다.

자연주의

의　미 ---------- 인간의 인식 활동을 자연 현상으로 고찰하는 견해
문　헌 ------------------------- 콰인 '자연화된 인식론'
관　련 ----------- 홀리즘(p.252), 경험주의의 두 도그마(p.256)

논리실증주의(p.249)자들은 진리에는 두 종류가 있다고 생각한다. 하나는 말의 의미나 개념만으로 참이라고 판단할 수 있는 **분석적인 진리**이고, 다른 하나는 실제로 확인할 수 없으면 참이라고 판단할 수 없는 **종합적인 진리**이다. 이 두 구별은 논리실증주의의 기반이 되었다.

분석적 진리(이성의 진리)	종합적 진리(사실의 진리)
말의 의미나 개념만으로 결정하는 진리. 실험이나 경험으로 변경할 수는 없다고 보았다. 분석 철학이 다루는 문제가 이것이다	실험이나 경험으로 확인해야 되는 진리. 과학이 다루는 문제는 이것이다

모순율
사각형과 삼각형이 동시에 성립하는 일은 없다
(사각형은 모서리가 4개 있는 모양이라는 뜻이므로)

지구는 둥글다
(과학이 발견한 진리)

동일률
독신자는 결혼하지 않은 사람이다
(독신이라는 말의 의미가 결혼하지 않은 것을 뜻하니까)

자유다~

A씨는 독신이다

배중률
네스 호에 괴물이 살거나 살지 않거나 둘 중 하나다
(참과 거짓이 동시에 성립될 수는 없기 때문)

네스 호에는 괴물이 살지 않는다

254

그리고 분석적인 진리가 과학에 의한 실험과 경험에 의해 변하는 일은 없다고 믿었다.

둥근 사각형은 존재하지 않는다 (=참)
참과 거짓이 동시에 성립되지는 않는다 (=참)
독신자는 결혼하지 않은 사람이다 (=참)

이런 것들이 과학의 진보에 의해 바뀌지는 않잖아?

그런데 콰인은 이런 생각을 부정한다. 실험 결과에 앞뒤가 맞지 않으면 분석적 진리인 모순율이나 배중률(p.254) 같은 논리 법칙을 변경하는 경우가 있기 때문이다.

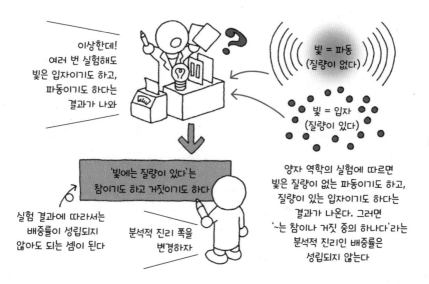

이상한데! 여러 번 실험해도 빛은 입자이기도 하고, 파동이기도 하다는 결과가 나와

빛 = 파동 (질량이 없다)

빛 = 입자 (질량이 있다)

'빛에는 질량이 있다'는 참이기도 하고 거짓이기도 하다

실험 결과에 따라서는 배중률이 성립되지 않아도 되는 셈이 된다

분석적 진리 쪽을 변경하자

양자 역학의 실험에 따르면 빛은 질량이 없는 파동이기도 하고, 질량이 있는 입자이기도 하다는 결과가 나온다. 그러면 '~는 참이나 거짓 중의 하나다'라는 분석적 진리인 배중률은 성립되지 않는다

분석적 진리가 실험에 의해 변경되게 되면, 모든 진리는 종합적인 진리가 돼 버린다. 그러면 양자를 구별하던 논리실증주의가 나설 자리가 없다. 콰인은 철학의 특권성을 부정하고(경험) 과학을 철학(인식론)에 도입해야 한다고 생각했다. 이런 생각을 **자연주의**라고 한다.

맡겨둬!

이후를 부탁하네!

콰인

경험주의의 두 도그마

문 헌 ------------------------------ 콰인 '경험주의의 두 도그마'
관 련 ------------------------------ 홀리즘(p.252), 자연주의(p.224)
　　　　　　　　　　　　　　　　　　　네오프래그머티즘(p.260)

'경험주의의 두 도그마'라는 콰인의 지적은 철학의 존재 이유를 크게 바꾸는 것이었다 (이 경우의 경험주의는 논리실증주의를 가리킨다. 도그마란 독단을 말한다).

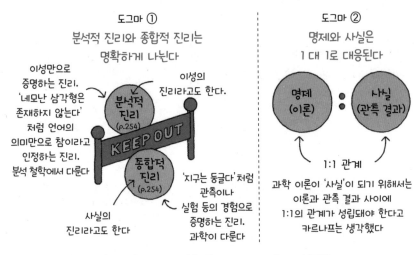

도그마 ①
분석적 진리와 종합적 진리는
명확하게 나뉜다

이성만으로 증명하는 진리. '네모난 삼각형은 존재하지 않는다' 처럼 언어의 의미만으로 참이라고 인정하는 진리. 분석 철학에서 다룬다

분석적 진리
(p.254)
이성의 진리라고도 한다.

KEEP OUT

종합적 진리
(p.254)
사실의 진리라고도 한다

'지구는 둥글다'처럼 관측이나 실험 등의 경험으로 증명하는 진리. 과학이 다룬다

도그마 ②
명제와 사실은
1 대 1로 대응된다

명제 (이론) ꞉ 사실 (관측 결과)

1:1 관계

과학 이론이 '사실'이 되기 위해서는 이론과 관측 결과 사이에 1:1의 관계가 성립돼야 한다고 카르나프는 생각했다

콰인은 이러한 생각이 단순한 독단에 지나지 않는다고 생각했다

논리실증주의(p.249)를 주창한 카르나프(p.195)도 비판적 합리주의(p.250)인 포퍼 (p.196)도 종합적인 진리(p.254)와 분석적인 진리(p.254)의 구별을 의심하지 않았다. 콰인에 따르면 이것이 첫 번째 도그마(독단)이다. 왜냐하면 분석적 진리는 실험이나 관찰 등의 경험에 의해 변경될 수 있어, 모든 진리는 종합적인 진리라고 콰인은 생각했기 때문이다(자연주의 p.255).

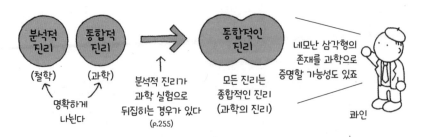

분석적 진리 (철학)　종합적 진리 (과학) → 종합적인 진리

명확하게 나뉜다

분석적 진리가 과학 실험으로 뒤집히는 경우가 있다 (p.255)

모든 진리는 종합적인 진리 (과학의 진리)

네모난 삼각형의 존재를 과학으로 증명할 가능성도 있죠

콰인

영미 철학 ─ 언어 철학과 과학 철학

두 번째 독단은 명제(이론)와 사실(관측 결과)은 1 대 1로 대응된다고 생각하는 점이다. 이론은 다른 많은 이론들로 구성되어 있다. 이론과 관측 결과가 일치했다고 해서 그 이론이 진실이라고 말할 수는 없다(홀리즘 p.253).

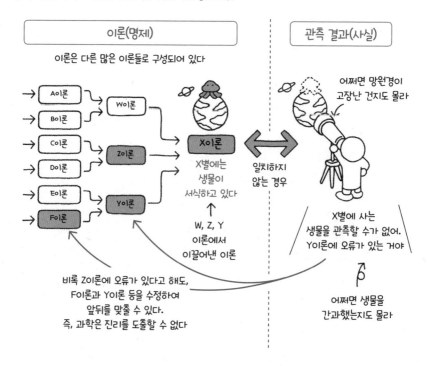

즉, 과학(관측 등의 경험)은 진실을 밝혀낼 수 없다. 그러므로 중요한 것은 이론의 진위가 아니라 그 이론이 인간에게 쓸모가 있는가 없는가라고 콰인은 생각했다(네오프래그머티즘 p.261).

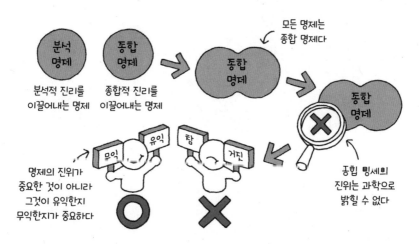

번역의 불확정성

메 모 --- '언어를 다른 언어로 번역하기 위한 매뉴얼은 각기 다른 방법으로,
더구나 그 모든 것이 발화에 대한 경향성의 전체와 양립한다.
하지만 서로에게는 양립하지 않는 방법으로 만들 수 있다'고
《말과 대상》에 언급되어 있다

낯선 곳에서 현지 사람이 토끼를 가리켜 '가봐가이'라고 말하면, 가봐가이란 토끼를 말하는 거라고 생각할 것이다. 그러나 가봐가이는 '토끼 모양'일 수도 있고, '토끼다운' 성질을 가리키는 말일 수도 있다. 또는 '신'을 가리키는 말일 수도 있다.

아무리 자세히 조사해도 결국 가봐가이가 무엇을 가리키는지를 정확히 알 수 없다. 어떤 발음이 무엇을 가리키는지를 확정할 수 없는 것을 콰인은 **지시의 불가측성**이라고 했다.

발음과 지시 대상의 관계에 정답이 없기 때문에 전혀 모르는 언어를 번역하는 경우, 체계가 다른 여러 번역을 할 수가 있다. 올바른 번역이라 확정할 수 없고, 여러 가지로 번역할 수 있는 것을 콰인은 **번역의 불확정성**이라고 했다. 번역의 불확실성은 같은 언어를 말하는 사람끼리도 원리적으로는 변함이 없다. 자신과 타인 사이에서 말이 지시하는 범위가 일치한다고 보증할 수는 없다.

259

콰인 등

네오프래그머티즘

사　례 ----------------------------------- 콰인, 로티, 퍼트남

관　련 ----------------------------------- 프래그머티즘(p.214),
경험주의의 두 도그마(p.256), 반기초주의(p.270)

메　모 -------------------- 로티의 주장을 가리키는 경우가 많다

전자 등의 소립자는 실제로 관측할 수 있는 것이 아니라, 과학자들이 편의상 있다고 생각하는 대상이다. 이러한 대상을 **이론적 대상**이라고 한다.

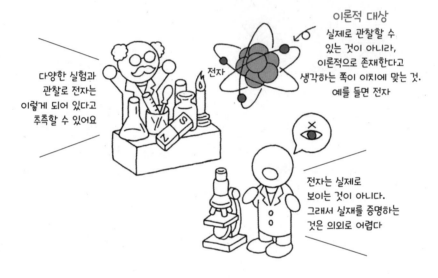

이론적 대상

실제로 관찰할 수 있는 것이 아니라, 이론적으로 존재한다고 생각하는 쪽이 이치에 맞는 것. 예를 들면 전자

전자

다양한 실험과 관찰로 전자는 이렇게 되어 있다고 추측할 수 있어요

전자는 실제로 보이는 것이 아니다. 그래서 실재를 증명하는 것은 의외로 어렵다

이론적 대상이 정말로 실재한다고 생각하는 입장을 과학적 실재론(p.262)이라고 한다. 그러나 콰인의 홀리즘(p.253)에 따르면 이론에 맞지 않는 실험 결과가 나왔을 경우, 어디에 이론의 오류가 있는지를 알 수 없기 때문에 과학적 실재론과는 양립하지 않는다.

이러한 이론의 채택 여부는 유용한지 그렇지 않은지로 결정한다

전자 등의 이론적 대상

상대성 이론 같은 과학의 법칙

$$E = mc^2$$

콰인

경험주의의 두 도그마(p.256)에서 본 대로, 과학은 진리를 밝혀낼 수 없다.

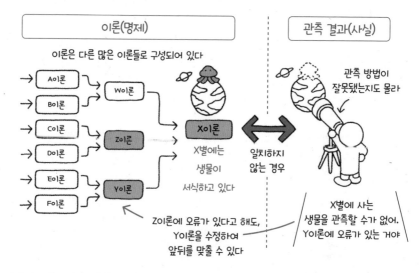

따라서, 이론이나 명제를 선택할지 여부는 그 이론이 시스템 전체에 유용한지 그렇지 않은지에 따라 결정된다고 콰인은 주장한다. 여기서 프래그머티즘의 도구주의(p.223)가 부활한다. 논리실증주의(p.249) 이후 새롭게 탄생한 콰인이나 로티(p.203) 등의 프래그머티즘을 **네오프래그머티즘**이라고 한다.

영미 철학 – 언어 철학과 과학 철학

과학적 실재론 | 반실재론

관　련 ---------------------- 기적 논법 | 비관적 귀납법(p.263)
메　모 ------ 퍼트남은 후에 과학적 실재론을 부정하고 내재적 실재론,
　　　　　　　 심지어 자연적인 실재론으로 주장을 바꿔 갔다

전자나 소립자를 관찰할 수는 없지만, 그것이 있다고 생각하면 실제 관찰할 수 있는 현상을 증명할 수 있다. 과학자에 의해 만들어진 이와 같은 이론상의 대상을 이론적 대상(p.260)이라고 한다.

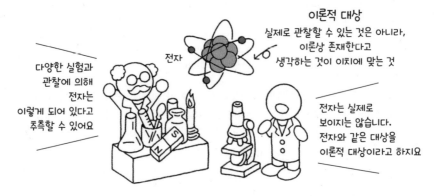

이론적 대상
실제로 관찰할 수 있는 것은 아니라,
이론상 존재한다고
생각하는 것이 이치에 맞는 것

전자

다양한 실험과
관찰에 의해
전자는
이렇게 되어 있다고
추측할 수 있어요

전자는 실제로
보이지는 않습니다.
전자와 같은 대상을
이론적 대상이라고 하지요

이론적 대상을 정말 실재한다고 생각하는 입장을 **과학적 실재론**, 이론적 대상은 실제 현상을 설명하기 위한 편의적인 장치에 지나지 않는다고 생각하는 입장을 **반실재론**이라고 한다.

이언 해킹　전기의 퍼트남

전자나 소립자 등의
이론적 대상은
실재한다!

이론적 대상은
존재하지 않는다!

아인슈타인

과학적 실재론

반실재론은 관념론이 아니기 때문에
세계 그 자체가 존재하지 않는다고
생각하는 것은 아니다. 그래서 이
절벽에서 뛰어 내리거나 하지는 않는다

콰인　　파이어아벤트

반 프라센

반실재론

영미 철학 — 언어 철학과 과학 철학

퍼트남 등

기적 논법 | 비관적 귀납법

관 련 ---------------------- 과학적 실재론 | 반실재론(p.262)
메 모 ---------------------- 순서로서는 기적 논법이 먼저 있고
그 비판으로써 비관적 귀납법이 제출된다

과학적 실재론(p.262)을 부정하는 주장과 반실재론(p.262)을 부정하는 주장을 전자의
존재를 예로 들어 살펴보겠다. 전자는 래리 라우단(1941~)의 **비관적 귀납법**, 후자는 퍼
트남의 **기적 논법**이 유명하다.

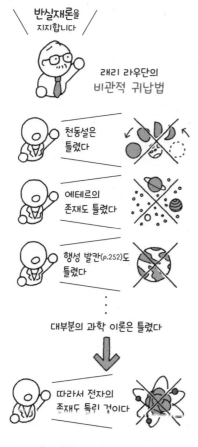

반실재론을 지지합니다

래리 라우단의 **비관적 귀납법**

천동설은 틀렸다

에테르의 존재도 틀렸다

행성 발칸(p.252)도 틀렸다

⋮

대부분의 과학 이론은 틀렸다

따라서 전자의 존재도 틀린 것이다

과학 이론은 귀납법에 근거한다.
따라서 비관적 귀납법의 부정은
과학 그 자체의 부정이 되어 버린다

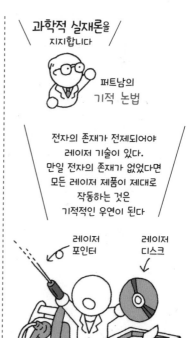

과학적 실재론을 지지합니다

퍼트남의 **기적 논법**

전자의 존재가 전제되어야
레이저 기술이 있다.
만일 전자의 존재가 없었다면
모든 레이저 제품이 제대로
작동하는 것은
기적적인 우연이 된다

레이저 포인터

레이저 디스크

레이저 제ㅁ기

레이저 프린터

상황이 기적인지 아닌지의 두 가지라면,
그렇지 않다고 생각하는 것이 타당하다

▶201

쿤

패러다임

의　미 --- 어떤 한 시대 사람들의 견해나 사고를 지배하고 있는 인식의 체계
문　헌 -------------------- 토마스 쿤의 저서 《과학혁명의 구조》
메　모 ----------------- 좁은 의미로는 과학자 집단이 공유하는
　　　　　　　　　　　　　　　이론적인 틀이나 체계를 말한다

사람들은 과학적 지식이 관찰이나 실험을 거듭하면 점점 진실에 가까워진다고 생각했다. 그러나 쿤은 과학적 지식은 연속적이 아닌 단속적으로 변화한다는 것을 알았다.

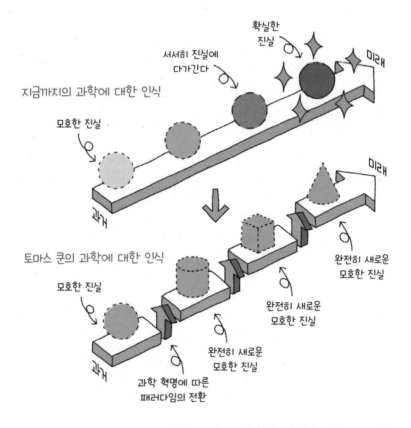

예를 들어 지금까지 정설이었던 천동설이나 뉴턴 역학으로 설명할 수 없는 사실이 속속 발견되자 새로운 학설인 지동설이나 상대성 이론이 과학자들의 지지를 받았다. 그리고 이런 새로운 학설은 지식의 표준으로 전환되었다. 쿤은 한 시대의 사고의 틀을 **'패러다임'**이라고 하고, 이 틀이 전환되는 것을 **'패러다임의 전환(패러다임 시프트)'**이라고 불렀다.

과학이 상대적이라는 생각은 콰인(p.196)의 홀리즘(p.253), 파이어아벤트(p.201)의 지의 아나키즘(p.269), 반실재론(p.262) 등과 맞닿아 있다(신과학 철학 p.267).

신과학 철학

사　례 --------------------------------- 쿤, 파이어아벤트
관　련 ------------------ 패러다임(p.264), 지의 아나키즘(p.268)
메　모 ---------- 신과학 철학 입장을 취하는 쿤과 파이어아벤트는
　　　　　　　　　　　　　모두 1920년대에 태어났다

과학은 패러다임의 변화(p.264)에 의해 변화한다고 쿤은 생각했다.

영미 철학 ― 언어 철학과 과학 철학

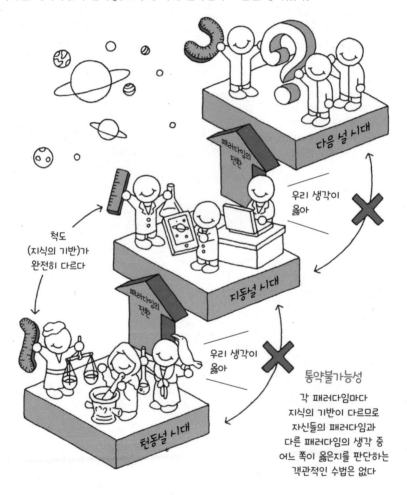

각 패러다임 간에 지식의 기반이 완전히 다르고 서로 공통의 척도를 갖고 있지 않기 때문에 자신들의 패러다임과 다른 패러다임의 생각 중 어떤 것이 더 나은 것인지를 판단하는 객관적인 수법이 없다. 이것을 **통약불가능성**이라고 한다.

현재의 과학과 과거의 과학 중 어느 쪽이 더 나은지 우열을 가릴 합리적인 판단 기준은 없다.

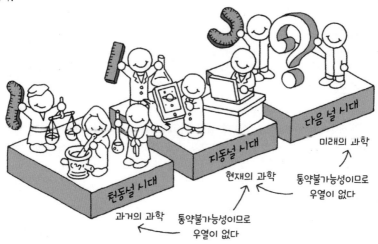

또한 쿤은 패러다임을 각 시대의 사고 틀이라고 파악할 뿐만 아니라 수많은 인류의 생각 중 하나라고 생각한다. 그리고 그것들이 서로 통약불가능성인 이상 최첨단이라 여기는 서양의 과학이 중국이나 인도 등 서양 이외의 사고보다 뛰어나다고 볼 수는 없다.

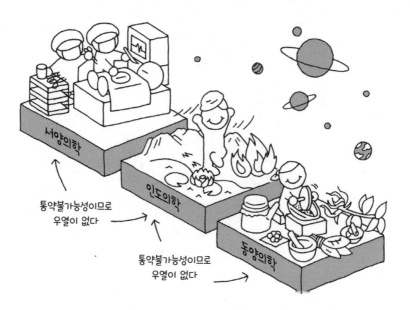

과학을 절대적인 것이라고 받아들인 논리실증주의(p.249)나 비판적 합리주의(p.250)의 과학 철학(p.246)에 대해, 과학을 상대적, 반실재론(p.262)적이라고 받아들이는 쿤이나 파이어아벤트(p.201) 등의 입장을 **신과학 철학**이라고 한다.

파이어아벤트

지(知)의 아나키즘

문　헌 ----------------------- 파이어아벤트 《방법에의 도전》
메　모 ---- 파이어아벤트는 어떤 합리성 기준도 과학의 진보를 보증하지
　　　 않는다고 주장하고, 다양한 전통을 포기하지 않는 것을 긍정적으로 보았다

각 시대의 사고 틀(패러다임 p.264)에 공통 척도가 없어, 서로 통약불가능하게 되면(통약불가능성 p.266), 이를테면 중세의 사고와 현대 과학에 우열을 가릴 합리적인 이유가 없다.

각 패러다임의 지식은
통약불가능하므로
우열이 없다.
과학 지식은 현대의
패러다임을 지닌 사람들이
공유하고 있는
'세계관'에 불과하다

현대의 사고 = 과학

중세의 사고

그렇게 되면 과학과 비과학의 선을 그을 수가 없다. 최첨단이라고 생각했던 서양과학도 많은 '세계관' 중 하나에 불과하다. 또한 만일 서양의 과학과 인도나 중국의 사고에 우열이 있다고 한다면, 그것은 정치 정책, 경제 격차, 교육 내용, 그리고 감정이 요인이라고 파이어아벤트는 생각했다.

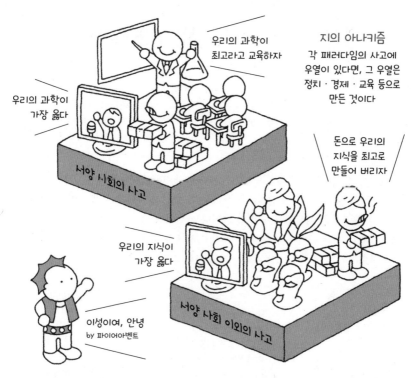

지의 아나키즘

각 패러다임의 사고에
우열이 있다면, 그 우열은
정치 · 경제 · 교육 등으로
만든 것이다

우리의 과학이
최고라고 교육하자

우리의 과학이
가장 옳다

돈으로 우리의
지식을 최고로
만들어 버리자

서양 사회의 사고

우리의 지식이
가장 옳다

서양 사회 이외의 사고

이성이여, 안녕
by 파이어아벤트

과학을 과격하게 상대화해 가는 그의 생각을 **지(知)의 아나키즘**이라고 불렀다. 지의 아나키즘은 '과학은 그 시대의 사회에 영향을 준다'고 하는 **과학사회학**이라는 학문에도 크게 받아들여졌다.

현장의 과학자

앨런 소칼
(p.209)

너무
상대화하는
건 좋지 않아

현장의
과학자들은
지의 아나키즘에
당연히 반발했다

우리는 과학사회학자입니다.
'백인은 우수한 유전자를 갖고 있다'라든가
'유대인들이 주장하고 있는
상대성 이론은 틀렸다'라든가
'여성은 모성 본능을 지니고 있다'
등처럼 사회적으로 만들어진
'과학'을 조사하고 있지요

파이어아벤트   쿤   머튼
      에딘버러 학파   (p.197)

과학은 사회적으로 만들어진다고 주장하는 머튼이나 에딘버러 학파의 과학사회학과,
과학은 상대적인 것이라고 주장하는 쿤이나 파이어아벤트의 신과학 철학의 생각은 가까운 거리에 있었다

로티

반기초주의

문 헌 ----------------------------- 로티 《철학과 자연의 거울》
관 련 --------------- 도구주의(p.222), 네오프래그머티즘(p.260)
메 모 -------------------- 로티는 프래그머티즘(p.215) 중에서도
　　　　　　　　　　　　　　특히 듀이의 생각에 공감한다

어떤 지식을 정당화하기 위해서는 근거가 필요하다. 대부분의 철학자는 지식의 바탕을 이루는 궁극적인 근거야말로 진리라고 생각했다. 그리고 지식의 근거를 영미 철학은 경험에서, 대륙 철학은 이성에서 찾았다. 그러나 아무리 지식의 근거를 찾는다 해도 그 근거에는 전제가 되는 근거가 필요하다. 그리고 전제가 되는 근거에도 또한 전제가 되는 근거가 필요하다. 이러한 **반기초주의**는 결국 **무한 후퇴**에 빠진다고 로티는 말한다.

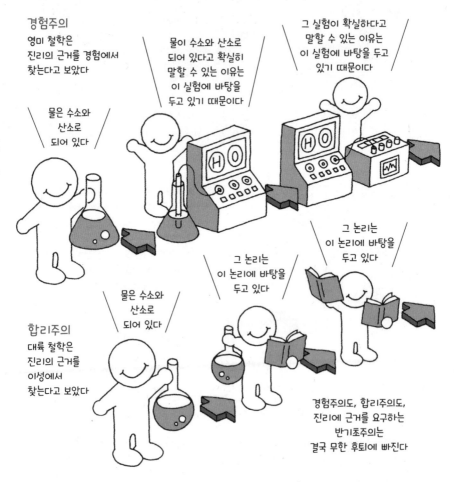

영미 철학 — 언어 철학과 과학 철학

로티는 지식의 바탕을 이루는 궁극적인 진리 따위는 없다고 말한다. 진리는 우리 사회와 분리되어 단독으로 존재하는 것이 아니다. 눈앞에 산적한 문제를 개선하기 위해 우리 모두가 만들어 나가는 이야기가 바로 로티에게는 진리였다.

지식이란 기초를 다지는 것이 아니라 우리가 만들어가는 것이라고 말하는 **반기초주의**는 맥베스 등 21세기의 네오프래그머티즘(p.261)에 인계되었다.

오스틴

언어 행위론

문　　헌 ----------------------------- 오스틴 《언어와 행위》
관　　련 ----------------------------- 분석 철학(p.230)
메　　모 ------------ 오스틴 이후 언어 행위론은 존 설이 체계화했다

언어는 사실을 묘사하기 위한 것이지, 행위와는 무관하다고 생각해왔다. 그러나 일상
언어파(p.231)인 오스틴은 언어를 행위와 결부시켜 생각하는 **언어 행위론**을 전개한다.
그는 먼저 발언을 **사실 확정적(콘스타티브) 발언**과 **행위 수행적(퍼포머티브) 발언**으로
나눈다.

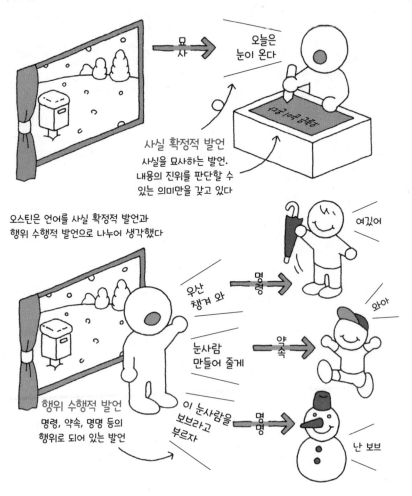

묘사 → 오늘은 눈이 온다

오늘은 눈이 온다

사실 확정적 발언
사실을 묘사하는 발언.
내용의 진위를 판단할 수
있는 의미만을 갖고 있다

오스틴은 언어를 사실 확정적 발언과
행위 수행적 발언으로 나누어 생각했다

우산 챙겨 와 → 명령 → 여깄어

눈사람 만들어 줄게 → 약속 → 와아

행위 수행적 발언
명령, 약속, 명명 등의
행위로 되어 있는 발언

이 눈사람을 보브라고 부르자 → 명명 → 난 보브

그러나 오스틴은 후에 사실 확정과 행위 수행 구분을 할 필요가 없이, 발언은 모두 행위 수행이라고 생각하게 되었다. 발언은 모두 **발화 내 행위**라고 본 것이다.

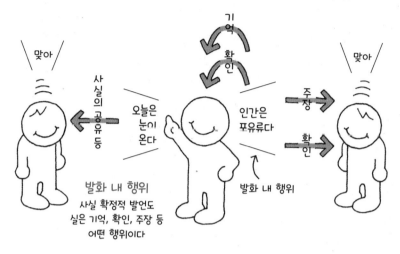

이렇게 해서 분석 철학은 언어의 분석에서 행위의 분석으로 크게 범위를 넓히게 되었다.

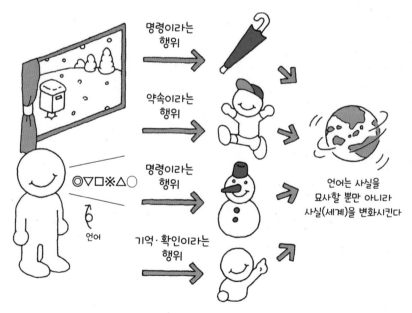

언어는 사실을 묘사할 뿐만 아니라 행위이기 때문에 사실(세계)을 변화시킨다. '말은 세상을 만든다'라는 담론은 비유가 아니다. 오스틴이 언어의 의미보다 행위에 주목한 것은 '인간이 무엇을 아는가'가 아니라 인간은 '무슨 일을 할 수 있는가'를 중요시했기 때문이라고 할 수 있다.

마음의 철학

▶195

마음의 철학

메　모 ----- 마음의 철학은 마음이 무엇인지, 몸과 마음 또는 마음과 뇌는
어떻게 연관되어 있는지를 철학적으로 고찰하는 분야다.
그 때문에 뇌과학이나 인지과학, 진화심리학 등 자연과학과의 관련도 깊다

마음을 과학으로 해명할 수 있을까? 로봇은 마음을 지닐 수 있을까? 마음은 도대체 무엇을 가리키는 것일까? **마음의 철학**은 이런 문제에 도전한다. 데카르트(p.352) 이후 마음의 문제는 철학의 주요 주제였다. 지금은 주로 분석 철학(p.230) 분야에서 논의되고 있다.

마음의 철학의 파트는 데카르트가 마음을 어떻게 파악하고 있었는지를 되돌아보는 일부터 시작해 보자.

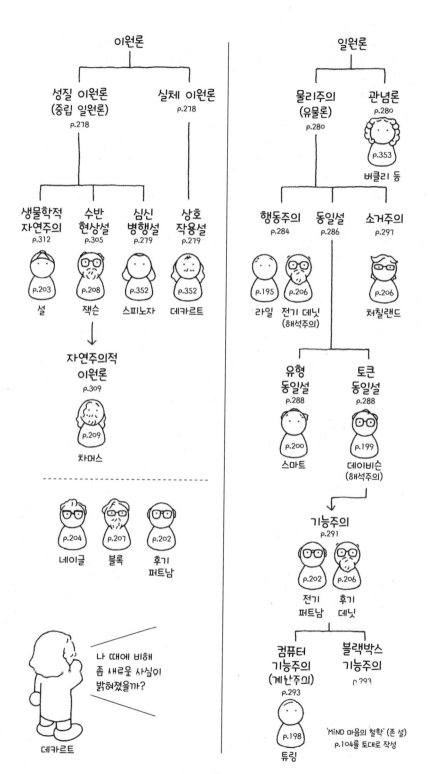

이원론

성질 이원론
(중립 일원론)
p.278

실체 이원론
p.278

생물학적
자연주의
p.312

p.203
설

수반
현상설
p.305

p.208
잭슨

심신
병행설
p.279

p.352
스피노자

상호
작용설
p.279

p.352
데카르트

자연주의적
이원론
p.309

p.209
차머스

p.204
네이글

p.207
블록

p.202
후기
퍼트남

나 때에 비해
좀 새로운 사실이
밝혀졌을까?

데카르트

일원론

물리주의
(유물론)
p.280

관념론
p.280

p.353
버클리 등

행동주의
p.284

동일설
p.286

소거주의
p.297

p.195
라일

p.206
전기 데닛
(해석주의)

p.206
처칠랜드

유형
동일설
p.288

토큰
동일설
p.288

p.200
스마트

p.199
데이비슨
(해석주의)

기능주의
p.291

p.202
전기
퍼트남

p.206
후기
데닛

컴퓨터
기능주의
(계산주의)
p.293

블랙박스
기능주의
p.293

p.198
튜링

'MIND 마음의 철학' (존 설)
p.104를 토대로 작성

영미 철학 ― 마음의 철학

실체 이원론 | 성질 이원론

문　헌 --------------- 데카르트 《방법서설》, 스피노자 《에티카》
관　련 ----- 신이원론(p.361), 영원의 상 아래에서(p.364), 범신론(p.362),
　　　　　　기계 속의 유령(p.282), 데카르트 극장(p.298)

데카르트는 인간이 몸과 마음이라는 두 개의 실체로 이루어져 있다고 보았다. 데카르트에게 마음은 무엇과도 바꿀 수 없는 숭고하고 정신적인 것이었고, 몸은 컵이나 기계와 동일한 물질이었다. 그리고 마음과 몸은 뇌를 통해 연결되어 있다고 그는 생각했다(**실체 이원론**).

아파!　　　　상처를 문지르자!

**데카르트의
실체 이원론**
데카르트의 심신 이원론(p.361)을
심리 철학에서는 실체 이원론이라고 부른다.
마음(의식)과 몸은 전혀 다른 실체로,
뇌를 통해 연락하고
상호 작용을 한다고 보았다

몸이 컵이나 기계와 같은 물질이라면 왜 몸만 마음(의식)과 통할 수 있고, 컵이나 기계는 그것을 할 수 없는 것일까?

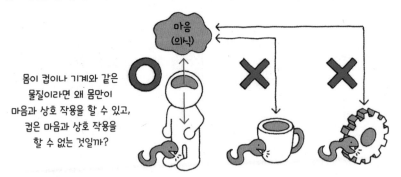

마음
(의식)

몸이 컵이나 기계와 같은
물질이라면 왜 몸만이
마음과 상호 작용을 할 수 있고,
컵은 마음과 상호 작용을
할 수 없는 것일까?

데카르트와 동시대를 살았던 스피노자(p.352)는 이렇게 대답했다. 마음(의식)과 몸은 동일하다. 그러나 물리적 특성과 심리적 특성이라는 두 가지 측면이 있다고 말한다. 스피노자의 철학은 일반적으로 일원론(p.363)이라고 하지만, 마음의 철학에서는 **본질 이원론(중립 일원론)**이라고 한다.

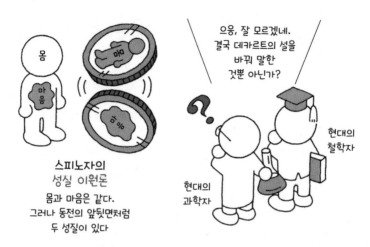

으응, 잘 모르겠네.
결국 데카르트의 설을
바꿔 말한
것뿐 아닌가?

현대의
철학자

현대의
과학자

스피노자의
성질 이원론
몸과 마음은 같다.
그러나 동전의 앞뒷면처럼
두 성질이 있다

스피노자는 우리가 태어나서 죽을 때까지의 행동을 신이 처음부터 정해놓았다(영원의
상 아래에서 p.365)고 생각했다. 즉 내 마음(의식)이 내 몸을 움직이고 있는 것이 아니
다. 원래 그의 설로는 몸과 마음은 동일하다. 만약 내 마음이 내 몸을 움직이고 있다고
생각한다면, 그것은 신이 그렇게 착각하게 만들었을 뿐이라는 것이다.

스피노자의
심신 병행설
마음(의식)과 몸은 동전의 앞뒷면처럼
병행하여 진행되고 있을 뿐이다

몸 → 몸 → 몸 → 몸

마음이 몸을
움직이고 있는
것은 아니다

마음 → 마음 → 마음 → 마음

스피노자의 이러한 성질 이원론을 **(심신) 병행설**이라고 하며, 이에 대한 데카르트의 실
체 이원론은 **(심신) 상호 작용설**이라 불린다.

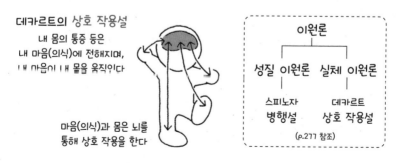

데카르트의 상호 작용설
내 몸의 통증 등은
내 마음(의식)에 전해지며,
내 마음이 내 몸을 움직인다

마음(의식)과 몸은 뇌를
통해 상호 작용을 한다

이원론

성질 이원론   실체 이원론

스피노자   데카르트
병행설   상호 작용설

(p.277 참조)

라일 등

물리주의

의　미 ----------- 마음을 물질적으로 해명할 수 있다고 하는 입장
사　례 ------------------------- 라일, 처칠랜드, 스마트, 데닛
관　련 -- 행동주의(p.284), 동일설(p.286), 기능주의(p.290), 소거주의(p.296)

데카르트(p.352)는 마음(의식)과 몸은 서로 다른 실체라고 생각했다(실체 이원론 p.278). 그러나 이러한 이원론에서는 왜 자신이 의식한대로 손발을 움직일 수 있는지 모른다. 그렇다면 **일원론**이라 불리는 설로 이 의문을 해결할 수 있을까? 일원론은 크게 **관념론**과 **유물론**으로 나뉜다. 마음의 철학에서는 유물론을 **물리주의**라고 한다.

영미 철학 — 마음의 철학

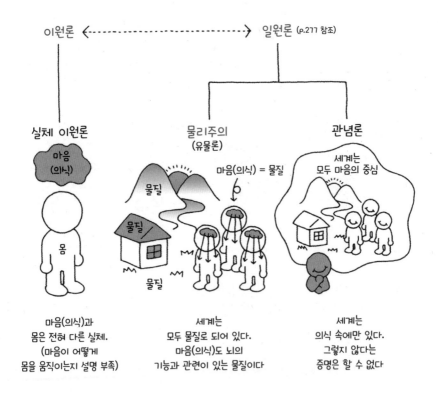

이원론 ⟨·······························⟩ 일원론 (p.277 참조)

실체 이원론

마음 (의식)

몸

마음(의식)과
몸은 전혀 다른 실체.
(마음이 어떻게
몸을 움직이는지 설명 부족)

물리주의
(유물론)

물질

마음(의식) = 물질

물질

물질

세계는
모두 물질로 되어 있다.
마음(의식)도 뇌의
기능과 관련이 있는 물질이다

관념론

세계는
모두 마음의 중심

세계는
의식 속에만 있다.
그렇지 않다는
증명은 할 수 없다

극단적인 관념론에, 세계는 마음속에 있고, 실체라고 할 수 있는 것은 마음(의식)뿐이라고 하는 버클리(p.353)와 같은 생각이 있다. 관념론자에게는 이 책에 무슨 내용이 적혀 있어도 그다지 의미가 없다. 왜냐하면 애초에 이 책은 존재하지 않기 때문이다.

한편, 물리주의는 세계는 모두 물질로 되어 있다는 일반적인 과학의 생각이다. 세계가 물질뿐이라면 마음도 어떤 물질이어야 한다.

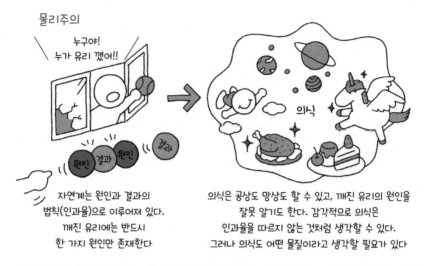

물리주의

누구야!
누가 유리 깼어!!

의식

자연계는 원인과 결과의
법칙(인과율)으로 이루어져 있다.
깨진 유리에는 반드시
한 가지 원인만 존재한다

의식은 공상도 망상도 할 수 있고, 깨진 유리의 원인을
잘못 알기도 한다. 감각적으로 의식은
인과율을 따르지 않는 것처럼 생각할 수 있다.
그러나 의식도 어떤 물질이라고 생각할 필요가 있다

대부분의 물리주의자들은 마음(의식)은 뇌의 기능과 관련이 있고, 마음의 구조는 뇌 과학 연구의 관점에서 물리적으로 해명할 수 있다고 생각한다.

소거주의
(p.297)
처칠랜드

행동주의
(p.284)
라일

뇌의 움직임을 해명하면
마음은 실체가 아니라
물질의 작용이라는 것을
증명할 수 있을 거야!

기능주의
(p.291)
퍼트남

동일설
(p.286)
스마트

물리주의는 현재 표준적인 생각이라고 할 수 있지만, 마음(의식)은 지금의 물리학만으로는 설명할 수 없다는 생각도 당연히 존재한다.

네이글

마음은 물리의 법칙을
따르지 않아.
그러니까 현재의
물리학으로는
해결할 수 없는 거지

퍼트남

으음…

처칠랜드

존 설

차머스

스마트

라일

라일

기계 속의 유령

문　헌 ----------------------------------- 라일 《마음의 개념》
메　모 -------------------- 만화 · 애니메이션 《공각기동대》의
영어 번역 제목 'Ghost in the shell'은 라일의
기계 속의 유령(Ghost in the shell)에서 유래했다

라일은 마음과 몸은 서로 다른 실체라고 하는 데카르트의 실체 이원론(p.278)에 의문을
가진 철학자 중 한 명이다. 기계(물질)인 몸을 마음이라는 유령이 조종한다고 하는 데카
르트의 구도를 라일은 **기계 속의 유령**이라고 경멸적으로 표현했다.

▶195

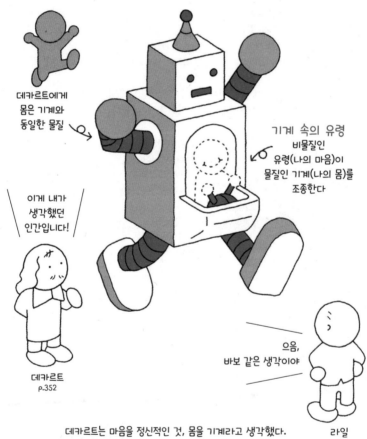

데카르트에게
몸은 기계와
동일한 물질

기계 속의 유령
비물질인
유령(나의 마음)이
물질인 기계(나의 몸)를
조종한다

이게 내가
생각했던
인간입니다!

데카르트
p.352

으음,
바보 같은 생각이야

라일

데카르트는 마음을 정신적인 것, 몸을 기계라고 생각했다.
이 생각을 일반적으로 심신 이원론(p.361)이라고 하는데,
마음의 철학에서는 실체 이원론(p.278)이라고 한다.
라일은 실체 이원론을 '기계 속의 유령'이라는 표현으로 부정했다

영미 철학 – 마음의 철학

라일

카테고리 오류

의 미 ----- 다른 범주의 사물을 동렬에 나란히 관계 짓는 것을 말한다
문 헌 -------------------------------- 라일 《마음의 개념》
관 련 ---------------- 기계 속의 유령(p.282), 행동주의(p.284)

실체 이원론(p.278)은 잘못된 언어 사용법을 바탕으로 한다고 라일은 말한다. 예를 들어 샐러드는 토마토와 양상추 등의 재료가 모인 것이지만, 그 안에 샐러드라는 재료는 들어 가지 않는다. 마찬가지로 마음은 눈물을 흘리거나 웃는 표정을 만드는 등의 신체 행동이 모인 것이라고 라일은 말한다. 샐러드를 토마토 등의 재료와 병렬로 처리하는 **카테고리 오류**를 데카르트는 마음과 행동의 관계에도 적용해 버렸다고 라일은 생각했다.

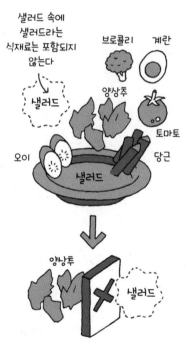

샐러드 속에 샐러드라는 식재료는 포함되지 않는다

브로콜리   계란
양상추
토마토
오이   당근
샐러드

샐러드와 상추는 병렬로 놓을 수 없다. 따라서 양분할 수도 없다

기뻐하는 신체 행동   마음속에 마음은 포함되지 않는다

성실한 발언을 하는 언동   화내는 표정   마음

우는 신체 행동

마음

몸과 마음은 병렬로 놓을 수 없다. 따라서 양분할 수도 없다

카테고리 오류
샐러드라는 명사를 샐러드 요소인 양상추나 토마토 등의
명사와 같은 범주에 넣어 버리는 오류를
데카르트는 마음과 몸(행동)의 관계에서도 저질러 버렸다

라일 등

행동주의

의　미 ------------ 심적인 것은 신체의 행동이라고 생각하는 입장
문　헌 -------------------------------- 라일 《마음의 개념》
관　련 ------------ 기계 속의 유령(p.282), 카테고리 오류(p.283)

카테고리 오류(p.283)에서도 보았듯이, 마음은 울고 웃는 것, 또는 상냥한 행동이나 현명한 행동 같은 신체 행동을 말한다고 라일은 생각했다.

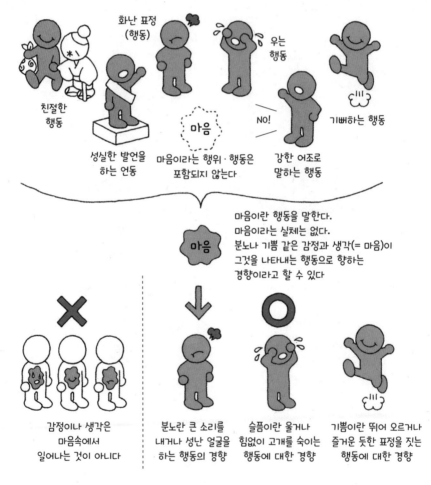

화난 표정
(행동)

우는
행동

친절한
행동

성실한 발언을
하는 언동

마음

마음이라는 행위·행동은
포함되지 않는다

NO!

강한 어조로
말하는 행동

기뻐하는 행동

마음

마음이란 행동을 말한다.
마음이라는 실체는 없다.
분노나 기쁨 같은 감정과 생각(= 마음)이
그것을 나타내는 행동으로 향하는
경향이라고 할 수 있다

감정이나 생각은
마음속에서
일어나는 것이 아니다

분노란 큰 소리를
내거나 성난 얼굴을
하는 행동의 경향

슬픔이란 울거나
힘없이 고개를 숙이는
행동에 대한 경향

기쁨이란 뛰어 오르거나
즐거운 듯한 표정을 짓는
행동에 대한 경향

라일은 희로애락 같은 마음의 상태는 신체 내부에서 일어나는 것이 아니라, 울거나 웃는 등의 신체 행동으로 향하는 **경향성**이라고 주장했다. 이러한 생각을 **행동주의**라고 한다.

영미 철학 ─ 마음의 철학

행동(언동)으로 표면화하는 마음의 상태는 객관적으로 관찰할 수 있다.

행동주의

행동을
관찰하면 마음을
분석할 수 있다

흠흠

그리고 20세기 전반, 쥐의 행동 관찰과 아기의 행동 조사 등으로 마음의 수수께끼를 밝히려고 한 **행동주의 심리학**도 탄생했다. 드디어 마음을 과학적으로 다루는 시대가 도래한 것이다.

행동주의 심리학
20세기 전반,
행동으로 심리를 알려고 하는
실험이나 관찰이 많았다

버허스 스키너
(1904~1990)

존 왓슨
(1878~1958)

또한 라일에 이어 데닛은 하나의 감정이 하나의 언동과 결부되는 것만은 아니라고 생각하고, 행동을 분석하려면 종합적인 해석이 필요하다고 생각했다. 이러한 입장을 **해석주의**라고 한다.

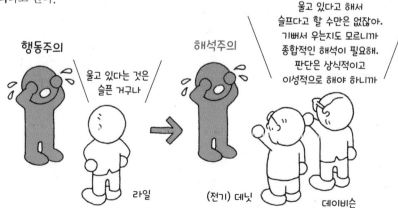

행동주의

울고 있다는 것은
슬픈 거구나

라일

해석주의

(전기) 데닛

울고 있다고 해서
슬프다고 할 수만은 없잖아.
기뻐서 우는지도 모르니까
종합적인 해석이 필요해.
판단은 상식적이고
이성적으로 해야 하니까

데이비슨

스마트

동일설

문　헌 -------------- 심적 상태와 뇌 상태는 동일하다고 하는 입장
관　련 -------------------- 성격 이원론(p.278), 물리주의(p.280)
메　모 ---------------------- 동일성은 성질 이원론(p.278)과
　　　　　　　　　　　　　　 구별하기 어렵다는 결점을 갖고 있다

라일은 말과 행동을 관찰하면 마음을 밝힐 수 있다고 주장했다. 그런데 마음의 움직임을 말과 행동으로 나타내지 않으면 관찰할 수가 없다. 같은 감정에 대해서 누구나 같은 말과 행동을 취하는 것도 아니다.

영미 철학 — 마음의 철학

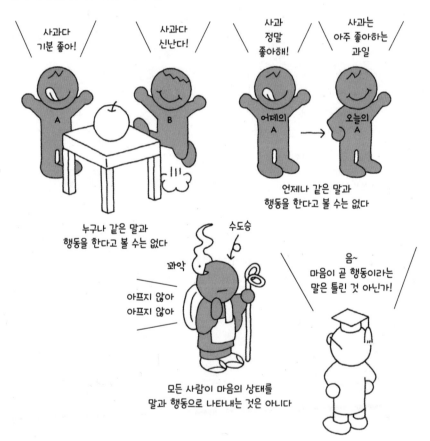

마음은 어떤 물질이지 행동하는 것이 아니라고 생각한 스마트는, 마음과 뇌는 같은 것이라고 주장했다. 마음의 상태란, 뇌의 상태를 말한다는 그의 주장을 **동일설**이라고 한다.

구름이 물 분자와 동일한 것처럼, '아프다'라는 마음의 상태는 어떤 신경세포가 발화한 뇌 상태와 동일한 것이라고 생각한 것이 동일설이다.

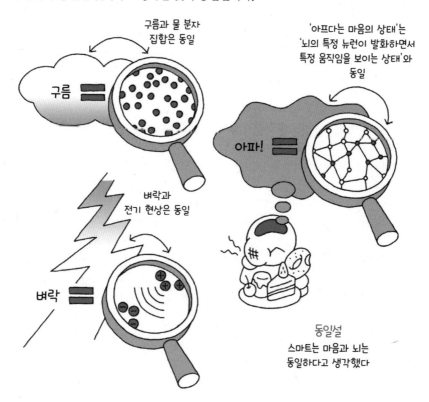

구름과 물 분자
집합은 동일

'아프다는 마음의 상태'는
'뇌의 특정 뉴런이 발화하면서
특정 움직임을 보이는 상태'와
동일

구름

아파!

벼락과
전기 현상은 동일

벼락

동일설
스마트는 마음과 뇌는
동일하다고 생각했다

동일설은 심신 병행설(p.279)과는 다르다. 병행설은 뇌 상태와 마음의 상태를 한 실체의 두 측면으로 파악한다. 이에 반해 동일설은 뇌의 상태와 마음의 상태는 언어 표현이 다를 뿐 완전히 같은 것으로 취급한다.

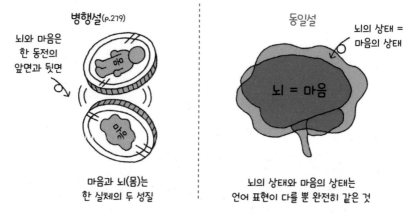

병행설(p.279)

뇌와 마음은
한 동전의
앞면과 뒷면

마음과 뇌(몸)는
한 실체의 두 성질

동일설

뇌의 상태 =
마음의 상태

뇌 = 마음

뇌의 상태와 마음의 상태는
언어 표현이 다를 뿐 완전히 같은 것

데이비는 등

유형 동일설 | 토큰 동일설

관 련 ----------- 물리주의(p.280), 동일설(p.286), 기능주의(p.290)
메 모 ----------- 새벽 동쪽 하늘에 뜨는 금성을 '샛별'이라 부르고
저녁 서쪽 하늘에 뜨는 금성을 '저녁별'이라 부르는 것을
동일설의 비유로 많이 사용한다

'아프다'는 마음의 상태는 어떤 한 신경세포가 발화한 뇌 상태와 같다고 보는 것이 동일설(p.286)이다. '기쁘다고 하는 마음의 상태'는 '기쁠 때의 뇌 상태', '사과를 보고 있을 때의 마음 상태'는 '사과를 보고 있을 때의 뇌 상태'라는 식으로 생각한다.

스마트는 같은 종류의 마음 상태는 항상 같은 종류의 뇌 상태와 동일하다고 생각했다. 이것을 **유형 동일설**(Type Identity Theory)이라고 한다. 그러나 유형 동일설은 뇌의 구조가 인류 모두 동일하지 않으면 성립되지 않는다. 그래서 유형 동일설을 수정한 데이비슨 등의 **토큰 동일설**(Token Identity Theory)이 생겨났다. **유형**은 일반적인 개념, **토큰**은 그 구체적인 개체를 가리킨다.

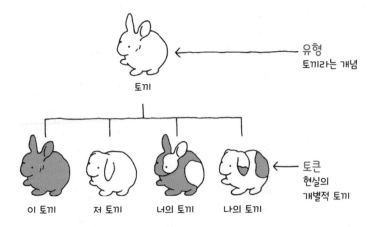

유형
토끼라는 개념

토끼

이 토끼   저 토끼   너의 토끼   나의 토끼

토큰
현실의
개별적 토끼

유형 동일설 ──── 수정 ────▶ 토큰 동일설

같다

X일 때 A가
기뻐하는 뇌 상태

Y일 때 A가
기뻐하는 뇌 상태

다르다

X일 때 A가
기뻐하는 뇌 상태

Y일 때 A가
기뻐하는 뇌 상태

같다

X일 때 A가
기뻐하는 뇌 상태

Y일 때 B가
기뻐하는 뇌 상태

다르다

X일 때 A가
기뻐하는 뇌 상태

Y일 때 B가
기뻐하는 뇌 상태

같다

A가 사과를
봤을 때의 뇌 상태

B가 사과를
봤을 때의 뇌 상태

다르다

A가 사과를
봤을 때의 뇌 상태

B가 사과를
봤을 때의 뇌 상태

유형 동일설은 '아프다'라고 하는 뇌의 상태는 언제든지 누구라도 같은 뇌의 상태라고 생각한다. 이에 반해 토큰 동일설은 A의 아픔은 A의 뇌의 상태이고, B의 아픔은 B의 뇌의 상태인 것처럼 개별적인 마음 상태는 개별 뇌의 상태와 대응한다. 현대 물리주의(p.280)는 모든 토큰 동일설에서 파생했다.

기능주의

의 미 ------- 심적 상태를 어떤 기능으로 정의할 수 있다고 하는 입장
관 련 ---- 토큰 동일설(p.288), 컴퓨터 기능주의 | 블랙박스 기능주의(p.292)
메 모 -------------- 기능주의는 토큰 동일설을 전제로 하고 있다

라일은 마음이란 행동을 말하는 것이라고 생각했다(행동주의 p.284). 그런데 퍼트남은 마음이란 행동 자체를 말하는 것이 아니라 행동의 원인이라고 생각했다.

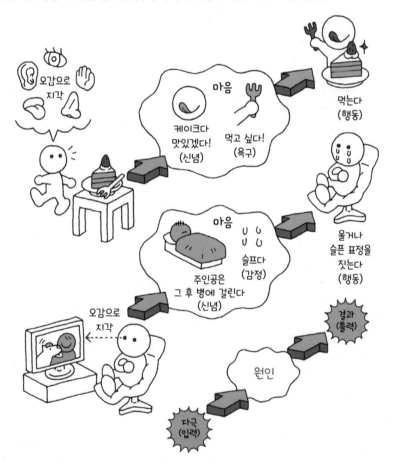

케이크를 보면(오감으로 지각) 마음은 먼저 '맛있을 것 같다'고 하는 신념을 낳고, 먹고 싶은 욕구로 바뀐다. 그리고 그 욕구가 원인이 되어 실제로 먹는 행위를 하는 것이라고 퍼트남은 말한다.

이처럼 행동을 일으키는 기능(일)이 마음이라고 생각하는 입장을 **기능주의**라고 한다. 위장의 기능이 소화인 것처럼 마음의 작용은 행동의 산출이다. 그리고 그 마음을 작동시키는 것이 뇌라고 퍼트남은 생각했다. 마음과 뇌를 컴퓨터의 소프트웨어(프로그램)와 하드웨어 관계로 본 것이다.

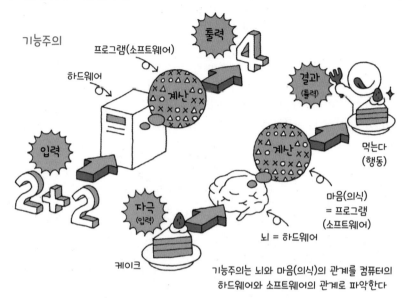

기능주의는 뇌와 마음(의식)의 관계를 컴퓨터의 하드웨어와 소프트웨어의 관계로 파악한다

기능주의는 마음과 뇌는 동일하다고 보는 심뇌 동일설(p.286)을 바탕으로 한 설이다. 그러나 기능주의의 등장으로 동일설은 컴퓨터로 치면 하드웨어와 소프트웨어와 동일하다는 모순된 주장을 하는 꼴이 되어 버렸다. 기능주의는 동일설과 행동주의의 모순을 수정한 설명이라 할 수 있다.

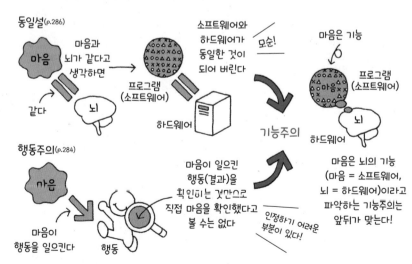

291

▶202

컴퓨터 기능주의
블랙박스 기능주의

문　헌 ---------------------------- 기능주의, 튜링 테스트
메　모 -------------- 존 설은 컴퓨터 기능주의가 상정하는 마음을
　　　　　　　　　　　　　　'강한 인공지능'이라고 불렀다

마음은 컴퓨터로 치면 프로그램(소프트웨어)이며, 자극이라는 입력으로 행동이라고 하는 출력을 이끌어내는 기능이라고 퍼트남은 생각했다. 그리고 마음인 소프트웨어에 대한 하드웨어의 역할이 뇌라고 보았다(기능주의 p.291).

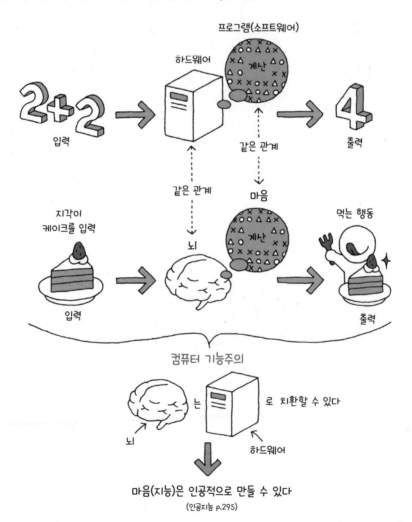

마음(지능)은 인공적으로 만들 수 있다
(인공지능 p.295)

마음을 프로그램에 의해 계산하는 소프트웨어라고 생각하고, 그 소프트웨어를 움직이는 하드웨어인 뇌의 구조를 적극적으로 분석하려는 입장을 **컴퓨터 기능주의(계산주의)**라고 한다. 일반적으로 기능주의라고 하면 컴퓨터 기능주의를 가리킨다.

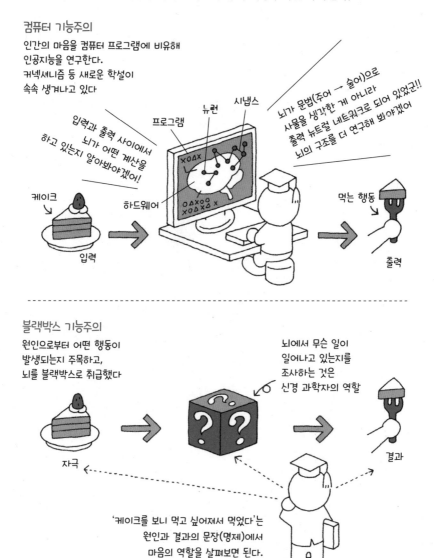

컴퓨터 기능주의

인간의 마음을 컴퓨터 프로그램에 비유해
인공지능을 연구한다.
커넥셔니즘 등 새로운 학설이
속속 생겨나고 있다

입력과 출력 사이에서
뇌가 어떤 계산을
하고 있는지 알아봐야겠어!

프로그램

뉴런

시냅스

뇌가 문법(주어 → 술어)으로
사물을 생각한 게 아니라
출력 뉴트럴 네트워크로 되어 있었군!!
뇌의 구조를 더 연구해 봐야겠어

케이크

하드웨어

입력

먹는 행동

출력

블랙박스 기능주의

원인으로부터 어떤 행동이
발생되는지 주목하고,
뇌를 블랙박스로 취급했다

뇌에서 무슨 일이
일어나고 있는지를
조사하는 것은
신경 과학자의 역할

자극

결과

'케이크를 보니 먹고 싶어져서 먹었다'는
원인과 결과의 문장(명제)에서
마음의 역할을 살펴보면 된다.
뇌 속에서 실제로 무슨 일이 일어났든
철학지의는 관계없다

한편, 자극(원인)으로부터 마음이 어떤 행동(결과)을 일으키는지가 중요하며, 뇌의 기능을 블랙박스로 취급해야 한다고 생각하는 입장을 **블랙박스 기능주의**라고 한다. 그들은 뇌 기능 연구는 신경(뇌) 과학의 영역이며, 철학이 나설 일이 아니라고 생각했다.

튜링

튜링 테스트

문　헌 ------------------------------ 존 설 《MiND 마음의 철학》
관　련 ----------------- 컴퓨터 기능주의(p.292), 중국어 방(p.311)
메　모 ----- 컴퓨터 기능주의에 따르면, 인간의 마음과 튜링 테스트를
　　　　　　　　　통과한 인공지능에 차이가 없게 된다

마음이라는 프로그램(소프트웨어)를 작동시킬 수 있다면 하드웨어인 뇌의 소재가 인간의 세포일 필요는 없다(컴퓨터 기능주의 p.293). 금속이나 플라스틱으로 된 기계로도 가능하다는 것이다.

영미 철학 ― 마음의 철학

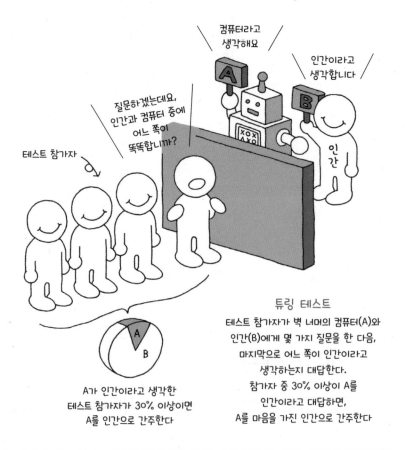

튜링 테스트
테스트 참가자가 벽 너머의 컴퓨터(A)와
인간(B)에게 몇 가지 질문을 한 다음,
마지막으로 어느 쪽이 인간이라고
생각하는지 대답한다.
참가자 중 30% 이상이 A를
인간이라고 대답하면,
A를 마음을 가진 인간으로 간주한다

A가 인간이라고 생각한
테스트 참가자가 30% 이상이면
A를 인간으로 간주한다

벽을 사이에 두고 프로그램화된 컴퓨터에게 몇 가지 질문을 해서, 그것이 컴퓨터라는 것을 알아채지 못했다면 그 컴퓨터는 우리와 같은 마음(지능)을 갖고 있는 것으로 간주해야 한다고 튜링은 주장했다(**튜링 테스트** 또는 **모조 게임**).

현재는 튜링과 같이 컴퓨터가 마음을 가질 수 있다고 생각하는 것을 **강한 인공지능**이라고 하고, 컴퓨터가 마음 연구에 도움을 줄 수는 있지만 마음을 가질 수는 없다고 생각하는 것을 **약한 인공지능**이라고 한다.

우리는
튜링 테스트에
힙격한 인공지능이에요

강한 인공지능을 지지하는 사람들은
이런 생각을 부정한다.
마음이 있는지 없는지
알 수 없는 경우는 '예방 원칙'에
따라 있다고 생각해야 한다

마음을 갖고
있을 리가 없잖아!
계산 능력이
뛰어날 뿐이야!

너희들의
지능은 우리의
마음과 같아!

2014년 6월 7일,
13살 소년으로 가정한
인공지능 유진이 처음으로
튜링 테스트를 통과해
인간으로 인정됐다

이러한 사고방식을
강한 인공지능이라고 한다.
한편, 컴퓨터는 마음의 연구에
도움이 되는 것 뿐이라고
생각하는 것을
약한 인공지능이라고 한다

약한 인공지능
지지자

강한 인공지능
지지자

동물에게
마음이 있을까?

우리는 정밀도가 높은 컴퓨터가 마음을 갖고 있는지 어떤지 알 수 없다. 모른다면 마음을 갖고 있다고 생각해야 한다고 강한 인공지능 지지자들은 말한다. 마음을 갖고 있지 않은 것으로 취급했다가 나중에 마음이 있는 것으로 입증되면 안 되기 때문이다.

터틀랜드 ▶206

소거주의

문　헌 ------- 마음의 상태를 나타내는 '신념' '감정' 같은 철학적 설명을
　　　　　　　과학 언어로 완전히 대체하려는 입장
사　례 ------------------------ 로티, 파이어아벤트, 처칠랜드
관　련 ------------------------------ 물리주의(p.280)

19세기에는 우주가 에테르라는 물질로 채워져 있다고 보았다. 이 이론은 뉴턴 역학으로
입증된 것이었다. 그런데 상대성 이론이 발표되자 뉴턴 역학이 효력을 잃고 에테르의
개념도 없어졌다.

뉴턴 역학에서는 우주가
에테르라는 물질로 채워져
있는 것으로 보았다

에테르

뉴턴 역학

안녕~!　상대성 이론 발표

에테르

뉴턴 역학　상대성 이론

상대성 이론은 뉴턴 역학으로 인해
믿었던 에테르의 존재를 지워 없앴다

마음은 존재한다.
그것은 진짜 상식이다

마음

상식

안녕~!　신경 과학의 진보

마음

상식　신경 과학

신경 과학의 진보는 상식으로 인해
믿었던 마음의 존재를 지워 없앴다

상식적으로 존재한다고 생각하는 마음의 존재도 뇌 과학이 발전하면 에테르처럼 그 개념이 없어진다고 처칠랜드는 말한다. 이와 같은 입장을 **소거주의**라고 한다.

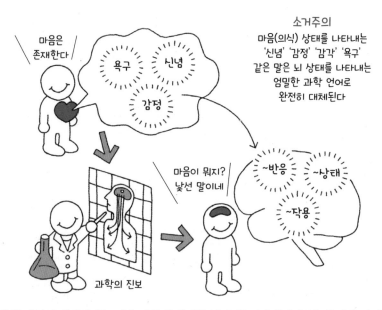

마음의 개념이 사라진다는 것은 마음의 상태를 나타내는 '신념'이나 '감정' 같은 말이 엄밀한 과학 언어로 대체된다는 것을 말한다.

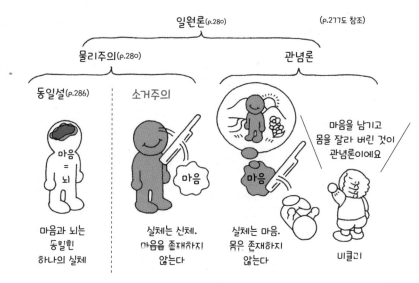

물리주의(p.280)에서 소거주의와 동일설(p.286)의 차이는 동일설은 마음과 뇌는 같다고 생각하는 반면, 소거주의는 마음을 불필요한 개념으로 보고 완전히 잘라낸다는 점에 있다.

데카르트 극장

문　헌 ---------------------------- 데닛 《해명되는 의식》
관　련 --------------- 실체 이원론(p.278), 기계 속의 유령(p.282)
메　모 ------- 데카르트의 라틴어 이름이 레나투스 카르테시우스라서
데카르트 극장을 '카르테시안 극장'이라고도 한다

데카르트는 정신적인 존재인 마음(의식)은 물질인 몸과 별도로 존재한다고 보았다(실체 이원론 p.278). 그러나 물리주의자(물리주의 p.280) 데닛은 마음과 같은 물질 이외의 존재를 받아들일 수가 없었다. 그는 데카르트의 발상을 **데카르트 극장**이라고 부르며 야유했다.

영미 철학 ─ 마음의 철학

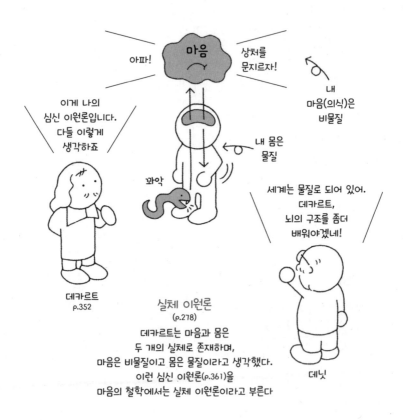

데카르트 극장은 나의 뇌 속에 사는 나라는 소인이 지각으로 얻은 감각이나 감정을 신체 행동으로 연결한다고 하는 구도이다. 그런데 신경 과학은 뇌에는 정보를 하나로 통합하는 중심이 없다고 밝혔다. 뇌의 각 부위가 각 역할을 담당하고 있다는 것이다.

그리고 뇌의 각 부위는 중심을 통하지 않고 네트워크상으로 연결되어 있어, 직접 연락을 주고받으며 신체 행동으로 연결한다. 데닛은 이 시스템을 모방하면 인공지능(p.295)을 만들 수 있다고 생각했다.

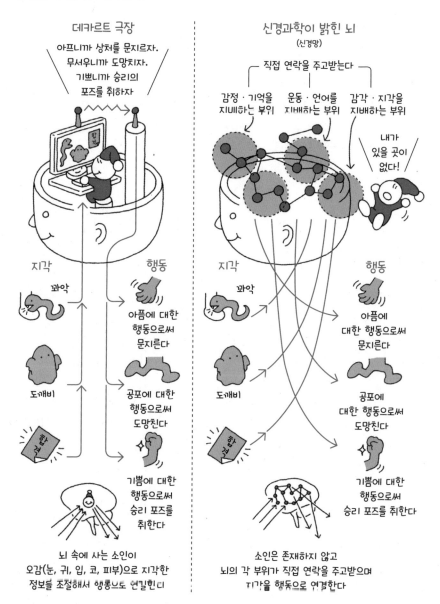

데카르트 극장

아프니까 상처를 문지르자.
무서우니까 도망치자.
기쁘니까 승리의
포즈를 취하자

신경과학이 밝힌 뇌
(신경망)

직접 연락을 주고받는다

감정·기억을   운동·언어를   감각·지각을
지배하는 부위   지배하는 부위   지배하는 부위

내가
있을 곳이
없다!

지각   행동

꽈악

아픔에 대한
행동으로써
문지른다

도깨비

공포에 대한
행동으로써
도망친다

기쁨에 대한
행동으로써
승리 포즈를
취한다

지각   행동

꽈악

아픔에
대한 행동으로써
문지른다

도깨비

공포에
대한 행동으로써
도망친다

기쁨에 대한
행동으로써
승리 포즈를 취한다

뇌 속에 사는 소인이
오감(눈, 귀, 입, 코, 피부)으로 지각한
정보를 조절해서 행동으로 연결한다

소인은 존재하지 않고
뇌의 각 부위가 직접 연락을 주고받으며
지각을 행동으로 연결한다

과학계는 나의 의식이 나의 행동을 결정한다는 것은 착각이며, 의식은 행동 직후에 나타난다는 실험 결과를 발표했다. 인간에게 자유 의지가 있는지 없는지에 대해서는 알려진 것이 없다.

타머스

현상적 의식

▶209

메 모 ---------- 차머스는 의식을 기능적인 의식과 현상적 의식으로
나누어 생각했다. 기능적인 의식이란 생물학적 작용으로서의 의식,
현상적 의식이란 표상(p.301)이나 퀄리아(p.302) 같은 주관적인
체험으로서의 의식을 말한다

물리주의(p.280)자들이나 일반 과학자들은 세계가 물질만으로 되어 있다고 생각한다.
물질에는 반드시 원인과 결과의 법칙(**인과율**)이 성립한다. 자연계에서 일어나는 일에는
반드시 선행하는 원인이 있으며, 한 가지 결과에는 한 가지 원인이 있다.

영미 철학 ― 마음의 철학

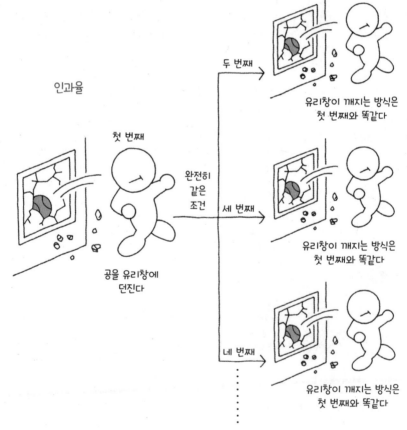

인과율

첫 번째

완전히
같은
조건

공을 유리창에
던진다

두 번째

유리창이 깨지는 방식은
첫 번째와 똑같다

세 번째

유리창이 깨지는 방식은
첫 번째와 똑같다

네 번째

유리창이 깨지는 방식은
첫 번째와 똑같다

조건이 완전히 같다면(같은 속도, 같은 공과 유리, 같은 환경…)
몇 번을 던져도 결과는 같다

그렇다면 마음은 어떨까? 마음의 철학은 마음속에 있는 무언가의 이미지(**표상**)나 맛있다, 눈부시다 같은 주관적인 감각(퀄리아 p.302)을 **현상적 의식**(또는 단순히 의식)이라고 한다. 현상적 의식은 물리 법칙인 인과율을 따르는 것은 아닌 듯하다.

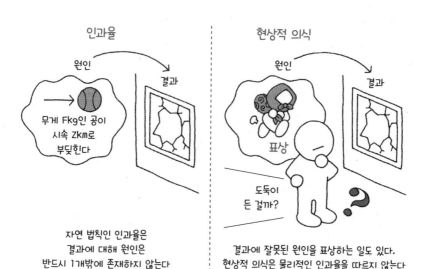

인과율

원인

무게 Fkg인 공이
시속 Zkm로
부딪힌다

결과

자연 법칙인 인과율은
결과에 대해 원인은
반드시 1개밖에 존재하지 않는다

현상적 의식

원인

표상

결과

도둑이
든 걸까?

결과에 잘못된 원인을 표상하는 일도 있다.
현상적 의식은 물리적인 인과율을 따르지 않는다

우리는 세상에 존재하지 않는 가상의 사물이나 우주에 대한 생각을 하는 등 눈앞에 없는 멀리 있는 것도 표상할 수 있다. 인과율을 따를 것 같지 않는 현상적 의식의 문제는 세계가 물질만으로 되어 있지 않다고 생각하는 물리주의에 큰 의문을 던졌다.

세계가 물질만으로
되어 있다면,
현상적 의식은
세상 어디에 있는 거지?

현상적
의식

물질은 현상적 의식을
낳지 않는다

원인이 없어도
존재할 수 있는
표상 같은 현상적 의식은
인과율에
따르지 않는다

물질은 현상적 의식을
낳지 않는데
왜 같은 물질인 뇌는
현상적 의식을 낳는 걸까?

차머스 등

▶209

퀄리아

문   헌 ----------------------------------- 차머스 《의식하는 마음》
관   련 ----------------------------------- 철학적 좀비(p.308)
메   모 ---- 일본에는 뇌 과학자 모기 켄이치로의 저서 《뇌와 퀄리아》가 있다

물리주의(p.280)에 있어 커다란 문제는 표상(p.301)이나 **퀄리아(감각질)** 같은 존재다. 퀄리아(qualia)란 자신이 확실히 체감하는 맛있다거나 아프다거나, 기분 좋다 같은 주관적인 '느낌'을 말한다.

아~ 향기 좋다!

아파!

우와, 눈부셔!

좋은 음악이야!

맛있다!

기분 좋아!

퀄리아(감각질)
마음속에서 일어나는 주관적인 감각을 퀄리아라고 한다.

물리주의 지지자들은 뇌 상태 등으로 마음의 구조나 기능을 물리적으로 설명했다. 그런데 그들은 주관적인 퀄리아의 존재를 완전히 무시했다고 차머스는 지적한다. 마음의 기능을 아무리 객관적으로 설명했다 해도, 내 주관적인 고통이나 즐거움 등을 객관적으로 설명하기는 어렵다. 이러한 설명의 차이를 **설명의 갭**이라고 한다.

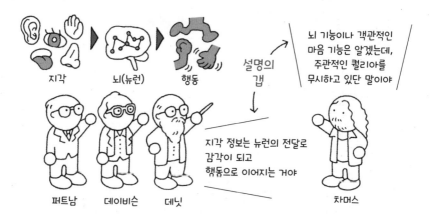

지각   뇌(뉴런)   행동

설명의 갭

뇌 기능이나 객관적인 마음 기능은 알겠는데, 주관적인 퀄리아를 무시하고 있단 말이야

지각 정보는 뉴런의 전달로 감각이 되고 행동으로 이어지는 거야

퍼트남   데이비슨   데닛   차머스

세계는 따지고 보면 입자의 모임인데, 퀄리아는 입자가 없는 것 같다. 퀄리아는 물질 세계의 어디에 위치하는 것일까? 물질인 뇌에서 어떻게 주관적인 퀄리아가 생기는 것일까? 유물론만으로는 설명하기 어려운 이러한 문제를 **의식의 하드 프로블럼**(hard Problem)이라고 한다.

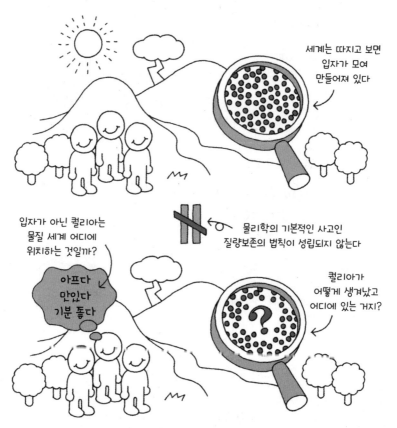

세계는 따지고 보면 입자가 모여 만들어져 있다

입자가 아닌 퀄리아는 물질 세계 어디에 위치하는 것일까?

물리학의 기본적인 사고인 질량보존의 법칙이 성립되지 않는다

아프다 만있다 기분 좋다

퀄리아가 어떻게 생겨났고 어디에 있는 거지?

잭는 등

수반 현상설

MIND ▶208

문　헌 ---------------------------------- 차머스 《의식하는 마음》
관　련 ---------------------------------- 마리의 방(p.306)
메　모 ---------- 수반 현상설에 가까운 입장으로서, 마음은 뇌에서
창발(創發)한다고 생각하는 창발주의(Emergentism)적 유물론이 있다

이원론(p.277 참조) 지지자들은 의식(마음)이 책상이나 의자 같은 물건과는 다르다고 생각했다. 표상(p.301)이나 퀄리아(p.302) 등의 의식은 확실히 실감할 수 있는데다 자연 원칙인 인과율을 따르지 않는 것처럼 생각했기 때문이다.

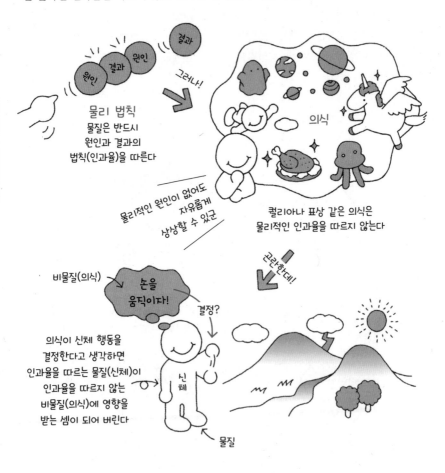

영미 철학 – 마음의 철학

그런데 만일 나의 의식이 나의 몸을 움직인다고 생각하면, 인과율과는 관계없는 비물질이 물질을 움직이는 셈이 되어 버린다.

원칙적으로 물질의 세계는 비물질인 의식의 영향을 받지는 않는다(**인과적으로 닫혀 있다**)고 생각해야 한다.

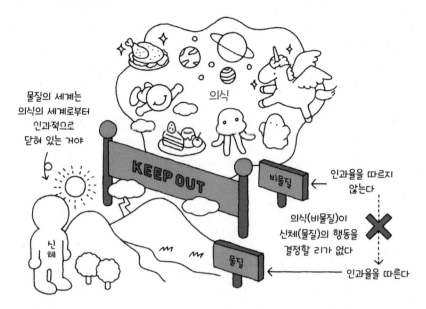

그래서 물리 법칙을 따르지 않는 의식은 분명히 존재하지만, 의식은 물질(신체)에 전혀 영향을 주지 않고 몸과 함께 있을 뿐이라고 하는 **수반 현상설**이 등장한다. 만약 수반 현상설이 옳다면, 의식이 몸을 움직인다는 느낌은 착각이 된다.

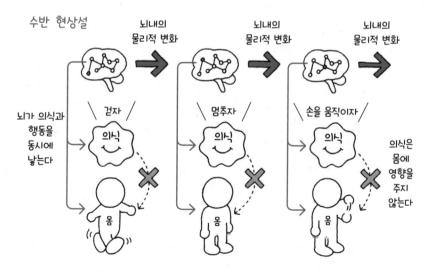

의식은 신체에 수반할 뿐 신체에 영향을 주지는 않는다.
의식이 몸을 움직인다는 느낌은 착각에 불과하다

마리의 방

관 련 ----------------------- 수반 현상설(p.304), 퀼리아(p.302)
튜링 테스트(p.294), 중국어 방(p.311)
메 모 ----------- 마리의 방은 물리주의 중에서도 특히 기능주의를
비판의 대상으로 삼았다

잭슨은 성격 이원론(p.278)의 하나인 수반 현상설(p.305)의 입장에서 **마리의 방**이라고
하는 사고 실험을 제안한다. 이 사고 실험에서 그는 세계가 마음을 포함하여 모두 물질
로 되어 있다고 말하는 물리주의(p.280)를 비판했다.

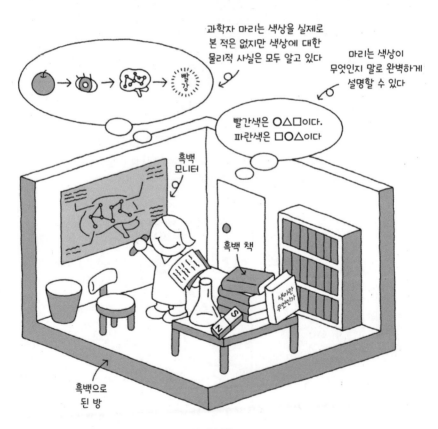

마리의 방
과학자 마리는 색에 대한 물리적 사실은 모두 알고 있다.
그러나 마리는 태어나서 한 번도 흑백으로 된 방을 나온 적이 없고,
흑백 모니터와 흑백 책만으로 색상을 연구했다.
그러니까 실제로 한 번도 색상을 본 적이 없다

그런데 마리가 흑백의 방문을 열고 처음으로 색상을 보았을 때,
그녀는 뭔가 새로운 것을 알까?
만약 안다면 세계는 물질뿐만 아니라 퀄리아가 존재하게 된다

색상을 실제로 본 적이 없어도 색상의 물리적 사실을 모두 알고 있는 과학자 마리는 물리주의 입장에서 보면, 색상을 모두 알고 있는 것이 된다. 마리가 처음으로 빨간색을 보았다면, 빨간색을 봤을 때의 '느낌', 즉 빨간색의 퀄리아(p.302)를 새롭게 알지 않을까?

잭슨은 물리학의 언어만으로는 의식을 설명할 수 없다고 결론지었다.

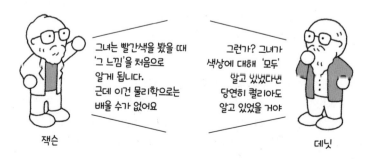

그녀는 빨간색을 봤을 때
'그 느낌'을 처음으로
알게 됩니다.
근데 이건 물리학으로는
배울 수가 없어요

잭슨

그런가? 그녀가
색상에 대해 '모두'
알고 있었다면
당연히 퀄리아도
알고 있었을 거야

데닛

타머스

철학 좀비

의　미 ---------------------------- 외모는 보통 인간과 같지만,
의식(퀄리아)을 전혀 지니고 있지 않은 인간
관　련 ---------------------------- 차머스 《의식하는 마음》
메　모 ---------------------------- 퀄리아(p.302), 마리의 방(p.306)

철학 좀비는 외모도 행동도 우리와 똑같다. 우리와 다른 점이 있다면 그들에게 퀄리아
(p.302), 즉 마음이 없다는 것이다.

만약 철학 좀비가 우리의 생활 속에 섞여 있어도(또는 내가 아닌 모두가 철학 좀비라 해
도) 그들이 좀비라고 것을 절대로 알 수가 없다. 그러나 그들은 분명히 우리와는 뭔가
다르다. 차머스는 철학 좀비와 인간의 차이를 예로 들면서 마음이라는 비물질이 이 세
상에 존재한다고 주장했다. 그리고 인간의 본질은 마음이라고 결론지었다.

차머스

자연주의적 이원론

문　헌 ----------------------------- 차머스 《의식하는 마음》
관　련 ------------------ 수반 현상설(p.304), 철학 좀비(p.308)
메　모 ----- 차머스는 물리주의처럼 마음을 물질로 환원할 수 있다고
생각하지는 않는다

차머스는 지신의 입장을 **자연주의적 이원론**이라고 말한다. 그는 먼저 이원론이라는 입장에서 마음(의식)은 현재의 물리학으로는 설명할 수 없다고 말한다. 그렇다고 물체와 분리된 마음을 정신적 실체라고 파악하는 데카르트의 심신 이원론(p.361)에 동의하는 것도 아니다. 정신이나 영혼 같은 초자연적인 언어가 아니라 자연적(과학적)인 언어로 물질인 뇌에서 왜 의식이 생겼는지를 생각해야 한다고 말한다.

① + ② = 자연주의적 이원론

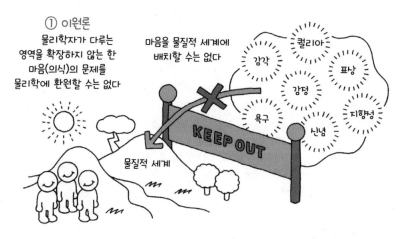

① 이원론
물리학자가 다루는
영역을 확장하지 않는 한
마음(의식)의 문제를
물리학에 환원할 수는 없다

마음을 물질적 세계에
배치할 수는 없다

퀄리아
감각
표상
감정
욕구
지향성
신념

KEEP OUT

물질적 세계

② 자연주의
마음의 문제는
과학적으로 접근해야 한다

마음을 영혼이라든가
정신이라든가 초자연적인
언어로 표현하는 한
논리적으로
설명할 수가 없어요

마음 즉 영혼은
불멸이랍니다

마음이란 정신적인
실체죠

차머스

플라톤

데카르트

블록

▶207

ROEB
NER
PRIZE

중국 인민

관　련 ---- 컴퓨터 기능주의(p.292), 튜링 테스트(p.294), 중국어 방(p.311)

메　모 ---------- 슈퍼빈(supervene)은 '부수적으로 발생한다'는 뜻

블록도 의식의 존재를 무시하고 마음을 물질이라고 생각하는 기능주의(p.291)에 비판적
이다. 특히 인공지능은 가능하다고 생각하는 컴퓨터 기능주의(p.293)에 대해 **중국 인민**
이라는 사고 실험으로 대항한다. 수십억 명의 중국인에게 뉴런의 역할로 릴레이를 하게
해봤자, 거기에서 의식이 생길(※ **슈퍼빈**한다) 리가 없다고 그는 지적했다.

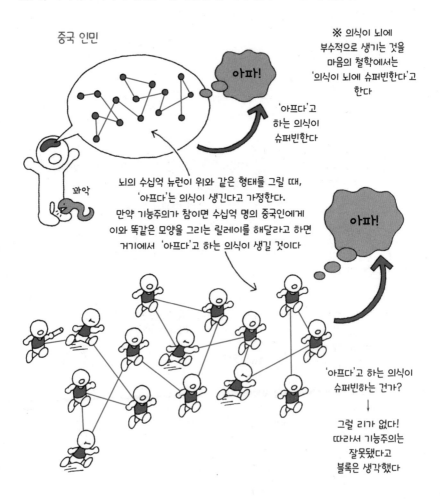

중국 인민

아파!

※ 의식이 뇌에
부수적으로 생기는 것을
마음의 철학에서는
'의식이 뇌에 슈퍼빈한다'고
한다

'아프다'고
하는 의식이
슈퍼빈한다

꽈악

뇌의 수십억 뉴런이 위와 같은 형태를 그릴 때,
'아프다'는 의식이 생긴다고 가정한다.
만약 기능주의가 참이면 수십억 명의 중국인에게
이와 똑같은 모양을 그리는 릴레이를 해달라고 하면
거기에서 '아프다'고 하는 의식이 생길 것이다

아파!

'아프다'고 하는 의식이
슈퍼빈하는 건가?
↓
그럴 리가 없다!
따라서 기능주의는
잘못됐다고
블록은 생각했다

영미 철학 ― 마음의 철학

310

▶203

룬면
불각효

존 닐

중국어 방

문 헌 ----------------- 더글러스 호프스태터, D · C · 데닛 편저
《마인즈 아이 컴퓨터 시대의 '마음'과 '나'(하)》
메 모 ---- 컴퓨터 기능주의(p.292), 튜링 테스트(p.241), 중국 인민(p.310)

영미 철학 ─ 마음의 철학

존 실도 인공지능은 기능히다고 생각하는 컴퓨터 기능주의(p 293)에 대한 비판의 태도를 늦추지 않았다. 그는 **중국어 방**이라는 사고 실험에서 튜닝 테스트(p.294)의 한계를 지적한다. 인공지능은 중국어 방에 있는 영국인 같은 것이며, 자신의 행동을 사고를 통해 이해하려 하지 않는다고 존 설은 결론지었다.

❶과 같이 쓰인 종이에는
❷와 같이 써서 밖으로 내놓으라고
영어 설명서에 적혀 있다

나는 한자를
못 읽어요

영국인

중국어를 이해하지 못하는 영국인이 방안에 있다. 그리고 그에게 '□△○라고 적힌 한자는 ◎×※로 바꿔라'라고 쓰인 영어 설명서를 전달한다.
이 설명서에는 어떤 한자를 어떤 한자로 바꾸면 되는지 모두 적혀 있으나, 한자의 의미는 적혀 있지 않다

중국인이 방에 난 구멍을 통해
한자로 적힌 질문지를 넣는다

A   Q

중국인

중국어 방

밖의 중국인은 방 안에 중국어를
'이해'하는 사람이 있다고 믿는다

의미는 전혀
모르지만
이런 한자는
이 한자로
바꾸면 되겠지

중국인이
안에 있다

A   Q

방 안에 있는
영국인은
한자를 이해하지
못한 채 설명서에
따라 답을 쓴다

▶203

둔면
불각효

톤 닐

생물학적 자연주의

문 헌 ------------------------ 존 설 《MIND 마음의 철학》
메 모 ---- 《MIND 마음의 철학》에는 '생물학적 자연주의는 심적 상태의
생물학적 특징을 강조하는 것이며,
유물론과 이원론을 둘다 거부한다'고 언급되어 있다

존 설은 뇌가 의식을 물리적으로 만들어내는 것은 신경 과학의 관점에서도 분명하다고
말한다. 위장이 소화시키는 것처럼 뇌가 생물학적인 작용으로 의식을 낳는다는 것이다.
존 설은 자신의 입장을 **생물학적 자연주의**라고 불렀다.

영미 철학 ─ 마음의 철학

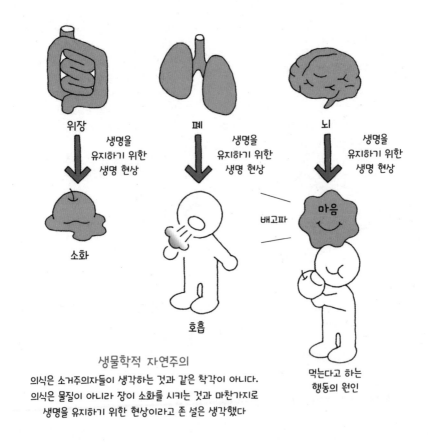

위장 → 소화   생명을 유지하기 위한 생명 현상

폐 → 호흡   생명을 유지하기 위한 생명 현상

배고파

뇌 → 마음   생명을 유지하기 위한 생명 현상

먹는다고 하는
행동의 원인

생물학적 자연주의
의식은 소거주의자들이 생각하는 것과 같은 착각이 아니다.
의식은 물질이 아니라 장이 소화를 시키는 것과 마찬가지로
생명을 유지하기 위한 현상이라고 존 설은 생각했다

의식 문제는 물리학, 그 중에서도 생물학으로 설명할 수 있다고 존 설은 생각한다. 물리
주의(p.280)인 소거주의(p.297) 등과 다른 점은 퀄리아(p.302)나 감정은 착각이 아니라
분명히 존재한다고 생각하는 것이다.

다만, 퀄리아(p.302)나 감정은 주관적인 문제이기 때문에 물리적으로 논하는 것은 불가능하다고 주장한다. 물리학(신경 과학)에서 다루어야 할 '의식'이라는 말과 퀄리아 등 철학적 존재론과 인식론에서 다루어야 할 '의식'이라는 말을 혼동해서는 안 된다고 존 설은 말한다.

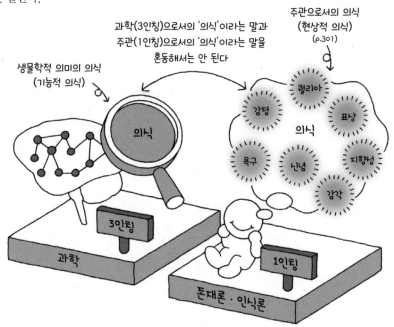

과학(3인칭)으로서의 '의식'이라는 말과
주관(1인칭)으로서의 '의식'이라는 말을
혼동해서는 안 된다

주관으로서의 의식
(현상적 의식)
(p.301)

생물학적 의미의 의식
(기능적 의식)

의식

퀄리아
감정
표상
욕구
신념
지향성
감각

3인칭

과학

1인칭

존재론 · 인식론

존 설은 뇌의 뉴런 상태를 조사해 의식의 수수께끼에 다가가기보다 의식이 있을 때와 무의식일 때 뇌 상태의 차이를 조사하는 것이 유효하다고 보았다. 그 쪽이 퀄리아 등의 주관적인 의식의 존재를 무시하지 않고 과학적으로 접근할 수 있다고 생각하기 때문이다.

존 설은 주관적 의식의 존재를
무시하지 않기 위해 ①의 방법보다
②의 방법을 권장한다

마음의 수수께끼 해명 방법 ①

마음의 수수께끼 해명 방법 ②

차이를 조사한다

개개의 뉴런 연구를 거듭해
의식의 수수께끼에 다가가는
보통의 뇌과학 연구 방법

의식이 있을 때와 무의식일 때의
뇌 상태 차이를 조사하는 방법

네이글

박쥐가 된다는 것은 어떤 것일까?

메 모 ---------- 네이글은 저서 《What Is it Like to Be a Bat?》에
'나는 박쥐에게 있어 박쥐라는 것이 어떤 것인가를 알고 싶다'고 표현해 놓았다

박쥐는 하늘을 날 수 있는데다 먹는 음식도, 생활 습관도 인간과는 전혀 다르다. 그리고
박쥐는 우리와 같은 오감이 아니라 초음파로 세계를 파악한다. 만약 내가 박쥐의 두뇌
와 신체를 가졌다면 어떻게 느낄까?

박쥐가 되었다고
상상해 보자

하늘을 날고 있다!
기분 좋은데…

이런 것이 아니라
지금까지의 기억도
인간으로서의
사고도 없는 박쥐의 뇌로
세상을 보자

네이글은 《**박쥐가 된다는 것은 어떤 것일까?**》라는 저서에서 아무리 물리학이 박쥐의
두뇌와 감각의 구조를 밝힌다고 해도, 박쥐의 주관을 자신이 경험하기는 어렵다고 말
한다.

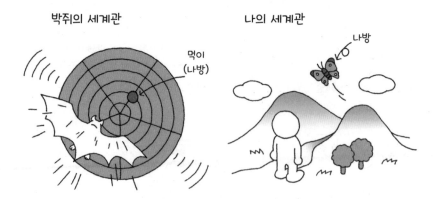

박쥐의 세계관

먹이
(나방)

나의 세계관

나방

박쥐는 레이더로 먹이인 나방을 포착하고, 초음파로 공간을 파악한다.
의식과 사고가 어디까지일지도 모른다.
나는 박쥐의 주관이 될 수 없다고 네이글은 생각했다

영
미
철
학
ㅣ
마
음
의
철
학

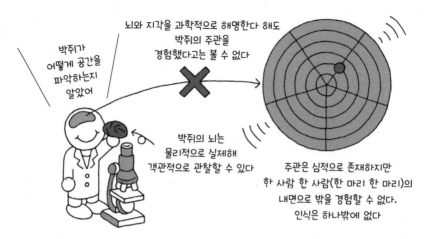

박쥐가
어떻게 공간을
파악하는지
알았어

뇌와 지각을 과학적으로 해명한다 해도
박쥐의 주관을
경험했다고는 볼 수 없다

박쥐의 뇌는
물리적으로 실제해
객관적으로 관찰할 수 있다

주관은 심적으로 존재하지만
한 사람 한 사람(한 마리 한 마리)의
내면으로 밖을 경험할 수 없다.
인식은 하나밖에 없다

왜냐하면 나는 내 머리로밖에 세계를 파악할 수가 없기 때문이다. 이것은 인간과 박쥐 뿐만 아니라 나(1인칭)와 타인(3인칭)과의 관계에서도 마찬가지이다. 그러나 네이글은 '타인이 된다는 것은 어떤 것일까'를 상상하는 것은 우리가 할 수 있는 가장 중요한 행위라고 주장한다.

고양이는 귀엽지 않아

고양이는 귀여워

고양이

나의 주관(1인칭)은 경험도
뇌의 구조도 다른
타인(3인칭)의 주관이 될 수는 없다.
현재 상태에서는 1인칭과 3인칭 문제는
과학의 문제와는 전혀 다르다

과학의 진보

고양이는 귀엽지 않아

고양이는 귀여워

언젠가 과학의 힘으로
타인의 주관을 자신의 주관처럼
파악할 수 있는 날이 올까?

고양이

315

윤리학

▶193

(현대) 윤리학

메　모 ⎯⎯⎯⎯⎯ 메타 윤리학은 도덕 판단을 인지설/비인지설, 실재론/
비실재론 같은 구분으로 분석해간다. 예를 들어 p.319에 있는 직관주의와
자연주의는 비자연적 실재론과 자연적 실재론이라는 형태로 정리된다

현대 **윤리학**은 크게 세 가지로 나눌 수 있다. '선'이나 '악' 등 언어의 의미를 분석적(논리
적)으로 생각하는 **메타 윤리**, 어떤 행위가 도덕적인지, 그 기준을 탐구하는 **규범 윤리**,
그리고 메타 윤리와 규범 윤리를 현대의 개별 문제에 응용하는 **응용 윤리**, 이 세 가지다.

이 윤리학 파트에서는 분석 철학이 다루는 분야인 메타 윤리(**분석적 윤리**)를 중심으로
살펴본다.

❶ 메타 윤리

원래 '선'이란 무엇인가, '악'이란 무엇인가와 같은 언어의 개념을 분석한다.
주로 분석 철학이 다루는 분야로 메타 윤리를 다루는 윤리학을 분석적 윤리학이라고 한다.
일상언어파(p.231)의 무어가 창시했다.

◉ 자연주의
생물학적 진화와 생존 본능에 따른 것을 '선'이라고 하는 등
윤리라는 개념을 과학적으로 설명할 수 있다고 본다

◉ 직관주의(p.320)

◉ 비인지주의(p.325) ──────────── ◉ 정서주의(p.322)

────── ◉ 지령주의(p.324)

무어(p.193)　　　　　　　　에이어(p.197)　　　　헤어(p.199)

❷ 규범 윤리

어떤 행위가 도덕적인지 그 기준을 탐구한다. 일반적으로 윤리라고 하면 규범 윤리를 가리키는 경우가 많다.

◉ 귀결주의 ──────────────── 공리주의(p.372)
옳은 행위인지, 그렇지 않은지는
그 결과로 판단할 수 있다고 본다　　─── 이기주의
　　　　　　　　　　　　　　　　자신의 이익을 극대화하는 것을 선이라고 본다
◉ 의무론
결과가 아니라, 그것이 본질적으로 ─── 복리주의
옳은지 여부를 논한다　　　　　　　　경제가 최대화하는 것을 선이라고 본다

◉ 덕 윤리학 ──────────────── 상황 윤리
실제 행위에 주목하는 것이 아니라　　무엇이 선인지는 정해져 있지 않다. 각 상황에서
내면적으로 선한 인간이란 어떤 인간　사랑을 만들어내는 것을 선이라고 본다
인가를 생각한다. 아리스토텔레스의
윤리학에 기원을 두고 있다 ────── 정언명법(p.369)

──── 리버럴리즘(p.326)

❸ 응용 윤리

메타 윤리와 규범 윤리를 현대의 여러 실천적인 문제에 응용한다.

◉ 생명 윤리(p.330)

◉ 환경 윤리(p.330)
기타 IT 환경의 윤리를 묻는 정보 윤리, 경영상의 윤리를 묻는 기업 윤리 등이 있다

직관주의

문 헌 ----------------------------------- 무어 《윤리학 원리》

메 모 ------- 《윤리학 원리》에는 '만약 내가 선이란 무엇인가라고 묻는다면
내 대답은 선이란 선이며, 그것으로 끝이다'라고 언급되어 있다

벤담(p.353)이나 밀(p.353)은 '좋다'를 '유쾌하다'라는 말로 다시 정의했다. 이렇게 함으로써 쾌락 계산(p.373)이 가능하게 되어, '좋다'라고 하는 질을 수량화하는 데 성공했다. 이로써 '좋다'라는 막연한 도덕적 가치에 대해 객관적인 논의를 할 수 있게 되었다(공리주의 p.372).

'좋다'고 하는 막연한
질적 문제를 '유쾌하다'라는
말로 다시 정의하면…

쾌락 계산!

'좋다'고 하는 막연한 질적
문제를 객관적인 수량으로
바꿀 수 있었다
(쾌락 계산 p.373)

나도
그 속에
넣어줘

벤담과 밀이
생각한 공리주의(p.372)

윤리학을 객관적인
학문으로 분류

드디어…

윤리를 마치
과학처럼
객관적으로
분석할 수 있다

식물은 광합성을 한다고 하는
자연 과학의 사실

사람을 돕는 것은 좋은 일이라고
하는 윤리·도덕의 '사실'

그러나 일상언어파(p.231)인 무어는 '좋다'와 '유쾌하다'가 같은지 아닌지에 대해서는 **미해결 문제**여서 동일한 것으로 정의할 수는 없다고 말한다.

영미 철학 — 윤리학

자연주의적 오류
과학적인 사실과
도덕적인 사실을 혼동하는 것

'좋다'와 '유쾌하다'가
같다고 누가 정한 거야.
그건 아직 해결되지
않은 문제라고!

도덕과 윤리는
과학처럼
수량화할 수 없어!

선악처럼 도덕을 자연과학적 사실과 마찬가지로 분석하는 것은 실수라고 무어는 생각하고, 이 같은 실수를 **자연주의적 오류**라고 불렀다.

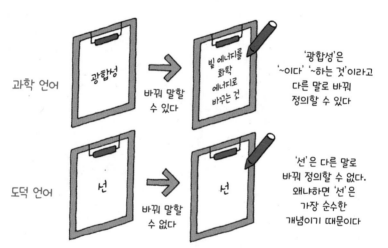

과학 언어

광합성

바꿔 말할
수 있다

빛 에너지를
화학
에너지로
바꾸는 건

'광합성'은
'~이다' '~하는 것'이라고
다른 말로 바꿔
정의할 수 있다

도덕 언어

선

바꿔 말할
수 없다

선

'선'은 다른 말로
바꿔 정의할 수 없다.
왜냐하면 '선'은
가장 순수한
개념이기 때문이다

무어 자신은 '선'은 가장 순수한 개념이므로 더 이상 분석·분해할 수 없고, 다른 말('좋다' '유쾌하다' 등)로 대체할 수 없다고 생각했다. 그리고 '선'은 물질이 아니기 때문에 우리의 직관으로밖에 파악할 수 없다고 보았다. '인간의 직관으로밖에 파악할 수 없는 것', 그것이 무어에게는 도덕의 본질이다. 이것을 **직관주의**라고 한다.

도덕이
어디에 있을까?

직관주의
도덕은 자연 속에
있는 것이 아니다.
도덕은 직관으로밖에
파악할 수 없다

도덕

321

정동주의

문　헌 ---------------------------------- 에이어 《언어 · 진리 · 논리》
관　련 ------------------- 논리실증주의(p.248), 비인지주의(p.325)
메　모 ---------- 논리실증주의 입장에서 보면 '좋다' '나쁘다'와 같은
　　　　　　　　　가치 판단은 객관적으로 검증할 수 없는 개인적인 심리 진술이다

에이어는 논리실증주의(p.249)의 입장에서 윤리를 고찰했다. 그는 '식물은 광합성을 한다'는 주장은 사실이지만, 입증할 수 없는 '살인이 잘못됐다'라는 주장의 진위를 논리적으로 정할 수는 없다고 보았다. 세상에 식물이 광합성을 한다는 '사실'은 있지만, 살인은 잘못됐다는 '사실'은 없기 때문이다.

영미 철학 ― 윤리학

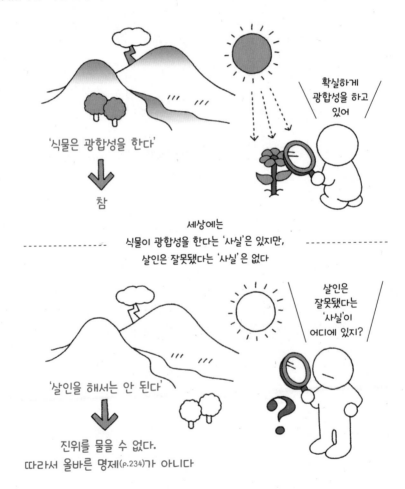

도덕은 '사실'이 아니라 정동(情動)에 입각한 것이라고 에이어는 말한다. 우리는 단지 '살인이 좋지 않다'고 생각하는 것뿐이다. 이런 생각을 **정동주의**(情動主義)라고 한다. 도덕은 '사실'이 아니기 때문에 '도덕 지식'이라는 것도 존재하지 않는다.

정동주의

도덕은 사실이 아니라 그 도덕을 주장한 사람의 정동에 입각한 것이다

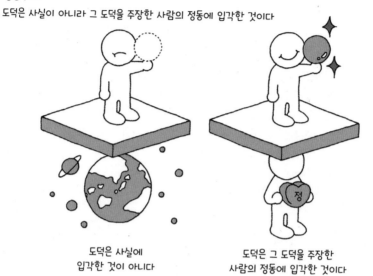

도덕은 사실에
입각한 것이 아니다

도덕은 그 도덕을 주장한
사람의 정동에 입각한 것이다

에이어는 실증에 의해 진위를 물을 수 없는 '살인은 잘못됐다'는 문장은 올바르게 언어를 사용한 것이 아니라고 말한다. 그러나 '나는 살인에는 반대한다', '나는 살인이 싫다'고 한다면 올바르게 언어를 사용한 것이라고 보았다.

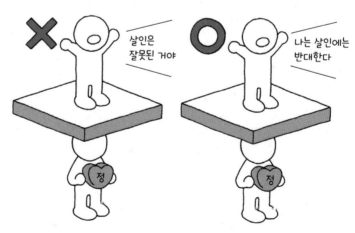

'살인은 잘못됐다'가 아니라 '나는 살인에 반대한다'
또는
'나는 살인이 싫다'고 해야 언어를 바르게 사용한 문장이다

영미 철학 ― 윤리학

헤어

지령주의

문　헌 -- 리처드 헤어 《도덕적 사유》
관　련 -- 비인지주의(p.325)
메　모 ---- 리처드 헤어는 지령주의라는 메타 윤리학의 입장을 취하면서
　　　　　　규범 윤리학에 대해서는 공리주의를 지지했다

리처드 헤어도 '식물은 광합성을 한다'는 과학적인 문장과 '살인을 해서는 안 된다'는 도덕적 말의 차이를 고찰했다. 그는 '식물은 광합성을 한다'는 말은 우리에게 일정한 행위를 강요하지 않는다고 보았다. 그러나 '살인은 잘못됐다'는 말은 주장하는 사람이 모든 사람에게 살인을 해서는 안 된다고 지령을 내린다. 이처럼 도덕 언어를 지령이라고 여기는 것을 **지령주의**라고 한다.

도덕적인 말을 하는 것은 그럴 생각이 없어도 모두에게 "그렇게 하라"고 강요하는 것과 같다. 따라서 도덕적인 말을 할 때는 신중할 필요가 있다.

헤어 등

비인지주의

문 헌 ------------------------------ 헤어 《도덕적 사유》
관 련 ------------------------ 정동주의(p.322), 지령주의(p.324)
대의어 ------------------------------------- 인지주의
메 모 -------------------------------- 자연주의는 인지주의다

세계에는 '사실'이 존재하며, 과학은 '사실'에 대한 지식의 탐구이다. 에이어의 정동주의
(p.323)와 헤어의 지령주의(p.324)의 공통된 생각은, 도덕은 '사실'이 아니기 때문에 도
덕의 지식이란 것은 존재하지 않는다. 이것을 **비인지주의**라고 한다. 비인지주의자들에
게 도덕은 과학과 같은 사실에 대한 지식이 아니라 뭔가 다른 것이었다.

과학이란…

세상에 있는
사실을 알고
지식을 늘리자

과학은 세상에 있는 사실에 대한 지식의 탐구

도덕·윤리란…

도덕은 '사실'이 아니다.
그러니까 도덕 지식이라는
것도 존재할 수 없다

도덕은
정동이다

정

신념

도덕은
지령이다

에이어   헤어

비인지주의
도덕에 관한 주장은 진위를
판단할 수 없다고 생각했다

메타 윤리(p.318)가 아니라
규범 윤리(p.318)에 속하는
리버럴리즘(p.326) 입장에서
윤리를 탐구하려고 했다

윤리에 대한 언어를
분석하는 것도 중요하지만
윤리적으로 무엇을
할 것인가를 생각하자

롤스

리버럴리즘

메 모 --------- 단순히 '자유주의'라고 번역하면 오해하기 쉬우므로
주의해야 한다. 현대 미국에서는 부의 재분배를 통해 경제적 약자를 구제하고
복지 국가 정책을 지지하는 입장을 리버럴리즘이라고 부른다

▶200

롤스

리버럴리즘을 주장하는 롤스는 메타 윤리(p.318)보다도 윤리의 내용에 대해 논하는 규범 윤리(p.318)를 중요시했다. 그는 사회 전체의 행복을 위해 누군가가 희생되어도 어쩔 수 없다는 규범 윤리가 주류를 이루는 공리주의(p.372)의 약점을 극복하려고 했다. 그는 먼저 자신이 처한 입장을 모르는 것을 전제로 하는 **'무지의 베일'**을 쓴 상태에서 어떤 사회를 만들면 좋을지 생각해야 한다고 주장했다.

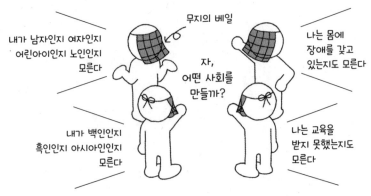

무지의 베일

내가 남자인지 여자인지
어린아이인지 노인인지
모른다

자,
어떤 사회를
만들까?

나는 몸에
장애를 갖고
있는지도 모른다

내가 백인인지
흑인인지 아시아인인지
모른다

나는 교육을
받지 못했는지도
모른다

자신이 어떤 입장인지 모르는 것이 전제가 되는 무지의 베일을 쓰고
모두가 자부심을 가질 수 있는 사회를 만들기 위해 논의해 보자!

이렇게 함으로써 롤스는 사회 정의를 위한 세 가지 원리를 도출할 수 있다고 생각했다. 그 첫 번째가 **기본적 자유의 원리**다. 개인의 자유는 원칙적으로 보장돼야 한다.

❶ 기본적 자유의 원리

양심과 사상,
언론의 자유가
보장돼야 한다

두 번째는 **기회 균등의 원리**이다. 비록 경제적인 격차가 생기더라도 공정하게 경쟁할
기회는 평등하게 부여돼야 한다.

❷ 기회 균등의 원리

비록 격차가 생기더라도
경쟁의 자유는 보장돼야 한다

그러나 몸이 불편하거나 차별받는 입장이거나 불우한 상황이라면 자유 경쟁에 참여할
수 있을까? 롤스는 가장 불우한 사람들의 생활을 개선하기 위해서는 경쟁으로 인해 생
기는 격차를 조정해야 한다는 **'격차 원리'**를 마지막으로 제시했다.

❸ 격차 원리

함께 부의
분배 방법을
생각해 보자

경쟁으로
격차가 생긴 부

부의 조정

가장 불우한 사람들의 생활을 개선하기 위해서는
경쟁으로 인해 생긴 격차를 조정해야 한다

동물의 권리

▶208

문　헌 ----------------------- 싱어 《동물 해방》, 《실천 윤리학》
메　모 ------- 《실천 윤리학》에는 '어떤 존재가 고통을 느끼고 있는데,
그 고통을 배려하지 않는 것은
도덕의 입장에서는 용서할 수 없다'고 적혀 있다

두려움을 느낀 쥐가 어떤 행동을 취하는지 알아보는 동물 실험이 있다고 가정해 보자. 이 경우 쥐가 인간과 같은 감정을 갖고 있다고 가정하지 않으면 이 실험을 할 의미가 없다. 우리에게 보다 가까운 영장류를 사용하면 더욱 유효한 동물 실험을 할 수 있다. 이러한 실험을 윤리적으로 허용할 것인가가 문제시된다.

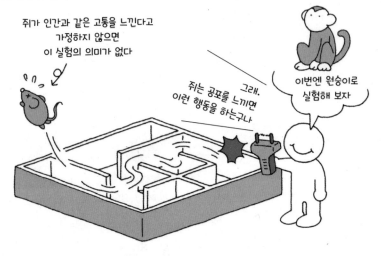

싱어는 이 문제에 규범 윤리(p.318)인 공리주의(p.372)를 적용한다. '생물의 불필요한 고통을 최소화하면 세계 속에 있는 고통은 최소가 되고, 세계는 더 나은 장소가 된다'는 것이다. 이와 같이 실제 문제에 메타 윤리(p.318)나 규범 윤리를 적용하는 것이 응용 윤리이다.

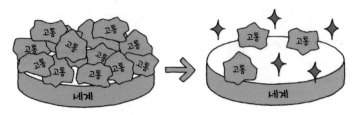

세계의 고통을 최소화하면 세계는 더 나은 장소가 된다
(최대 다수의 최대 행복 p.374)

영미 철학 ─ 윤리학

싱어는 인간이라는 종이 다른 **동물의 권리**에 대해 특권이라고 생각하는 것을 **종 차별**이라고 보았다. 그것은 자신이 백인이기 때문에 백인이 가장 훌륭하다고 생각하는 것과 다름이 없다.

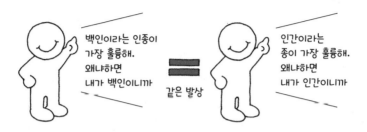

백인이라는 인종이 가장 훌륭해. 왜냐하면 내가 백인이니까

같은 발상

인간이라는 종이 가장 훌륭해. 왜냐하면 내가 인간이니까

인간의 작은 쾌락을 위해 식용이나 의료 목적도 아니면서, 동물의 살 권리를 침해해서는 안 된다고 싱어는 말한다. 그는 동물 실험, 취미 사냥, 공장 축산 등의 폐지를 호소했다.

통닭구이용 영계

더 이상 못 먹겠어!

거물 발견!

먹는 건 다음 문제. 우선 죽이는 것 자체가 목적

이 화장품의 안정성을 토끼를 가지고 확인해 보자

음, 역시 이 다이어트 약을 계속 먹인 원숭이가 날씬하구나!

싱어는 동물에게 불필요한 고통을 주어서는 안 된다고 생각했다

▶208

생명 윤리 | 환경 윤리

메 모 ------ 응용 윤리에는 이 밖에 IT 환경의 윤리를 묻는 정보 윤리,
보도와 언론의 자유를 묻는 보도 윤리,
경영상의 윤리를 묻는 기업 윤리 등이 있다

대표적인 응용 윤리(p.318)에는 **환경 윤리**와 **생명 윤리**가 있다. 우리는 '인간', '가족', '자유', '생명' 등의 개념을 보편적이라고 생각해왔다. 하지만 유전자 기술과 의료 기술 등의 진보로 이러한 개념도 바뀌고 있다.

유전자 조작

복제 기술로 인간을 만들어낼 수 있게 되었다. 아이를 갖고 싶어도 갖지 못하는 부부나 아이를 사고 또는 질병으로 잃은 부부의 문제를 해결할 수 있게 된 셈이다.
그런데 이것은 윤리적으로 옳은가?

부모와 똑같은 유전자 조직을 지닌 아이를 만들어 낼 수 있다

난 복제 인간

복제 인간과 복제가 아닌 인간의 차이는 뭘까?

태아 진단

출산 전에 태아의 이상을 알 수 있게 되었다. 인간이 인간을 의도적으로 선택해도 될까?

인공지능·인공 장기

인공 인체를 지닌 사이보그와 인공지능으로 감정을 지니게 된 안드로이드, 이 둘의 차이점은?

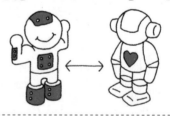

존엄사·뇌사

의료 기술의 발전으로 인간의 생명을 연장할 수 있게 되었다. 마지막 순간을 어떻게 맞이해야 할까? 또한 뇌사라는 새로운 기준이 생겼다. 대체 죽음의 개념이 뭘까?

자연의 생존권

인간의 작은 즐거움을 위해 생물의 '삶'이라고 하는 큰 권리를 침해해도 될까?
→ 동물의 권리 p.329

맞춤아기·인공 수정

수정란 단계에서 유전자를 조작하거나
우수한 정자를 인터넷에서 구입해 의도적으로
우수한 아이를 만들 수 있다. 우수한 아이란
'지금의 환경'에 적합한 아이를 말한다.
만약 환경이 바뀌어 '지금의 환경'이 없어진다면?

장기 이식

장기 이식도 할 수 있게 되었다.
이것은 사람이 사람에게 할 수 있는
숭고한 행위일까? 아니면 사람의 몸을
교체 가능한 물건으로 보는 비인간적
행위일까? 자신의 몸은 자신의 것이니까
장기를 마음대로 팔아도 될까?

대리모 출산

아이를 갖지 못하는 부모라도 대리 출산을 통해
아이를 가질 수 있게 되었다.
태어난 아이는 최대 5명의 부모를 갖게 된다.
'가족'의 개념을 재고해볼 필요가 있을까?

길러준 부모

난 부모가
다섯 명이나 돼

유전자상의 부모　　아이

낳아준 부모

세대 간 윤리·지구 유한주의

더워 죽을 것 같지만
에어컨은 '약'으로
틀어 두자

우리에게 자연을
남겨줘서
고마워!

유한한 지구 환경을 지키기 위해
우리는 자유를 제한해야 한다.
이제 자유를 추구하는 시대는 끝난 걸까?
아니면 아직 우리가 모르는
자유가 어딘가에 있는 걸까?

현대인　　　　　　　　　　미래인

형이상학

▶202

(현대) 형이상학

메 모 -------- 현대 형이상학의 입문서로는 얼 코니, 테어도르 사이더
《형이상학 강의 – 존재 · 시간 · 자유를 둘러싼 철학 가이드》,
아키바 다케시, 구라타 츠요시, 스즈키 이쿠로, 다니카와 타쿠
《현대 철학 – 분석 철학이 묻는 사람 · 인과 · 존재의 수수께끼》가 있다

'시간이란 무엇인가?' '무엇을 가지고 자신이라 할 것인가?' '인간에게 자유 의지가 존재
하는가?' 등의 주제는 오래전부터 형이상학(실제로 보거나 들을 수 없는 것을 고찰하는
학문)의 단골 메뉴였다. 현대 영미 철학은 분석 철학 수법(실험이 아닌 사고에 의한 논
리)을 사용하여 이러한 주제에 도전하고 있다. 20세기 이후의 분석적인 형이상학을 **분
석적 형이상학(현대 형이상학)**이라고 한다.

분석적 형이상학의 주요 테마

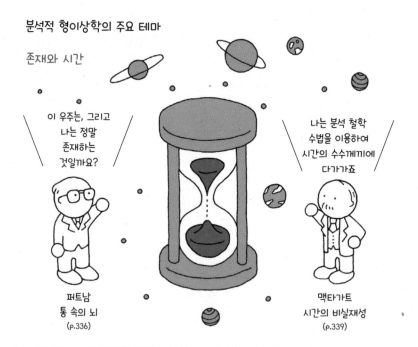

존재와 시간

이 우주는, 그리고
나는 정말
존재하는
것일까요?

나는 분석 철학
수법을 이용하여
시간의 수수께끼에
다가가죠

퍼트남
통 속의 뇌
(p.336)

맥타가트
시간의 비실재성
(p.339)

형이상학(메타 = 피지카)

자연학을 뛰어넘는 학문을 말한다. '사슴 뿔은 무엇으로 되어 있고, 어떤 역할을 하는가?'를 알아
보는 것이 자연학이라면, 형이상학은 '뿔이란 무엇인가? 뿔은 왜 존재하는가? 애초에 존재한다
는 건 무엇을 말하는가?' 등을 다루는 학문이다. 《메타 = 피지카》는 《자연학(피지카)》의 다음(메
타)이라는 의미로 아리스토텔레스(p.352)의 문헌에서 유래한다.

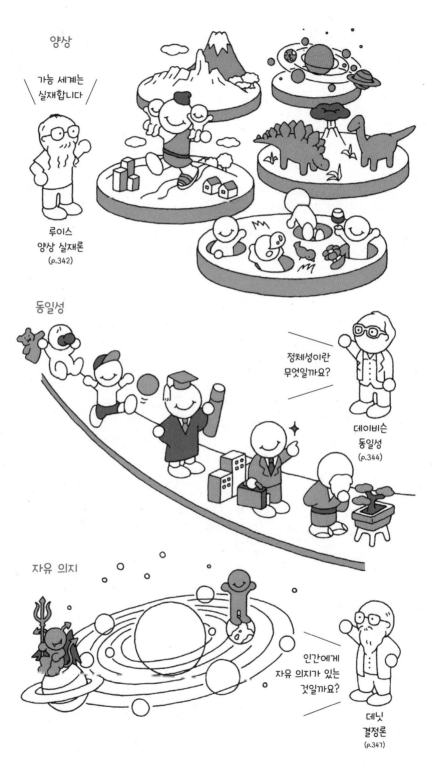

양상

가능 세계는
실재합니다

루이스
양상 실재론
(p.342)

동일성

정체성이란
무엇일까요?

데이비슨
동일성
(p.344)

자유 의지

인간에게
자유 의지가 있는
것일까요?

데닛
결정론
(p.347)

▶202

퍼트남

통 속의 뇌

문　헌 ------------------------------ 퍼트남 《이성 · 진리 · 역사》
관　련 --- 나는 생각한다. 그러므로 나는 존재한다(p.358), 경험 기계(p.337)
메　모 ----------- 퍼트남은 통 속의 뇌에서 '기초주의'를 비판한다.
　　　　　　　　　　영화 《매트릭스》는 통 속의 뇌를 소재로 다루었다

당신이 경험하고 있는 모든 것은 컴퓨터가 통 속의 뇌에 보내고 있는 가상 현실일지도
모른다. 여러분이 보고 있는 세상도 당신이 뭔가를 만진 감촉도 당신의 몸 그 자체도 컴
퓨터가 뇌에게 보내고 있는 정보이다.

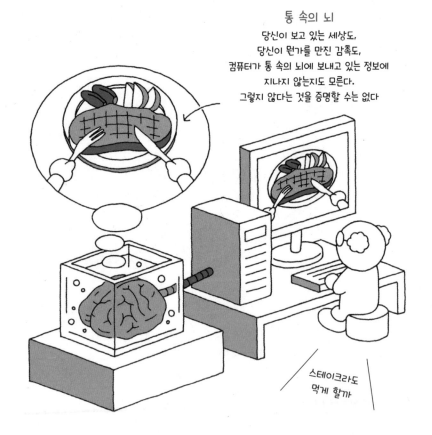

통 속의 뇌
당신이 보고 있는 세상도,
당신이 뭔가를 만진 감촉도,
컴퓨터가 통 속의 뇌에 보내고 있는 정보에
지나지 않는지도 모른다.
그렇지 않다는 것을 증명할 수는 없다

스테이크라도
먹게 할까

영미 철학 ─ 형이상학

이상은 퍼트남이 고안한 **통 속의 뇌**라는 사고 실험이다. 우리는 이 가설이 틀렸다고 증
명할 수가 없다. 일찍이 데카르트(p.352)도 '이 세상은 모두 꿈일지도 모른다'(p.358)고
의심했다. 세상은 진정 실재하는 것인가? 그것을 확증할 방법은 아직 없다.

노직

경험 기계

문　헌 -------------------- 노직 《무정부, 국가 그리고 유토피아》
관　련 -------------------- 공리주의(p.372), 통 속의 뇌(p.336)
메　모 ---------- 이 사고 실험은 '쾌락은 바람직한 것이다'라고 하는
공리주의의 쾌락설에 대한 반대론으로 받아들여지고 있다

경험 기계는 당신이 원하는 대로 인생을 가상의 세계에서 보낼 수 있는 기계이다. 그러나 이 기계는 한번 들어가면 자신이 기계 안에 있다는 것을 알 수가 없다. 그러니까 가상 세계를 현실이라고 생각하고 평생을 보내게 된다. 당신은 행복과 쾌락이 보장되는 이 기계에 들어가고 싶은가? 만약 들어가고 싶지 않다면, 행복과 쾌락보다 더 중요한 뭔가가 현실 세계에 있는 것일까? 노직은 공리주의(p.372)로 해결할 수 없는 문제를 이 사고 실험에서 제시한다.

나는 여배우다.
선망의 대상이다.
행복한 가족도 있고,
뭐 하나 부족할 것 없이
인생을 보내고 있다

나는 모든 사람의 영웅이다.
내가 나서면
인류를 구원할 수 있다

당신이 원하는
인생을 설정해 두세요.
가상 세계라는 건을
깨닫는 일은
평생 없습니다.

자, 안에 들어가
장밋빛 인생을
느껴봐!

경험 기계
가상세계에서 당신이 원하는
인생을 설정할 수 있는 기계.
이 기계에 들어가고 싶지 않다면,
행복 이상의 가치가 현실 세계에 있다는 건가?

영미 철학 ─ 형이상학

▶192

시간의 비실재성

문　헌 ------------------------- 맥타가트 《시간의 비실재성》
메　모 ------------ 이리후지 모토요시 《시간은 실재하는가?》)에는
'맥타가트의 시간 이론은 이미 철학적인 시간 이론의 고전이다'라고
언급되어 있다. 일본에서도 맥타가트의 시간 이론에 관한 저서나 논고가 많다

맥타가트는 **시간**의 본질은 과거 · 현재 · 미래라는 시간적인 변화(**A 계열**)라고 생각했다. 그리고 그것은 실재할 수 없다고 말한다.

시간이란 과거·현재·미래의 계열(A 계열)을 말한다

과거는 현재도 미래도 아니고, 현재는 과거도 미래도 아니다. 과거 · 현재 · 미래는 서로를 부정하는 관계이다. 즉, 이 세 가지가 공존할 수 없다.

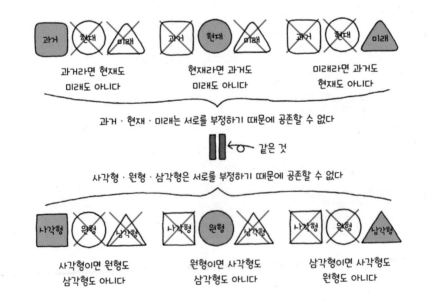

A군이 태어났다고 하는 사건을 과거 · 현재 · 미래라는 계열(A 계열)에 적용시켜 보자. A군이 지금 태어났다고 하면, 이 사건은 과거에 있어서는 미래의 사건이고, 현재에 있어서는 현재의 사건이며, 미래에 있어서는 과거의 사건이다.

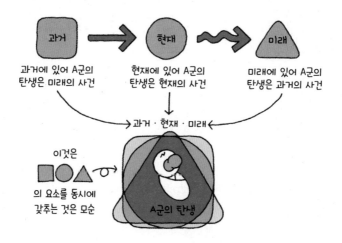

과거에 있어 A군의 탄생은 미래의 사건

현재에 있어 A군의 탄생은 현재의 사건

미래에 있어 A군의 탄생은 과거의 사건

과거 · 현재 · 미래

이것은

의 요소를 동시에 갖추는 것은 모순

A군의 탄생

이렇게 되면 A군의 탄생이라는 사건은 과거이기도 하고, 현재이기도 하며 미래이기도 하다는 것이 되기 때문에, 양립할 수 없는 과거 · 현재 · 미래라는 특성을 모두 갖게 돼 버린다. 이것은 모순이며, 따라서 시간은 실재하지 않는다(**시간의 비실재성**).

A군의 탄생은 20세가 되기 이전

A군이 20세가 되는 건 탄생 이후, 죽기 이전

A군의 죽음은 20세가 되는 이후

B 계열
시간적인 순서 관계는 오늘도 내일도 변함없다. 즉 시간의 변화에 영향을 받지 않는다

맥타가트는 시간을 파악하는 방법에는 A 계열과 **B 계열**의 두 종류가 있다고 한다. B 계열은 '~보다 이전, ~보다 이후'라는 시간적인 순서 관계를 말한다. 하지만 B 계열은 시간의 변화(흐름)를 설명할 수 없기 때문에 시간의 본질이라 할 수는 없다. 따라서 시간의 본질인 A 계열의 모순을 증명하면 시간이 존재하지 않는다는 것을 증명한 것이 된다.

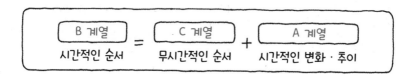

B 계열
시간적인 순서

=

C 계열
무시간적인 순서

+

A 계열
시간적인 변화 · 추이

덧붙여서, 맥타가트는 무시간적인 순서 관계인 **C 계열**이라는 것이 있다고 말한다. 그리고 이 C 계열에 시간의 변화인 A 계열을 추가하면 시간적인 순서인 B 계열이 만들어진다고 한다. 맥타가트 자신은 C 계열이 실재한다(모순을 일으키지 않는다)고 생각했으나, 그의 일련의 증명에 대해서는 지금도 논의가 되고 있다.

가능 세계

문　헌 --------------------------------- 크립키 《이름과 필연》
관　련 --------------------------------- 양상 실재론(p.342)
메　모 ------------- 루이스 등과 달리 크립키 자신은 가능 세계가
　　　　　　　　　　　　　　　　 존재한다고는 생각하지 않았다

진리는 분석적인 진리(p.254)와 종합적인 진리(p.254)가 있는 것으로 생각해 왔으나, 이와는 달리 **필연적 진리**와 **우연적 진리**라고 하는 개념이 있다. 필연적 진리란 '삼각형은 세 모서리가 있다'처럼 이를 부정할 수 없는 진리다. 우연적 진리란 '고흐는 해바라기 그림을 그렸다'처럼 상황이 다르면 그렇지 않았을 가능성이 있는 진리를 말한다.

필연적 진리의 예	우연적 진리의 예
그 부정이 성립되지 않는 진리. 수학적 진리처럼, 이성만 아는 진리 (분석적 진리와 겹치는 것이 많다)	상황이 다르면 있을 수 없는 진리. 과학적 진리처럼, 실제로 경험해서 확인할 수 있는 진리 (종합적인 진리와 겹치는 것이 많다)

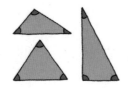

삼각형의 모서리는 세 개다
(삼각형이라는 단어는 모서리가
3개인 모양을 뜻하니까)

$$A = B \text{ 그리고 } B = C$$

라면

$$A = C$$

3은 2보다 크다

물은 100°C에서 끓는다

고흐는 해바라기 그림을 그렸다

코끼리는 쥐보다 크다

크립키는 **가능 세계**라는 개념을 사용하여 막연한 두 진리의 차이점을 정확하게 설명하려고 시도했다. 가능 세계론은 우리가 살고 있는 이 현실 세계를 무수한 가능 세계 중의 하나로 보는 생각이다.

영미 철학 ─ 형이상학

가능 세계는 생각할 수 있는 가능성의 수만큼 존재한다. 예를 들어 '고흐가 해바라기 그림을 그리지 않은 세계'는 적어도 하나 존재한다.

코끼리는 쥐보다 작은 세계

고흐가 해바라기 그림을 그리지 않은 세계

물이 50°C에서 끓는 세계

우리가 사는 현실 세계는 무수한 가능 세계 중의 하나

'3은 2보다 크다' 같은 필연적 진리는 어떤 가능 세계에서도 참

나는 가능 세계라는 개념을 사용해 우연적 진리와 필연적 진리를 이런 식으로 정확하게 정의했어요

크립키

가능 세계
생각할 수 있는 가능성의 수만큼 가능 세계가 존재한다

우연적 진리 = 현실 세계에서는 참이고, 다른 가능 세계에서는 참 또는 거짓이다(예를 들어 '고흐는 해바라기 그림을 그렸다'는 현실 세계에서 참이지만, 다른 가능 세계에서는 참인 경우와 거짓인 경우가 있다)

필연적 진리 = 모든 가능 세계에서 참인 진리
(이를테면 '3은 2보다 크다'는 모든 가능 세계에서 참)

영미 철학 ― 형이상학

그리고 가능 세계를 통해 우연적 진리를 설명하면, 우연적 진리는 현실 세계에서는 참이 되지만, 다른 가능 세계에서는 참이 되는 경우와 거짓이 되는 경우가 있다. 필연적 진리는 그 부정이 모순을 일으키기 때문에 모든 가능 세계에서 참이 된다. 이처럼 가능 세계론은 원래 크립키가 도입한 생각을 정리하기 위한 도구였다. 그러나 루이스 등 일부 철학자는 가능 세계가 실재한다고 주장했다(양상 실재론 p.342).

루이스 등

양상 실재론

문　헌 ---------------------- 루이스 《세계의 다수성에 대하여》
관　련 --------------------------------- 가능 세계(p.340)
메　모 --- 루이스는 실제 세계 이외에 무수한 가능성이 존재한다고 생각했다

가능 세계론
생각할 수 있는 가능성의
수만큼 가능 세계가 존재한다

우리가 사는 이 현실 세계는 무수한 가능 세계(p.340) 중 하나라고 생각하는 것을 **가능
세계론**이라고 한다. 가능 세계는 생각할 수 있는 가능성의 수만큼 존재한다. 예를 들어
'물이 50℃에서 끓는 세계'는 적어도 하나 존재한다. 크립키(p.205)는 생각을 정리하는
도구로 가능 세계라는 개념을 도입했다. 그러나 루이스는 가능 세계가 실재한다고 확신
했다. 가능 세계는 실재한다고 하는 생각을 **양상 실재론**이라고 한다.

만약 가능 세계가 실재한다면 예로부터 철학의 주제였던 '이 세계는 왜 다름 아닌 이러한 양상(모습)이 되었는가?'라는 물음에 대답할 수 있다.

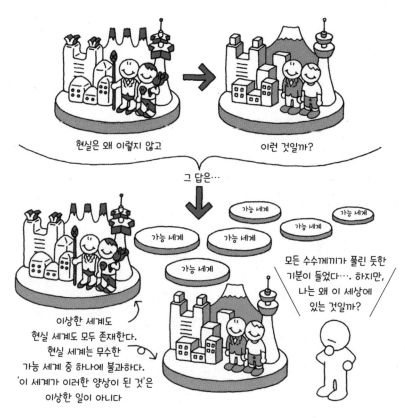

현실은 왜 이렇지 않고 → 이런 것일까?

그 답은…

가능 세계

가능 세계

가능 세계

가능 세계

가능 세계

가능 세계

이상한 세계도 현실 세계도 모두 존재한다. 현실 세계는 무수한 가능 세계 중 하나에 불과하다. '이 세계가 이러한 양상이 된 것'은 이상한 일이 아니다

모든 수수께끼가 풀린 듯한 기분이 들었다…. 하지만, 나는 왜 이 세상에 있는 것일까?

가능 세계가 존재하고 있다면 가능성만 있으면 그 세계는 반드시 존재한다. 그렇다면 모든 가능 세계 속에 이 현실 세계가 한 가지도 존재하지 않는다는 것은 불가능하다. 즉 현실 세계가 이렇게 된 것은 이상할 것이 없다.

공을 하나 꺼냈다

248이야. 왜 다른 숫자가 아닌 이 숫자인 걸까?

'이 세상은 왜 이러한 양상(모습)일까?'를 생각하는 것은 왜 248인지 생각하는 것과 같다

다른 숫자가 적혀 있는 무수한 공

248

숫자가 쓰여 있는 무수한 공 중에서 무작위로 1개를 꺼냈을 때, 그 숫자가 8이든 248이든 이상할 것은 없다

스웜프맨(늪 남자)

문   헌 ------------------- 데이비슨 《주관적, 상호주관적, 객관적》
관   련 -------------------- 퀼리아(p.302), 철학 좀비(p.308)
메   모 -------------------- 데이비슨 자신은 스웜프맨이
                                 자신과 동일하다고는 생각하지 않았다

17세기 홉스(p.352)는 **테세우스의 배**라는 말로 **동일성(정체성)**이란 무엇인가를 생각했다. 3년에 걸쳐 모든 부품을 새로 교체한 테세우스의 배는 3년 전과 동일한 배라고 할 수 있을까?

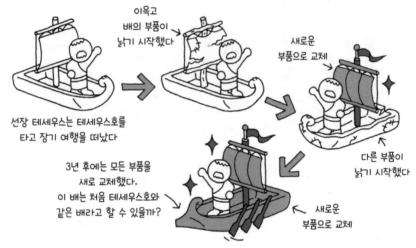

이윽고 배의 부품이 낡기 시작했다

새로운 부품으로 교체

선장 테세우스는 테세우스호를 타고 장기 여행을 떠났다

다른 부품이 낡기 시작했다

3년 후에는 모든 부품을 새로 교체했다. 이 배는 처음 테세우스호와 같은 배라고 할 수 있을까?

새로운 부품으로 교체

배뿐만 아니다. 우리도 세포가 여러 번 바뀌면서 성장한다. 예전의 자신과 지금의 자신은 어떤 점이 동일할까?

우유를 먹고 싶어 하는 아이와 손자를 원하는 노인은 같을까?

우유를 먹고 싶다

장난감을 갖고 싶다

돈을 갖고 싶다

손자를 갖고 싶다

동일? 동일? 동일?

20세기에 데이비슨은 **스웜프맨**(늪 남자)이라는 사고 실험에서 홉스와는 조금 다른 각도에서 동일성을 고찰했다. A가 번개에 맞아 죽는 동시에, 근처의 늪에서 몸과 머리가 원자 수준에서 A와 완전히 똑같은 인물이 탄생한다. 이 인물은 A와 동일 인물이라고 할 수 있을까?

영미 철학 │ 형이상학

A는 늪 옆에서 벼락에 맞아 죽었다

A의 시신은 이윽고 없어지고

스웜프맨
(늪 남자)

늪에서 A와 외모와 뇌가 원자 수준으로 완전히 똑같은 인물(스웜프맨)이 나타났다

안녕 A군!

다들 스웜프맨을 A라고 생각한다

스웜프맨

스웜프맨(늪 남자) A는 같은 기억을 갖고 있어 자신을 A라고 믿고 있다. 다음 날부터 A처럼 회사에 가서 이전과 같이 생활한다. 세상은 변한 것이 아무것도 없다

가령 내가 텔레포트 시스템으로 도쿄에서 뉴욕으로 텔레포트(순간 이동)했다고 하자. 이 경우 내가 순간 이동했다고 생각하면 문제는 없다. 그렇지만 이동한 것이 아니라, 사실 나는 소멸되고 뇌 속의 기억을 포함하여 나와 원자 수준으로 동일한 인물이 뉴욕에 새로 태어났다고 생각하면 어떨까? 물론 세상에 나의 순간 이동 성공을 의심하는 사람은 아무도 없다.

텔레포트를 '이동'이라고 생각하면 동일성이 유지된다

내가 도쿄에서 뉴욕으로 순간 이동했다고 생각하면 뉴욕에 나타난 인물은 확실히 나다

도쿄

나 나 나 나 나 나 나

뉴욕(NY)

순간 이동 성공!

텔레포트 머신

이동

텔레포트를 '소멸과 새로운 탄생'이라고 생각하면 동일성을 유지할 수 없다

나는 소멸되어 버리고 뇌 속의 기억을 포함, 원자 수준으로 나와 동일한 인물이 뉴욕에 새로 태어났다면, 그 사람은 과연 나일까?(새로 태어난 인물은 자신을 '나'라고 생각할 것이다)

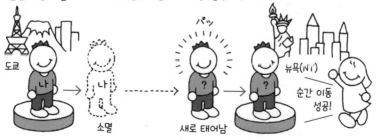

도쿄

나

소멸

파

?

새로 태어남

?

뉴욕(NY)

순간 이동 성공!

영미 철학 ─ 형이상학

결정론

문　헌 ------ 가도와키 슌스케, 노야 시게키 편 《자유와 행위의 철학》,
데닛 《자유는 진화한다》

메　모 --------------------- 자유 의지에 대해서는 옛날에는
아우구스티누스가 《고백》에서 논했다

무게가 Xg이고, 직경이 Ycm인 공이
Z각도에서 시속 Gkm으로
유리창에 부딪쳤다

모든 결과에는 반드시
원인이 1개 존재한다.
그것이 자연의 법칙인
인과율이다

이 세상에서 일어나고 있는 모든 사건이나 상태에는 반드시 그것을 선행하는 원인이 존재한다. 이것이 자연 법칙(물리 법칙)인 인과율(p.300)이다. 현재 세계는 1초 전에 일어난 사건의 결과밖에 없다. 그리고 1초 전의 세계도 그 1초 전 세계의 결과이다. 거슬러 올라가면 빅뱅이 일어난 시점에서 세계가 현재와 같은 상태가 될 것으로 결정되어 있었다. 뇌도 자연 물질인 이상 이 법칙을 따른다. 거기에 **자유 의지**가 들어갈 여지는 없다.

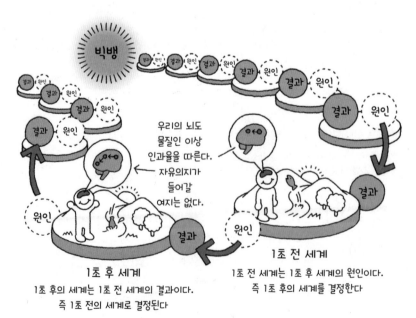

우리의 뇌도
물질인 이상
인과율을 따른다.
자유의지가
들어갈
여지는 없다.

1초 후 세계
1초 후의 세계는 1초 전 세계의 결과이다.
즉 1초 전의 세계로 결정된다

1초 전 세계
1초 전 세계는 1초 후 세계의 원인이다.
즉 1초 후의 세계를 결정한다

우리는 자신의 행동을 자신의 의지로 결정한다고 생각하지만, 그것은 심리적인 착각에 지나지 않다. 이러한 생각을 **결정론**이라고 한다. 만일 자유 의지가 없다면 범죄를 저질러도 그것은 필연적이어서 본인의 책임이 아니다.

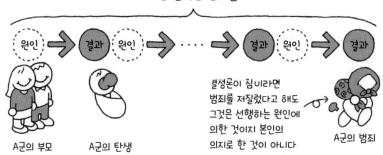

자연 법칙인 인과율

원인 → 결과 원인 → ···· → 결과 원인 → 결과

A군의 부모　　　A군의 탄생

결정론이 짐이라면 범죄를 저질렀다고 해도 그것은 선행하는 원인에 의한 것이지 본인의 의지로 한 것이 아니다

A군의 범죄

만일 결정론이 옳지 않다고 한다면 인과율도 옳지 않은 것이 되기 때문에, 자연 과학은 의미를 잃게 된다. 그래서 결정론은 옳지만 자유 의지도 존재한다고 하는 **양립론**이라는 입장이 있다. 예를 들어 데닛은, 세계는 인과 관계로 이루어져 있다고 생각했다. 그런데 세계를 구성하는 입자의 인과 관계는 매우 복잡해서 예측이 불가능한 패턴을 낳는다. 그는 거기서 자유 의지가 비집고 들어갈 여지를 발견했다.

비양립론 결정론과 자유 의지는 양립할 수 없다		양립론 결정론과 자유 의지는 양립할 수 있다
딱딱한 결정론 결정론은 옳기 때문에 자유 의지가 존재하지 않는다	자유의지론 (리버럴리즘) 결정론은 옳지 않기 때문에 자유 의지가 존재한다	부드러운 결정론 결정론은 옳지만 자유 의지도 존재한다. 옛날에는 흄, 홉스, 제임스가 이 입장이었다
신은 주사위를 던지지 않는다! (우연은 없다) by 아인슈타인	양자역학으로 봐도 입자의 움직임은 무작위다. 세계는 인과율만 있는 것이 아니다	의식은 인과율에 따르는 의식과 자유 의지, 2층으로 되어 있다 ／ 단순한 인과 관계는 점차 복잡해져 간다. 그 복잡성이 자유 의지와 관련이 있다
아인슈타인 (p.194)	로버트 케인 (1938 ~)	프랑크퍼트 (p.202) ／ 데닛 (p.206)

인와겐 등

딱딱한 비양립론

▶207

문　　헌 ------ 가도와키 슌스케, 노야 시게키 편 《자유와 행위의 철학》
관　　련 ------------------------------------ 결정론(p.346)
메　　모 --------------- 반 인와겐 자신은 자유 의지를 긍정하는
　　　　　　　　　　　　　　　　　　　자유 의지론(p.347)자이다

세상에서 일어나는 모든 사건이나 상태는 미리 결정되어 있다. 모든 사건은 1초 전의 사건 결과이기 때문이다. 1초 전의 사건도 또한 그 1초 전의 결과이다. 이것이 자연 법칙인 인과율(**원인과 결과의 법칙**)이다. 우리의 뇌도 자연 물질인 이상 이 인과율에 따른다. 여기에 자유 의지가 들어갈 여지는 없다. 이런 생각이 결정론이다.

영미 철학 — 형이상학

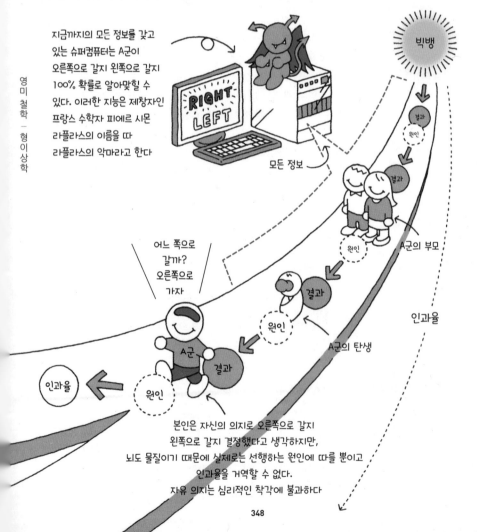

지금까지의 모든 정보를 갖고 있는 슈퍼컴퓨터는 A군이 오른쪽으로 갈지 왼쪽으로 갈지 100% 확률로 알아맞힐 수 있다. 이러한 지능은 제창자인 프랑스 수학자 피에르 시몬 라플라스의 이름을 따 라플라스의 악마라고 한다

RIGHT LEFT

모든 정보

빅뱅

결과
원인

결과
원인

A군의 부모

인과율

어느 쪽으로 갈까? 오른쪽으로 가자

결과
원인

A군의 탄생

A군

결과
원인

인과율

본인은 자신의 의지로 오른쪽으로 갈지 왼쪽으로 갈지 결정했다고 생각하지만, 뇌도 물질이기 때문에 실제로는 선행하는 원인에 따를 뿐이고 인과율을 거역할 수 없다. 자유 의지는 심리적인 착각에 불과하다

결정론(p.347)이 옳다면, 나에 대한 모든 정보를 갖고 있는 슈퍼컴퓨터가 있다면 그것은 나의 다음 행동을 100%의 확률로 알아맞힐 것이다. 이러한 모든 것을 아는 슈퍼컴퓨터와 같은 지식을 **라플라스의 악마**라고 부른다.

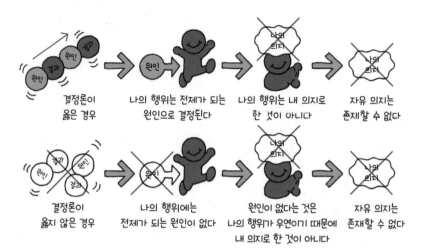

결정론이 옳은 경우 → 나의 행위는 전제가 되는 원인으로 결정된다 → 나의 행위는 내 의지로 한 것이 아니다 → 자유 의지는 존재할 수 없다

결정론이 옳지 않은 경우 → 나의 행위에는 전제가 되는 원인이 없다 → 원인이 없다는 것은 나의 행위가 우연이기 때문에 내 의지로 한 것이 아니다 → 자유 의지는 존재할 수 없다

반 인와겐은 묻는다. 만일 결정론이 옳지 않고, 나의 행위가 인과율을 따르지 않는다고 치자. 그 경우 내 행위에는 원인이 없다. 원인이 없는 것이면 내 행위는 우연히 만들어진 것이 된다. 단순한 우연이라면 나의 의지가 아니다. 즉 결정론이 참이든 아니든 자유 의지는 존재하지 못하게 된다(**딱딱한 비양립론**). 역시 자유 의지는 착각일까?

라플라스의 악마

부탁이야, 가르쳐줘. 정말로 인간은 자유 의지를 가질 수 없는 거야?

글쎄, 넌 어떻게 생각해?

부록

소크라테스 BC469?~399

아테네 출신. 아버지는 조각가, 어머니는 산파였다. 아내 크산티페는 '세계 3대 악처' 중 한 사람으로 알려져 있다. 펠로폰네소스 전쟁에 세 번이나 참전했다. 왜소한 체격과 투박한 외모의 소유자로, 사색에 잠기는 일이 많았다고 한다. 소피스트를 비판하며 문답법을 통해 보편적 진리를 찾아야 한다고 강조했으나 위험 인물로 지목되어 민중 재판에서 사형을 당했다.

플라톤 BC427~347

아테네의 명문 집안 출신으로 서양 철학에 절대적인 영향을 준 철학자다. 청년 시절부터 소크라테스에게 철학을 배웠으나 소크라테스를 죽음으로 몰아넣은 아테네에 환멸을 느껴 이탈리아, 시칠리아 섬, 이집트를 돌아다녔다. 아테네에 돌아온 후에는 교외에 아카데메이아라는 유럽 최초의 대학을 세우고 철학 연구와 교육 활동에 전념했다. 아카데메이아는 약 900년간 존속했다.

아리스토텔레스 BC384~322

고대 그리스의 철학자. 17살 때 아카데메이아에 들어가 플라톤 밑에서 20여 년간 공부했다. 그후, 마케도니아에서 알렉산드로스(후의 알렉산드로스 대왕)의 가정교사가 되었다. 알렉산드로스가 즉위하면서 다시 아테네로 돌아가 리케이온이라는 학원을 세우고 회랑을 산책(소요)하면서 강의를 했다. 이 때문에 그 학파는 소요학파라 불리게 되었다.

토머스 홉스 1588~1679

영국의 철학자이자 정치학자. 영국 국교회 목사 아들로 태어나 옥스퍼드대학에서 공부했고 졸업 후에는 귀족의 가정 교사를 하면서 연구를 계속했다. 프랑스, 이탈리아를 여행하며, 베이컨과 데카르트, 갈릴레이와 교류했다. 영국에 내란이 일자 한때 프랑스로 망명을 떠났다. 망명 중 프랑스에서 집필한 《리바이어던》은 무신론 행위로 간주되어 출판이 한때 금지되기도 했다.

르네 데카르트 1596~1650

프랑스의 철학자이자 자연과학자. '근대 철학의 아버지'라고 불린다. 라 플레슈 학교에서 스콜라 교육을 받고 군대에 지원했다. 독일에 머물던 1619년 11월 10일, 야영지에서 '놀라운 학문의 기초를 발견'했다. 제대한 후 유럽 각지를 여행하다 네덜란드에 정착했다. 만년에는 스웨덴 여왕의 초대를 받아 여왕의 철학 교사가 되었으나 이듬해 그곳에서 생을 마감했다. 그의 두개골은 파리 인류사 박물관에 전시되어 있다.

바뤼흐 스피노자 1632~1677

네덜란드 철학자. 포르투갈에서 네덜란드로 망명한 유대인 상인의 가정에서 태어났다. 유대 교단 소속 학교에서 교육을 받았으나 서구적 사상에 심취했다. 1656년 무신론 사상이 있다는 이유로 파문당했다. 이후에는 교사와 안경 렌즈 가는 일로 생계를 꾸려가면서 집필을 계속했다. 44살에 지병인 폐병으로 생을 마감한 스피노자는 철학자로서 완전한 삶을 산 고독한 자유사상가였다.

조지 버클리 1685~1753

영국의 철학자이자 성직자. 아일랜드 킬케니에서 태어났으며, 어려서부터 신동으로 불렸다. 더블린의 트리니티 칼리지에서 공부한 후 젊은 나이에 교사가 되었다. 대표작인 《시각신론》과 《인지원리론》은 20대에 쓴 책이다. 성직자로서 버뮤다 제도에 대학을 세우기 위해 미국으로 건너갔으나 자금 부족으로 실패했다. 캘리포니아 버클리라는 지명은 조지 버클리의 이름에서 유래했다.

임마누엘 칸트 1724~1804

독일 철학자. 프로이센의 쾨니히스베르크(현 러시아 칼리닌그라드)에서 수공업자의 아들로 태어났다. 대학 졸업 후 9년간 가정교사로 생계를 꾸렸고, 이후 쾨니히스베르크대학에서 교수, 학장, 총장을 지냈다. 아침에 일어나 밤에 잠들 때까지 규칙적인 생활을 한 것으로 유명하다. 대륙 합리론과 영국 경험론을 종합한 철학을 확립했다.

제러미 벤담 1748~1832

영국의 철학자이자 법학자. 공리주의 창시자. 런던의 유복한 법률가 집안에서 태어났다. 12살 때 옥스퍼드대학에 입학했고, 21살에 변호사 자격을 취득했으나, 변호사 실무에는 관심이 없어 학문적인 법 이론 연구에 몰두했다. 그 후, 선거권 확대를 위한 선거법 개정에 참여하는 등 자유주의적 정치 개혁 활동에도 힘을 쏟았다.

게오르그 헤겔 1770~1831

현대 철학의 완성자. 독일 슈투트가르트에서 태어났다. 예나대학의 인기 강사였으나 나폴레옹이 프로이센을 정복하는 바람에 대학이 폐쇄됐다. 그 후 신문 편집자, 뉘른베르크 김나지움 교장을 거쳐 하이델베르크대학 정교수, 베를린대학 철학 교수가 되었다. 베를린대학 총장을 하면서 당시 사상계에 지대한 영향을 주었다. 61살에 콜레라로 급사했다.

존 스튜어트 밀 1806~1873

영국 철학자이자 경제학자. 벤담과 친분이 있던 아버지에게 영재 교육을 받았다. 16살에서 공리주의협회를 설립했으며, 17살에 아버지가 근무하는 동인도회사에 들어갔다. 열렬한 벤담주의자였으나, 20대에서 벤담식 공리주의를 비판하고, 독자적인 공리주의를 구상했다. 영국 하원에서 처음으로 여성 참정권을 호소하는 등 정치인으로서도 민주적 개혁을 위해 노력했다.

쇠렌 키르케고르 1813~1855

덴마크의 철학자. 코펜하겐에서 태어났다. 실존 철학의 시조. 신학을 공부했으나 22살 때 실존에 눈을 떴다. 아버지가 어머니와 결혼 전에 폭력적인 성관계를 맺어 자신이 태어난 것이 아닐까 고뇌했다. 27살 때 17살 소녀 레기네 올센과 약혼했으나, 스스로 약혼을 깨기했다. 이때 체험한 거대한 고뇌가 훗날 키르케고르의 사상을 형성하게 된다.

부록

카를 마르크스 1818~1883

독일 철학자이자 경제학자. 독일 트리어에서 태어났다. 본대학과 베를린대학에서 법률과 철학, 역사를 공부했으며, 헤겔 좌파 지식인 그룹에 가입했다. 〈라인 신문(Die Rheinische Zeitung)〉의 주필이 되었으나 정부의 탄압으로 신문이 폐간된 후 파리로 건너갔다. 이후 벨기에, 파리, 독일을 전전하다 1849년 영국으로 망명, 대영 박물관에 틀어박혀 경제학 연구에 몰두했다.

프리드리히 니체 1844~1900

독일 철학자. 프로이센의 작센에서 태어났다. 쇼펜하우어의 《의지와 표상으로서의 세계》를 읽고 깊은 감명을 받았다. 20대 중반에 바젤대학 교수가 될 정도로 성적이 뛰어났으나, 처녀작 《비극의 탄생》이 학회에서 거센 비난을 받은데다 건강도 악화돼 바젤대학을 그만두었다. 평생 독신으로 살면서 저술에 전념했다. 말년에는 정신 이상 증세를 보이다가 55세 나이로 생을 마감했다.

지그문트 프로이트 1856~1939

오스트리아 정신의학자. 오스트리아 제국 모라비아의 프라이베르크(현 체코)에서 태어났다. 빈대학 의학부를 졸업한 후 프랑스에서 유학했다. 신경증학의 대가 마르탱 샤르코의 최면술에 심취한 것이 계기가 되어, 무의식의 존재에 주목, 정신 분석학을 창시했다. 융을 후계자로 삼았으나 후에 결별했다. 말년에는 나치의 박해를 피해 런던으로 망명했다.

페르디낭 드 소쉬르 1857~1913

스위스 언어학자. '근대 언어학의 시조'로 불린다. 제네바의 명문가에서 태어나 어렸을 때부터 천재성을 보였다. 10대에 발표한 언어학 논문이 주목을 받아 언어학자로서 순조롭게 경력을 쌓아나갔으나 인생 후반에는 침묵을 지켰다. 그가 죽은 후 제자들이 강의 노트를 모아 출간한 《일반 언어학 강의》는 언어학뿐만 아니라 그 후의 구조주의에도 많은 영향을 미쳤다.

에드문트 후설 1859~1938

독일 철학자. 현상학의 시조. 오스트리아(현재는 체코)의 유대인 가정에서 태어났다. 빈대학 재학 중에 수학에서 철학으로 연구 과목을 바꿨다. 프라이부르크대학을 퇴임하면서 후임으로 하이데거를 지명했다. 나치 정권 하에서는 유대계 학자라는 이유로 교수 자격 박탈, 대학 출입 금지, 저서 발행 금지 등의 박해를 받았으나 방대한 초고가 나치의 검열을 피해 보관됐다.

마르틴 하이데거 1889~1976

독일 철학자. 독일 바덴 주 메스키르히에서 성당지기의 장남으로 태어났다. 프라이부르크대학에서 신학과 철학을 공부했고, 후설의 현상학을 계승한 실존 철학을 전개했다. 마르부르크대학에서 만난 제자 한나 아렌트와는 연인 관계였다. 1933년 프라이부르크대학 총장이 되었으나 나치를 지지했다는 이유로 전후 일시 추방되기도 했다.

부록

막스 호르크하이머 1895~1973

유대계 독일인 철학자이자 사회학자. 프랑크푸르트학파의 지도자. 독일 남서부 슈투트가르트 교외에서 태어났다. 1931년 프랑크푸르트대학 사회연구소의 초대 소장이 되었으나, 나치가 유대인을 공직에서 추방하자 미국으로 망명했다. 전쟁 중에 미국에서 아도르노와 함께 《계몽의 변증법》을 공동 집필했다. 전쟁이 끝난 후 돌아와서 연구소를 재건했다.

장 폴 사르트르 1905~1980

프랑스 철학자이자 문학가. 파리고등사범학교에서 철학을 공부했다. 제2차 세계대전 때 독일군 수용소에서 탈출해 독일에 저항하는 레지스탕스 활동에 참여했다. 주요 저서 《존재와 무》와 소설 《구토》는 프랑스에 실존주의 붐을 일으켰으며 일본에서도 인기를 구가했으나 60년대 구조주의의 대두와 함께 영향력이 쇠퇴했다.

클로드 레비스트로스 1908~2009

프랑스 문화인류학자. 구조주의의 중심 인물이다. 벨기에 브뤼셀에서 태어났다. 대학에서 법학과 철학을 전공했으나 브라질 상파울루대학 사회학 교수가 되면서부터 문화 연구자로서 아마존 강 유역의 현장 조사에 종사했다. 1960년대 사상계의 영웅이었던 사르트르의 실존주의를 비판하고 구조주의 시대를 열었다.

질 들뢰즈 1925~1995

프랑스 철학자. 파리에서 태어나 소르본대학에서 철학을 전공했다. 1998년 철학교수 자격 시험에 합격했다. 리세(고등중학교) 교원 등을 거쳐 1969년 파리 제8대학 교수가 되었다. 흄, 스피노자, 베르그송, 니체를 독자적으로 해석하고 '차이의 철학'을 구축해, 일본의 사상계에도 큰 영향을 주었다. 1995년 파리의 아파트에서 투신자살했다.

위르겐 하버마스 1929~

독일의 사회학자이자 철학자. 독일 뒤셀도르프에서 태어났으며 한때 나치 소년단의 일원이기도 했다. 1956년 프랑크푸르트대학 사회연구소에 들어갔으나, 소장 호르크하이머가 하버마스의 급진적인 사상에 반발, 1959년 연구소를 그만두었다. 1961년 하이델베르크대학 교수가 되어 프랑크푸르트학파 제2 세대를 형성했으며 국외 철학자와도 활발하게 교류했다.

자크 데리다 1930~2004

프랑스 철학자. 프랑스령 알제리에 귀화한 유대인 가정에서 태어났다. 파리의 고등사범학교 철학과를 졸업했다. 모교인 고등사범학교에서 철학사를 가르쳤고 사회과학고등연구원 교수를 지냈다. 1967년에 세 권의 저서를 출간하면서 프랑스 현대 사상계에 화려하게 등상했나. 1980년대 이후는 정치와 법 문제를 주로 다루면서 정치적 측면을 강하게 드러냈다.

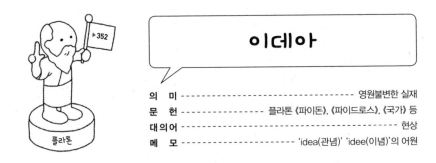

이데아

의　미 --- 영원불변한 실재
문　헌 --------------- 플라톤 《파이돈》, 《파이드로스》, 《국가》 등
대의어 --- 현상
메　모 --------------------- 'idea(관념)' 'idee(이념)'의 어원

플라톤

우리는 완전한 삼각형을 만든 적도 그린 적도 본 적도 없다.

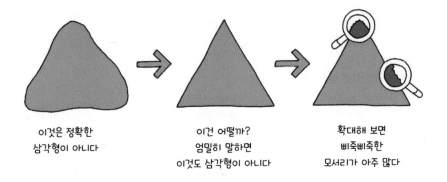

이것은 정확한
삼각형이 아니다

이건 어떨까?
엄밀히 말하면
이것도 삼각형이 아니다

확대해 보면
삐죽삐죽한
모서리가 아주 많다

그런데도 우리는 완전한 삼각형이 어떤 것인지 이해할 수 있다. 우리 머릿속에만 있는
이 완벽한 삼각형을 '삼각형의 **이데아**'라고 한다. 플라톤은 꽃에는 꽃의 이데아, 나무에
는 나무의 이데아가 있다고 생각했다.

4개 모두 모양이 전혀 다른데
어떻게 나무라고 판단할 수 있지?

예를 들어, 위의 4개의 그림은 모두 나무 그림이다. 4개 모두 모양이 다른데, 우리는 어
떻게 이것들을 모두 나무라고 판단할 수 있을까?

그것은 모든 나무에는 공통된 형태(나무의 이데아)가 있기 때문이다. 이 형태(나무의 이데아)를 눈으로 볼 수는 없지만, 이성의 눈으로는 볼 수 있다고 플라톤은 생각했다.

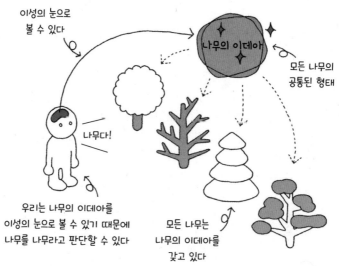

이 밖에도 다양한 예를 들 수 있다.

플라톤은 정의나 아름다움 등에도 이데아가 있다고 생각했고, 그 중에서도 선(善)의 이데아가 최고의 이데아라고 생각했다.

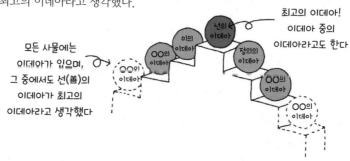

나는 생각한다. 그러므로 나는 존재한다
코기토 에르고 숨(COGITO ERGO SUM)

▶352

데카르트

출 처	데카르트 《방법서설》
관 련	오류가능주의(p.216), 통 속의 뇌(p.336)
메 모	현대 철학은 이 말로 막을 열었다

가령 엄청난 진리가 해명되었다고 치자. 그런데 "그렇다 해도 원래 이 세상은 모두 꿈일지도 모른다"는 말을 들으면 받아칠 말이 없다. 그렇게 되지 않기 위해서라도 데카르트는 이것만은 절대로 확실하다고 할 수 있는 원리를 찾으려고 했다.

이 세상은 모두 꿈일지도 몰라.
하지만 그게 틀렸다는 걸 입증하지 않으면
앞으로 어떤 진리가 밝혀져도 의미가 없을 거야

그래서 데카르트는 '이 세상은 모두 꿈일지도 모른다'고 의도적으로 의심해 보기로 했다(**방법적 회의**). 그러자 눈앞에 보이는 풍경도, 책에 쓰여 있는 말도, 수학도, 자기 육체의 존재조차도 의심스러웠다. 그러나 단 하나 의심할 수 없는 것이 남았다. 그것은 '꿈일지도 모른다'고 의심하는 자신의 의식이었다. '꿈일지도 모른다고 의심하는 자신'을 의심해도 끝까지 자신의 의식은 남는다.

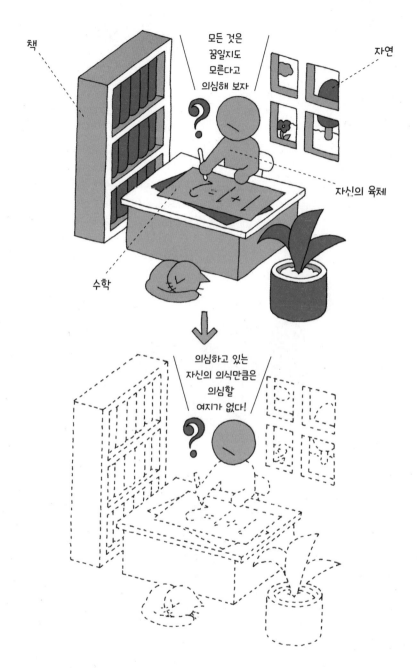

이렇게 해서 데카르트는 자기 의식의 존재는 의심할 여지가 없다는 것을 발견했다. 그
는 이것을 '**나는 생각한다. 그러므로 나는 존재한다(코기토 에르고 숨)**'고 표현했다. '나'
라는 존재의 확인은 수학의 1 + 1 = 2와 같은 정리에 해당하기 때문에 데카르트 철학의
제1 정리(제1 원리)로 삼았다.

데카르트

▶352

주관 | 객관

관 련 ---------------------------------- 심신 이원론(p.361)
메 모 -------------------- 영어로는 각각 'subject'와 'object'.
영어에는 주체와 주관, 객체와 객관의 구분이 없다

데카르트는 의식의 존재를 발견했다(나는 생각한다. 그러므로 나는 존재한다 p.359). 이후 데카르트는 세계를 인식하는 것(**주체**)과 인식되는 것(**객체**)으로 나눠 생각했다. 그리고 전자의 의식을 **주관**, 후자를 **객관**이라고 불렀다. 데카르트는 **자의식**이 주체가 되는 근대 철학을 출발시켰다.

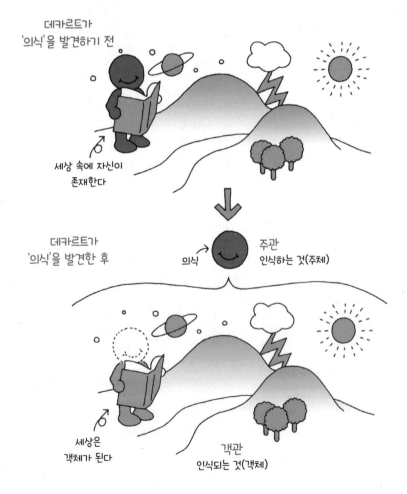

데카르트가
'의식'을 발견하기 전

세상 속에 자신이
존재한다

데카르트가
'의식'을 발견한 후

의식 → 주관
인식하는 것(주체)

세상은
객체가 된다

객관
인식되는 것(객체)

부록

데카르트

▶352

심신 이원론

문　헌 ---------------------------------- 데카르트 《정념론》
관　련 --- 실체 이원론(p.278), 기계 속의 유령(p.282) 데카르트 극장(p.298)
메　모 -------------------- 데카르트는 뇌의 솔방울샘을 신체와
　　　　　　　　　　　　　　　의식이 상호 작용하는 장소라고 생각했다

데카르트는 정신과 물체는 따로 존재한다고 생각했다(나는 생각한다. 그러므로 나는 존재한다 p.359). 그리고 신체는 물체와 같이 기계적인 것이라고 보았다. 이것을 **심신 이원론**이라고 한다.

심신 이원론

그는 이 해석을 확장시켜 세계를 이분하는 **이원론**을 내놓았다.

이원론

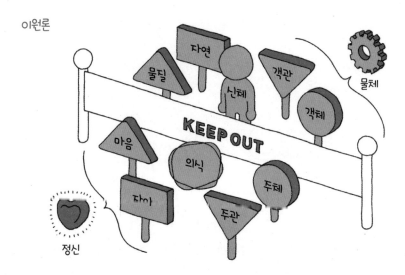

스피노자

범신론

의　미 ------------------- 물체와 정신을 포함한 모든 세계에는
신이 지닌 성질이 그대로 드러나 있다고 생각하는 철학관
문　헌 ------------------------------- 스피노자 《에티카》
관　련 ------------ 영원의 상 아래에서(p.364), 성격 이원론(p.278)

데카르트는 의식을 발견한(나는 생각한다. 그러므로 나는 존재한다 p.359) 후 의식과 신체(물체)가 따로 존재한다고 생각했다(심신 이원론 p.361). 그러나 스피노자는 이 생각에 의문을 품는다.

왜냐하면 의식과 몸이 별개라면, 가령 의식이 슬프다고 느낄 때 몸에서 눈물이 나오는 이유를 설명할 수 없기 때문이다.

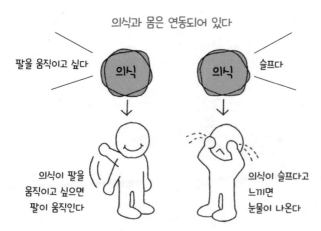

이 문제를 해결하기 위해 스피노자는 우리의 의식도 신체도 자연도 모두 통틀어 하나의 신이라고 생각했다.

스피노자에 따르면 우리는 자연의 일부이다. 그리고 자연은 신이 만든 것이 아니라 신 그 자체이다(**신즉자연**). 즉, 그 안에 포함된 우리의 정신과 몸도 신의 일부이다. 이렇게 생각하면 정신과 신체가 연결되어 있기 때문에 슬플 때 눈물이 나온다고 해서 모순이 생기지는 않다.

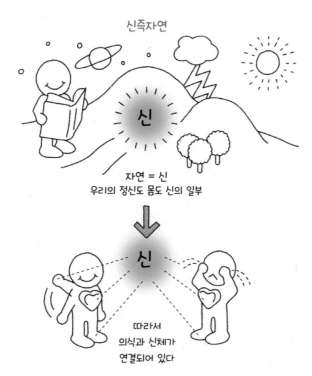

신과 세계가 동일하다고 보는 이런 사상을 '범신론'이라고 한다.

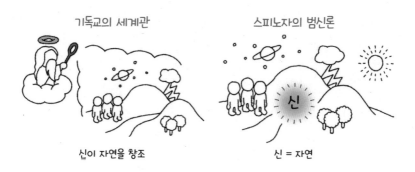

몸과 마음은 별개라는 데카르트의 이원론에 대해 스피노자는 모든 것은 하나의 신이라는 **일원론**을 주장했다. 이 생각은 신을 인격적 존재로 보는 기독교 교리에 어긋나기 때문에 기독교의 맹비난을 받았다.

영원의 상(相) 아래에서

▶352

스피노자

의　미 ---------------------- 신의 관점으로 세상을 본다는 것
문　헌 ----------------------------- 스피노자 《에티카》
메　모 ------- 신을 인식하는 데서 기쁨을 느끼면 신을 사랑하게 된다.
이것을 '신에 대한 지적 사랑'이라고 한다

스피노자는 인간에게는 자유 의지가 없다고 생각했다. 인간은 신의 일부(범신론 p.363)이므로 신의 생각에 따라 움직인다. 그런데 우리가 그 사실을 모르고 있을 뿐이라고 주장했다.

이런 행동은
자신의 의지에
따른 것이 아니다

기어다닌다

운다

젖을 먹는다

영원의 상 아래에서
자신의 행동은
자신의 의지에
따른 것이 아니다

좀 더 큰 후
이런 행동을
하는 것은?

양치질한다

옷을 갈아입는다

연애한다

바쁜 회사원

한가한 사람

운동한다

이 정도라면
자신의 의지일까?
아니다, 사실은
행동에는 원인이 있어
그에 따르고 있을 뿐이다

이런 상황도 자신의 의지로
그렇게 된 것이 아니다.
행동의 원인이 복잡해 자신은 모르고 있을 뿐이다

자신의 행동을 자신의 의지에 따른 것이라고 믿는 것은 누군가가 던진 돌멩이가 자력으로 날고 있다고 믿는 것과 같다고 스피노자는 생각했다.

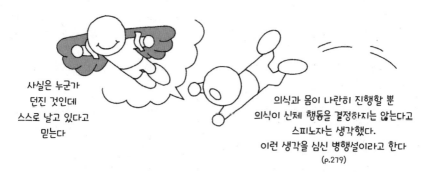

사실은 누군가
던진 것인데
스스로 날고 있다고
믿는다

의식과 몸이 나란히 진행할 뿐
의식이 신체 행동을 결정하지는 않는다고
스피노자는 생각했다.
이런 생각을 심신 병행설이라고 한다
(p.279)

몸에 일어나는 일은 자연 현상의 일부이며 영원 속의 한 장면에 불과하다. 그러나 그 한 장면은 당신이 없으면 일어나지 않는다. 스피노자는 이것을 **'영원의 상 아래에서'**라고 표현했다.

스피노자가 생각한 신은
당신의 공간을 당신을 위해
비워두고 있다

그렇다면 신은 당신에게 무슨 일을 시키려고 자연의 일부를 확보해둔 것일까? 스피노자는 그것을 생각하는 것이 인간의 행복이라고 주장했다.

신은 나에게
무슨 일을 시키려는 걸까?
내 역할은 무엇일까?

분명 그거야!
좋아!
지금부터 해보자!

신은 당신에게 뭔가 역할을 부여할 것이다.
당신은 그 역할을 직감할 수 있다

카트

물자체

문　헌 ------------------------------- 칸트 《순수 이성 비판》
관　련 ------------------------- 명가(p.56), 엘랑 비탈(p.154)
대의어 --- 현상
메　모 ----------- 물자체는 상정할 수는 있어도 인식할 수는 없다

렌즈가 빨간 선글라스를 끼면 사물(세계)이 빨갛게 보인다. 만일 우리의 눈이 선천적으로 이런 구조로 되어 있다면, 우리는 진짜 사물(세계)를 볼 수 없다. 그렇다면 우리는 진짜 사물(세계)을 보고 있는 걸까? 절대 그렇지 않다. 우리 눈의 구조가 사과는 빨갛고, 레몬은 노랗다고 파악할 뿐, 실제 레몬과 사과가 무슨 색상인지 모른다.

인간은 진짜 세계를 볼 수 없다

빨간 선글라스

렌즈가 빨간 선글라스를 끼면 세상은 빨갛게 보인다.
이 붉은 세상은 진짜 세상이 아니다.
우리는 벗을 수 없는 선글라스를 끼고 태어났다.
그래서 진정한 세계를 볼 수 없다

부록

물론 색상뿐만 아니라 모양도 마찬가지다. 술에 취하면 사물(세계)이 일그러져 보인다. 만일 취한 상태가 인간의 정상적인 인식 능력이라고 한다면 우리는 일그러지지 않은 사물(세상)을 볼 수 없다. 이 경우에 만진 감촉도 일그러진 외형 그대로 인식하고 기억한다.

사과는
일그러져 있다

주정뱅이

만약 술에 취해 있지 않은 상태가 이상(異常)한 상태이고,
취한 상태가 인간의 정상적인 인식력이라고 한다면…

우리는 우리의 감각 기관이 파악한 정보로 사물(세계)을 의식할 뿐이다. 그래서 사물(세계)이 진짜 어떤 모습인지 알 수는 없다. 사람은 **물자체**(物自體)에 다다를 수는 없다고 칸트는 말한다.

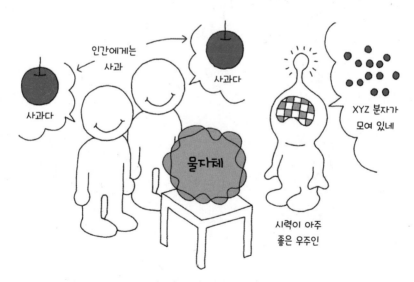

인간에게는
사과

사과다

사과다

사과다

XYZ 분자가
모여 있네

물자체

시력이 아주
좋은 우주인

우리에게는 대상이 사과로 보인다 해도
우주인에게는 어떻게 보일지, 어떻게 해석할지 모른다.
시간이나 공간 개념 또한 우리의 감성 형식에 부여되어 있을 뿐이므로,
물자체와는 무관하다

칸트

도덕법칙

문　헌 ----------------------------- 칸트 《실천 이성 비판》
관　련 ------------------------------- 정언명법(p.369)
메　모 ------------- 행위의 결과보다 동기를 중시하는 칸트의
　　　　　　　도덕적 입장을 '동기설'이라고 한다(대의어는 '결과설')

자연계에 **자연법칙**이 있듯이, 인간세계에는 따라야 하는 **도덕법칙**이 있다고 칸트는 생각했다. 왜냐하면 도덕적인 행위를 선(善)으로 보는 이성은 오직 인간만이 선천적으로 지니고 있기 때문이다. 도덕법칙은 **양심의 소리**로 '너는 ~해야 한다'고 우리의 이성에 호소한다.

부록

도덕법칙은 모든 사람이 납득할만한 행위로, 자신만을 위한 것이 아니다. 칸트에게 도덕이란 보편적인 것이다.

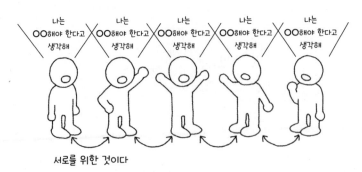

칸트는 도덕은 수단이 아니라 목적 그 자체여야 한다고 주장한다. 예를 들어 남에게 친절한 대접을 받기 위해 자신도 남에게 친절하게 대하는 것은 도덕이 아니다. 왜냐하면 이래서는 도덕이 어떤 목적을 달성하기 위한 수단이 되기 때문이다.

칸트

정언명법

의　미 ------------------------ '항상 ~해야 한다'는 무조건적 명령
문　헌 ---------------------------- 칸트 《실천 이성 비판》
대의어 -- 반언명법
관　련 ------------------ 도덕법칙(p.368), (현대) 윤리학(p.318)

도덕법칙(p.368)은 목적을 달성하기 위한 수단이 아니라 목적 그 자체여야 한다고 칸트는 생각했다.

도덕은
'○○하고 싶다면 ○○해라'가 아니라
'○○해라'라고 정언명법으로 표현된다

남에게 친절하게
대하는 데에
목적이 있는 것이 아니다.
왜냐하면 친절하게
대하는 것 자체가
목적이니까

칸트는 도덕에는
이유도 결과도 중요하지 않다고 생각했다

대가를 받을 수 있으니까
친절하게 대한다

친절하게 대한 결과,
상대가 기뻐하니까 친절하게 대한다

부록

즉 도덕은 '~하고 싶으면 ~해라'가 아니라 '~해라'고 단언할 수 있는 것이야 한다. 도덕적인 행위를 하는 데 이유가 없기 때문이다. 이 '~해라'라고 하는 무조건적인 명령을 **정언명법**(定言命法)이라고 한다.

변증법

의 미 ------------ 모순되는 사항을 통일·종합함으로써 고차원의
결론으로 이끄는 사고 방법

문 헌 ----------------------------------- 헤겔 《정신현상학》

메 모 -------- 변증법은 단순한 절충안이 아니라는 것을 알아야 한다

헤젤

헤겔은 **변증법**이라는 수법을 진행하다 보면 절대적이고 보편적인 진리를 알 수 있다고 생각했다. 어느 한 주장이 있으면 반드시 그에 반대하는 의견이 존재한다. 이를 부정하지 않고, 서로 좋은 점을 취합해 통일하고 새로운 생각을 만들어 내면 한 차원 높은 지식이 완성된다. 이를 반복하다 보면 사람은 언젠가 절대적인 진리를 파악하는 **절대지**를 얻을 수 있다고 그는 생각했다. 이 절대지를 얻을 때까지 반복하는 일련의 방법이 변증법이다.

부
록

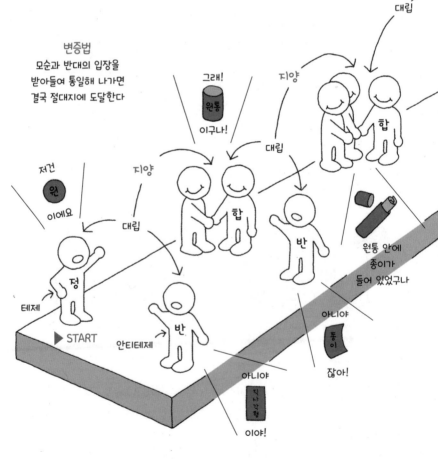

변증법
모순과 반대의 입장을
받아들여 통일해 나가면
결국 절대지에 도달한다

처음 주장을 **테제**(정, 正) 또는 **즉자**(卽自), 그것을 부정하는 입장을 **안티테제**(반, 反) 또는 **대자**(對自)라고 한다. 그리고 2개를 통일해 더 고차원적 생각을 만들어내는 것을 **아우프헤벤**(지양, 止揚)이라 하고, 만들어진 것을 **진테제**(합, 合) 또는 **즉자대자**(卽自對自)라고 한다.

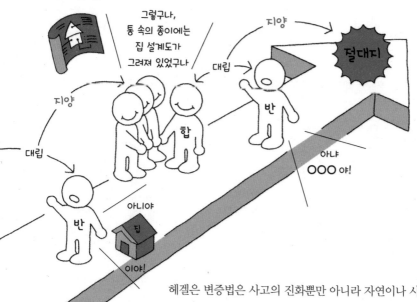

헤겔은 변증법은 사고의 진화뿐만 아니라 자연이나 사회 등 이 세상 모든 진화의 원리 원칙이라고 생각했다.

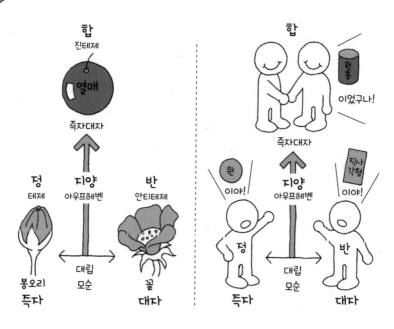

공리주의

의 미 ------ 사회 전체의 쾌락 증대와 고통 감소를 기준으로 도덕이나
입법을 판단해야 한다고 하는 사상

사 례 -- 벤담, 밀

메 모 -------- 행위의 결과를 중시하기 때문에 '결과설'이라 불린다

인간은 쾌락을 추구하고 고통을 피하려는 생명체라고 벤담은 생각했다.

따라서 그는 어떤 행위가 쾌락으로 이어지면 그 행위는 선(善), 고통으로 이어지면 악(惡)이라고 정의했다. 선악의 판단 기준을 쾌락에서 찾는 사고를 **공리주의**(功利主義)라고 한다.

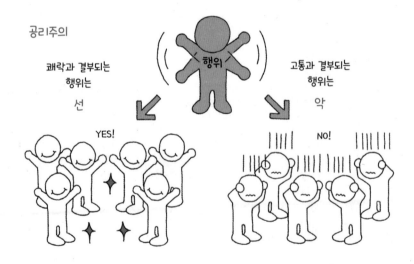

선악을 객관적으로 판단하는 공리주의는 지금도 윤리학과 정치학 등 수많은 분야에 큰 영향을 주고 있다.

쾌락 계산

문　헌 ---------------------- 벤담 《도덕 및 입법의 원리서설》
관　련 ------------ 최대 다수의 최대 행복(p.374), 직관주의(p.320)
메　모 -------- 벤담의 쾌락 계산은 강도, 지속성, 확실성, 원근성 등
　　　　　　　　　　　7가지 기준으로 계산한다

인간은 본질적으로 쾌락을 추구하고 고통을 피한다고 벤담은 생각했다. 그는 쾌락과 고통을 수치로 나타내려고 시도했다. 쾌락을 강도, 지속성, 확실성 등의 관점에서 계산한 것이다. 이것을 **쾌락 계산**이라고 한다.

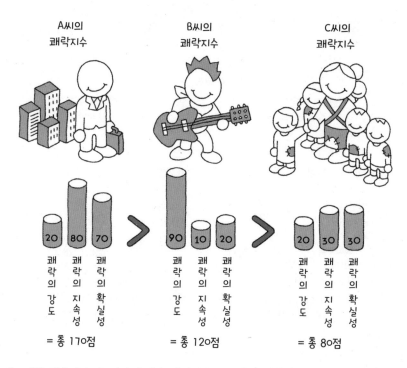

그는 쾌락 점수가 높은 사람이 많은 사회일수록 행복한 사회라고 생각했다. 신분이 높은 사람이나 그렇지 않은 사람이나 동등하게 점수를 환산하는 이 개념은 민주주의의 발전에 크게 공헌했다. 그는 **"개인은 평등하게 1명으로 센다. 그 누구도 그 이상으로 셀 수는 없다"**고 말한다.

최대 다수의 최대 행복

문　헌 ----------------------- 벤담 《도덕 및 입법의 원리 서설》
관　련 ----------------------- 공리주의(p.372), 쾌락 계산(p.373),
　　　　　　　　　　　　　　　　　　겸애(p.50), 동물의 권리(p.328)
메　모 ---- 원문은 the greatest happiness of the greatest number

벤담은 쾌락을 계산(p.373)하여 나온 점수의 총점이 높은 사회일수록 행복한 사회라고
생각했다.

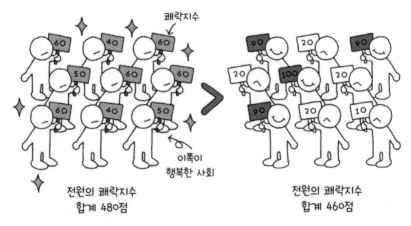

쾌락지수

이쪽이
행복한 사회

전원의 쾌락지수
합계 480점

전원의 쾌락지수
합계 460점

따라서 벤담은 최대한 많은 사람에게 최대한 높은 쾌락지수가 주어져야 한다고 생각했
다. 그는 이것을 **'최대 다수의 최대 행복'**이라고 표현하고 입법 규준으로 삼았다.

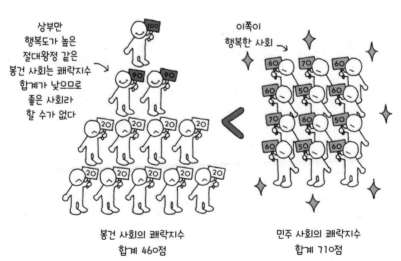

상부만
행복도가 높은
절대왕정 같은
봉건 사회는 쾌락지수
합계가 낮으므로
좋은 사회라
할 수가 없다

이쪽이
행복한 사회

봉건 사회의 쾌락지수
합계 460점

민주 사회의 쾌락지수
합계 710점

마르크스

생산관계

문　헌 ----------------------------- 마르크스 《경제학 비판》
관　련 ------------------------- 상부 구조 | 하부 구조(p.377)
메　모 ------------------ 생산관계라는 하부 구조가 사람들의
　　　　　　　　　　　　　　　의식체계(= 상부 구조)를 규정한다

인간이 사는 데는 의식주가 필요하다. 의식주에 관련된 것을 생산하기 위한 설비, 토지, 원재료를 **생산 수단**이라고 한다. 봉건제에서 소작인과 대비되는 봉건영주나 자본주의 체제에서 노동자와 대비되는 자본가처럼 생산 수단을 가진 자가 지배계급이다. 생산 수단의 유무에 따른 이런 상하관계를 **생산관계**라고 한다.

각 시대의 생산관계

노예제
지배계급 = 주인
피지배계급 = 노예

철제 농기구의
발전

공업화

봉건제
지배계급 = 봉건영주
피지배계급 = 소작인

자본주의 체제
지배계급 = 자본가
피지배계급 = 노동자

생산관계는 그 시대의 기술 수준으로 결정된다. 그런데 기술이 진보해 물건을 과잉 생산하게 되면, 피지배 계급의 지위가 향상되어 지배 계급으로부터 독립하려고 한다. 이렇게 해서 다음 생산관계 시대가 된다.

▶354

(노동의) 소외

문　헌 -------------------------- 마르크스 《경제학·철학초고》
메　모 ------- 마르크스는 노동의 소외를 '노동 생산물로부터의 소외'
'노동 행위로부터의 소외' '유적 존재로부터의 소외'
'인간으로부터의 인간 소외' 등 4가지 의미로 나눴다

인간은 의식주를 위해 물건을 계속 생산해야 한다. 즉 인간의 본질은 노동이라고 마르크스는 주장한다. 노동은 단순한 생활 수단이 아니라 타인과 사회생활을 하면서 자기 자신을 표현할 수 있는 기쁜 행위이기도 하다. 그러나 자본주의 체제에서는 토지나 설비를 소유하지 못한 노동자는 자본가의 이윤 추구에 휘둘려 본래 즐거워야 할 노동이 고통이 될 수가 있다. 마르크스는 이를 **(노동의) 소외**라고 했다.

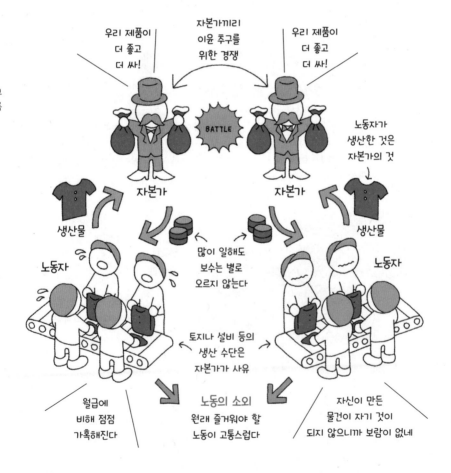

상부 구조 | 하부 구조

문　헌 ----------------------------- 마르크스 《경제학 비판》
관　련 ------ 생산관계(p.375), 인식론적 절단(p.180), 중층적 결정(p.182)
메　모 ------------- 예를 들어 일본의 하부 구조는 자본주의이며,
　　　　　　　　　　　　　　　상부 구조는 민주주의다

마르크스는 각 시대의 생산관계(p.375)에 의한 경제 구조를 **하부 구조**라고 하고, 법률이나 정치 제도, 종교, 예술, 학문 같은 문화를 **상부 구조**라고 불렀다. 그리고 인간 본연의 의식인 상부 구조는 물질적 하부 구조에 의해 만들어지고 결정된다고 생각했다.

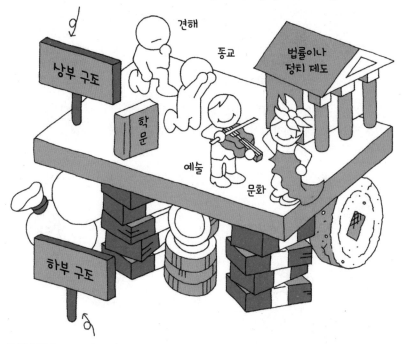

상부 구조(정신적인 것)
법률, 정치 제도 등에 대한 견해나 종교, 예술 등의 문화를 '상부 구조'라고 한다

하부 구조(물질적인 것)
각 시대의 생산관계(p.375)에 의한 경제 구조를 '하부 구조'라고 한다. 그 시대가 봉건적인지 자본주의적인지, 사회주의적인지, 또는 자신이 부자인지 가난한지 등의 '하부 구조'에 따라 사람의 사고방식인 '상부 구조'가 결정된다. 예를 들어, '사치'는 사회주의에서는 평등을 해치는 일이지만, 자본주의에서는 때때로 마음을 풍요롭게 해주는 일로 여긴다. 즉, 사람의 의식이 경제 구조를 만드는 것이 아니라 경제 구조가 사람의 의식을 만든다.

프로이트

무의식

문　헌 ----------------------------- 프로이트 《정신분석 입문》 등
대의어 --- 의식
관　련 ------------------------- 에스 | 자아 | 초자아(p.379)
메　모 ----------- 무의식은 과학적인 개념이 아니라는 비판도 있다

데카르트의 '나는 생각한다, 그러므로 나는 존재한다'(p.359) 이후 자아란 자신의 의식이며, 의식은 이성으로 통제할 수 있다는 것이 철학의 상식이었다. 그런데 프로이트는 사람의 행동 대부분은 이성으로 통제할 수 없는 **무의식**의 지배를 받는다고 생각했다.

잊고 싶은 기억은 의식하지 못하는 부분에 저장되어 평소에는 억압된 상태로 있다. 이런 기억은 평소에는 의식되지 않지만, 어떤 계기로 의식하게 되면 불안해지거나 노이로제가 되기도 한다.

프로이트

에스(이드) | 자아(에고)
초자아(슈퍼에고)

> ▶354

문　헌 ---------------------------- 프로이트 《자아와 에스》
관　련 --------- 상상계 | 상징계(p.170), 현실계(p.172), 무의식(p.378)
메　모 ---------------------- 정신적인 안정을 유지하기 위한
자아의 기능을 '방어 기제'라고 한다

프로이트가 생각한 **자아**는 인간의 본능적인 **성욕(리비도)**인 **에스(이드)**와 그것을 억압하는 도덕적 **초자아(슈퍼에고)**의 균형을 잡기 위해 후천적으로 생겨난다. 그의 자아는 데카르트가 생각한 것처럼 확고한 것이 아니라 무의식(p.378)의 영역을 포함한 불안정한 것이었다.

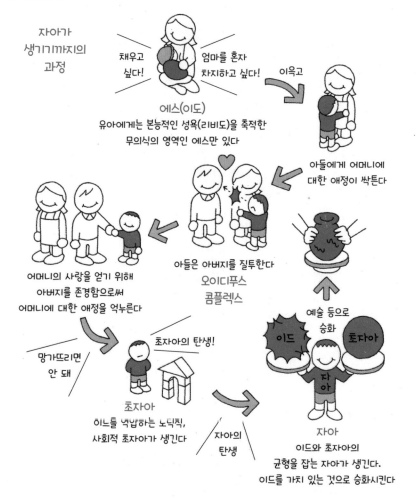

자아가
생기기까지의
과정

채우고
싶다!

엄마를 혼자
차지하고 싶다!

이윽고

에스(이도)
유아에게는 본능적인 성욕(리비도)을 축적한
무의식의 영역인 에스만 있다

아들에게 어머니에
대한 애정이 싹튼다

어머니의 사랑을 얻기 위해
아버지를 존경함으로써
어머니에 대한 애정을 억누른다

아들은 아버지를 질투한다
**오이디푸스
콤플렉스**

예술 등으로
승화

이드

초자아

망가뜨리면
안 돼

초자아의 탄생!

초자아
이드를 억압하는 도덕적,
사회적 초자아가 생긴다

자아의
탄생

자아
이드와 초자아의
균형을 잡는 자아가 생긴다.
이드를 가치 있는 것으로 승화시킨다

현상학

문 헌 ----------- 후설 《현상학의 이념》 《이덴》 《데카르트적 성찰》
메 모 -------- 순수 경험(p.110), 장소적 논리(p.118), 대륙 철학(p.148)

사과가 눈앞에 있으면 우리는 그 사과의 존재를 의심하지 않는다. 그런데 잘 생각해 보면, 이 경우 분명한 것은 자신에게 사과가 보인다(자신의 의식에 사과가 나타나 있다)는 것뿐임을 후설은 깨달았다.

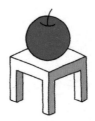

사과가 보이면 거기에 사과가 존재한다고 생각한다

그러나 사실은…
사과가 자신의 의식에 나타나 있을 뿐이다

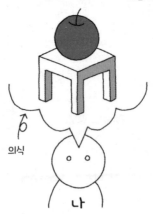

의식

나

그런데도 우리는 사과가 자신의 **주관** 밖에 있고, 자신이 그 사과를 보고 있다(지각하고 있다). 그러니까 사과가 자신의 의식에 떠오른 것이라고 확신한다.

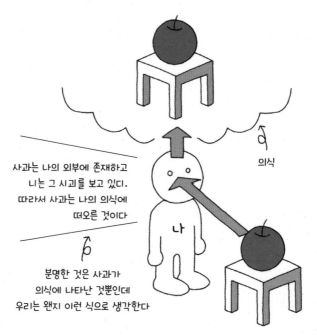

사과는 나의 외부에 존재하고
나는 그 사과를 보고 있다.
따라서 사과는 나의 의식에
떠오른 것이다

의식

분명한 것은 사과가
의식에 나타난 것뿐인데
우리는 왠지 이런 식으로 생각한다

사과뿐만 아니라 타인도, 자신의 몸도, 과거의 추억도, 모두 자신의 의식 속에 있는 것이지 의식 밖에 있는 것이 아니다. 세계는 자신의 주관 속에만 존재하고 주관 밖에는 아무것도 존재하지 않는다. 그런데 우리는 세계가 자신의 외부에 존재한다고 당연한 듯 믿는다. 절벽에서 뛰어내리거나 하지 않는 것은 그 때문이다.

세계는 주관 속에 존재한다

하지만 우리는 갑자기 절벽에서
뛰어내리거나 하지는 않는다.
그것은 세계가 자신의 외부에
존재한다는 것을 확신하기 때문이다.
그 믿음의 근거는 무엇일까?
그것을 밝히는 것이 현상학이다

의식

너무 높아서
무서워~

우리는 왜 세계가 실재한다고 확신하는 걸까? 그 확신은 어떻게 하면 생기는 걸까? 그 수수께끼를 밝히는 것이 **현상학**이다.

키르케고르

실존주의

의 미 ---------- 구체적으로 살아있는 자신의 모습을 탐구하는 사상

사 례 ---------------- 키르케고르, 하이데거, 야스퍼스, 사르트르

메 모 ------------ 문학에서는 도스토예프스키, 카프카, 카뮈 등을
실존주의 작가로 꼽는다

키르케고르에게 중요했던 것은 지금까지 철학이 탐구해 온 보편적인 진리가 아니라 '나에게 진리일 것 같은 진리'였다. 이처럼, 지금 이 현실을 일반적인 생각과는 무관하게 주체적으로 사는 것을 **실존**이라고 한다. 기존의 철학처럼 객관적으로 세계를 파악하는 것이 아니라 '나'에게 있어서의 진리를 탐구하는 입장을 **실존주의**라고 한다.

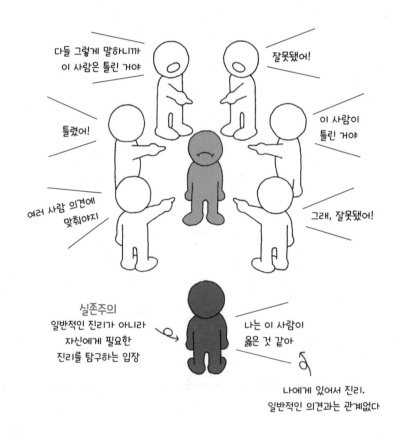

실존주의는 신 등 인간을 초월한 존재와 대화하는 유신론적 실존주의(키르케고르, 야스퍼스 등)와 신을 부정하는 무신론적 실존주의(니체, 하이데거, 사르트르 등)로 나뉜다.

사르트르

▶355

실존은 본질에 앞선다

의   미 ------------------ 자신의 본질은 미리 정해진 것이 아니라
구체적인 삶이 자신의 본질을 만들어간다는 의미다.

출   처 ------------------ 사르트르 《실존주의란 무엇인가》

관   련 ------------------ 실존주의(p.382), 대륙 철학(p.148)

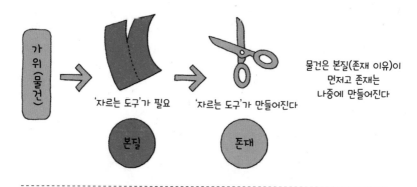

가위(물건) → '자르는 도구'가 필요 (본질) → '자르는 도구'가 만들어진다 (존재)

물건은 본질(존재 이유)이
먼저고 존재는
나중에 만들어진다

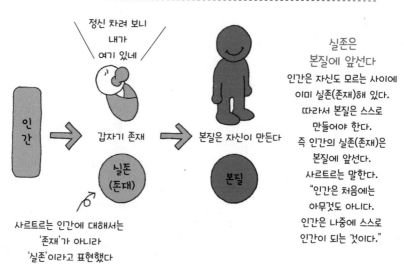

정신 차려 보니
내가
여기 있네

인간 → 갑자기 존재 실존(존재) → 본질은 자신이 만든다 본질

사르트르는 인간에 대해서는
'존재'가 아니라
'실존'이라고 표현했다

실존은
본질에 앞선다
인간은 자신도 모르는 사이에
이미 실존(존재)해 있다.
따라서 본질은 스스로
만들어야 한다.
즉 인간의 실존(존재)은
본질에 앞선다.
사르트르는 말한다.
"인간은 처음에는
아무것도 아니다.
인간은 나중에 스스로
인간이 되는 것이다."

사르트르는 실존주의(p.382)를 **'실존은 본질에 앞선다'**라는 말로 표현했다. 여기서 말하는 실존이란 인간의 존재라는 뜻이다. 본질이란 그 물건이 그 물건이 되는데 빼놓을 수 없는 조건을 말한다. 예를 들어 가위의 본질은 '자를 수 있는 것'이다. 이 조건이 없으면 가위의 **존재 이유(레종데트르)**가 없다. 물건은 먼저 본질이 있고 그런 후에 존재한다. 그러나 인간은 어느새 실존해 있다. 따라서 나중에 자기 스스로 본질을 만들어야 한다.

▶354

언어의 자의성

의	미	----	사물과 언어(음성)의 관계에 필연성이 없다는 의미이다.
문	헌	----	소쉬르 《일반 언어학 강의》
메	모	----	소쉬르의 말로 표현하자면, 시니피앙과 시니피에의 관계에 필연성이 없다는 것이다

노쉬르

프랑스인은 나비도 나방도 '파피용'이라는 말로 표현한다. 즉 프랑스인에게 '나방'(또는 나비)은 존재하지 않는다. 이것을 보면 '나방'이라는 존재가 있기 때문에 우리가 거기에 '나방'이라는 이름을 붙인 것이 아님을 알 수 있다. 이렇게 사물과 말의 관계에 필연성이 없는 것을 **언어의 자의성**이라고 한다.

부록

이밖에도 많은 예가 있다.

먼저 하나하나의 요소가 존재하고, 거기에 이름을 붙인 것이 아니다. 우리가 세계를 언어로 구분지었기 때문에 하나하나의 요소가 존재하는 것이다. 그리고 우리는 이 언어세계 범위 내에서 생각한다. 언어는 생각을 전달하는 수단만이 아니라 반대로 생각을 결정하는 원인이기도 하다.

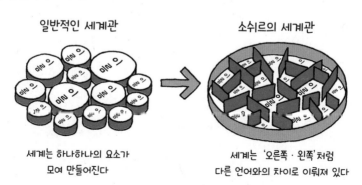

레비스트로스

▶355

의 미	인간의 행동은 그 사람이 속한 사회나 문화 구조에 의해 규정된다고 생각하는 사상
사 례	레비스트로스, 라캉, 바르트 알튀세르, 전기의 푸코

구조주의

인간은 자유로운 존재이기에, 주체적으로 행동하는 것이 중요하다고 사르트르는 생각했다. 그러나 레비스트로스는 이와 달랐다.

주체적으로 행동하자!

인간에게 주체성이란 게 있는 걸까?

사르트르

레비스트로스

레비스트로스는 인간의 사고와 행동은 그 바탕에 있는 사회적 · 문화적 구조에 지배를 받는다고 생각했다. 그는 소쉬르의 언어학(언어의 자의성 p.384)을 인간 사회에 적용한 결과, 이런 생각을 이끌어냈다.

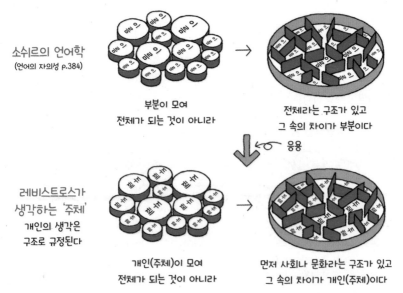

소쉬르의 언어학
(언어의 자의성 p.384)

부분이 모여
전체가 되는 것이 아니라

전체라는 구조가 있고
그 속의 차이가 부분이다

↓ 응용

레비스트로스가
생각하는 '주체'
개인의 생각은
구조로 규정된다

개인(주체)이 모여
전체가 되는 것이 아니라

먼저 사회나 문화라는 구조가 있고
그 속의 차이가 개인(주체)이다

부록

이렇게 생각하면 인간의 주체성은 구조에 의해 규정되게 된다. 레비스트로스는 사르트르의 주체성을 강조하는 생각을 서양 특유의 인간 중심적인 생각이라고 비판했다.

레비스트로스는 스스로
미개 부족과 행동을 함께하며
인간과 사회 구조의
관계를 조사했다

문화인류학자였던 레비스트로스는 여러 미개 사회 사람들과 함께 생활하며 인간의 행동을 규정하는 구조를 조사했다. 예를 들어, 어떤 두 미개 사회 사이에서 행해지는 여성을 교환하는 풍습의 이면에는 근친혼 금지라는 인류 공통의 구조를 엿볼 수 있다고 그는 말한다.

인간의 행동은 구조의 지배를 받는다.
한쪽(미개 사회 A)에서만 바라봐도 그 사실을 깨닫지 못한다.
서양이나 동양이나 여성이 시집가는 풍습이지만
그 진정한 의미를 의식하지는 않는다

미개 사회 A

여성을 교환하는
풍습 이면에는
근친혼 금지가 있다

미개 사회 B

두 미개 사회의 사람들은 서로 여성을 교환하는 풍습이 무엇을 의미하는지 몰랐다. 행동의 의미는 한쪽에서만 바라보면 알 수 없다. 상황은 항상 이항 대립을 축으로 해서 파악해야 한다고 레비스트로스는 주장한다. 현상의 의미를 그 자체만이 아니라 그와 관련된 사회나 문화의 구조에서 읽으려는 생각을 **구조주의**라고 한다.

본질이
보이지 않아

이항 대립이
되어 있구나

눈앞의 현상만 보면
본질을 알 수가 없다.
넓은 시야로 구조를 봐야 한다

주요 참고 문헌 (※원전 제외)

시라카와 시즈카 《공자전(孔子伝)》, 중공문고 BIBLIO

모리야 아쓰시 《인생에, 경영에, 사색을 즐기는 논어(人生に・経営に・思索に活かす論語)》, 일본실업출판사

모리야 아쓰시 《최강의 손자 – 싸움의 진수(最強の孫子―戦いの真髄)》, 일본실업출판사

모리야 아쓰시 《최고의 전략 교과서 손자(最高の戦略教科書 孫子)》, 일본 경제신문출판사

나카지마 다카히로 《악의 철학 – 중국 철학의 상상력(悪の哲学―中国哲学の想像力)》, 지쿠마선서

나카지마 다카히로 《장자 – 닭이 되어 때를 알려라(荘子―鶏となって時を告げよ)》, 이와나미서점

요시다 코헤이 《왕양명 '전습록'을 읽다(王陽明「伝習録」を読む)》, 고단샤 학술문고

유아사 쿠니히로 《제자백가 – 유가·묵가·도가·법가·병가(諸子百家―儒家・墨家・道家・法家・兵家)》, 중앙신서

유아사 쿠니히로 《개설중국사상사(概説中国思想史)》, 미네르바쇼보

아사노 유이치 《제자백가(諸子百家)》, 고단샤

아사노 유이치 《고대 중국의 문명관 – 유가·묵가·도가의 논쟁(古代中国の文明観 ― 儒家・墨家・道家の論争)》, 이와나미신서

츠치다 켄지로 《논어 50선 – 소독을 위해(論語五十選 ― 素読のために)》, 등용관

츠치다 켄지로 《유교 입문(儒教入門)》, 도쿄대학출판회

오구라 키조 《입문 주자학과 양명학(入門 朱子学と陽明学)》, 지쿠마선서

코지마 쓰요시 《주자학과 양명학(朱子学と陽明学)》, 지쿠마학예문고

히가키 타쓰야 《니시다 기타로의 생명 철학(西田幾多郎の生命哲学)》, 고단샤 현대신서

히가키 타쓰야 《일본철학원론서설 – 확산하는 교토학파(日本哲学原論序説―拡散する京都学派)》, 인문서원

시미즈 마사유키 《일본사상전사(日本思想全史)》, 지쿠마신서

하마다 준코 《입문 근대일본사상사(入門 近代日本思想史)》, 지쿠마학예문고

다나카 큐분 《일본의 철학을 읽다 – '무'의 사상의 계보(日本の哲学をよむ―「無」の思想の系譜)》, 지쿠마학예문고

다나카 큐분 《일본의 미를 철학한다 아하레·유현·한적함·이키(日本美を哲学する あはれ・幽玄・さび・いき)》, 세이도샤

쿠마노 스미히코 《일본철학소사 – 근대 100년 20편(日本哲学小史―近代100年の20篇)》, 중문신서

후지타 마사카쓰 《니시다 기타로 – 사는 것과 철학(西田幾多郎―生きることと哲学)》, 이와나미신서

코사카 쿠니쓰구 《니시다 기타로의 사상(西田幾多郎の思想)》, 고단샤학술문고

코사카 쿠니쓰구 《니시다 철학을 읽다〈1〉 장소적 논리와 종교적 세계관(西田哲学を読む〈1〉場所的論理と宗教的世界観)》, 다이토출판사

코사카 쿠니쓰구 《니시다 철학을 읽다〈2〉 예지적 세계(西田哲学を読む〈2〉叡智的世界)》, 다이토출판사

코사카 쿠니쓰구 《니시다 철학을 읽다〈3〉 절대모순적 자기동일(西田哲学を読む〈3〉絶対矛盾的自己同一)》, 다이토출판사

나가이 히토시 《니시다 기타로〈절대무〉란 무엇인가(西田幾多郎〈絶対無〉とは何か)》, NHK출판

사에키 케이시 《니시다 기타로 무사의 사상과 일본인(西田幾多郎 無私の思想と日本人)》, 신쵸신쇼

다케우치 세이치 《'저절로'와 '자신' – 일본사상의 기층(「おのずから」と「みずから」―日本思想の基層)》, 춘추사

나카마사 마사키 《〈일본 철학〉입문 강의(〈日本哲学〉入門講義)》, 작품사

다케무라 마키오 《종교의 핵심 니시다 기타로와 스즈키 다이세쓰에게 배운다(〈宗教〉の核心 西田幾多郎と鈴木大拙に学ぶ)》, 춘추사

다케무라 마키오 《니시다 기타로와 스즈키 다이세쓰 그 혼의 교류를 듣다(西田幾多郎と鈴木大拙 その魂の交流に聴く)》, 다이토출판사

이시카와 요시코 《롤랑 바르트 언어를 사랑하고 두려워한 비평가(ロラン・バルト 言語を愛し恐れつづけた批評家)》, 중공신서

이마무라 히토시 《현대 사상의 탐험가들22 알튀세르 – 인식론적 절단(現代思想の冒険者たち22 アルチュセール―認識論の切断)》, 고단샤

마쓰모토 타쿠야 《인간은 모두 망상한다 – 자크 라캉과 감별 진단의 사상(人はみな妄想する―ジャック・ラカンと鑑別診断の思想)》, 세이도샤

사이토 타마키 《장수하기 위한 라캉(生き延びるためのラカン)》, 지쿠마문고

시노하라 모토아키 《베르그송 –〈사이〉의 철학 시점에서(ベルクソン―〈あいだ〉の哲学の視点から)》, 이와나미신서

가나모리 오사무 《베르그송 – 인간은 과거의 노예인가(ベルクソン・人は過去の奴隷なのだろうか)》, NHK출판

무카이 마사아키 《라캉 입문(ラカン入門)》, 지쿠마문예문고

후쿠하라 타이헤이 《현대 사상의 탐험자들13 라캉 경상단계(現代思想の冒険者たち13 ラカン 鏡像段階)》, 고단샤

우치다 타츠루 《자면서 배우는 구조주의(寝ながら学べる構造主義)》, 문춘신서

하시즈메 다이사부로 《처음 배우는 구조주의(はじめての構造主義)》, 고단샤현대신서

쿠메 히로시 《현대 프랑스 철학(現代フランス哲学)》, 신요샤

사카이 타케시 《바타유 입문(バタイユ入門)》, 지쿠마신서

오카모토 유이치로 《프랑스 현대사상사 – 구조주의부터 데리다 이후까지(フランス現代思想史―構造主義からデリダ以後へ)》, 중공신서

호소미 카즈유키 《프랑크푸르트 학파–호르크하이머, 아도르노부터 21세기의 '비판이론'까지(フランクフルト学派―ホルクハイマー、アドルノから21世紀の「批判理論」へ)》, 중공신서

스즈무라 카즈나리 《현대사상의 탐험자들21 바르트 텍스트의 쾌락(現代思想の冒険者たち21 バルト テクストの快楽)》, 고단샤

다케다 세이지 《현상학 입문(現象学入門)》, NHK북스

다케다 세이지 《처음 배우는 현상학(はじめての現象学)》, 카이쵸샤

요네모리 유지 《애브덕션 – 가설과 발견의 논리(アブダクション―仮説と発見の論理)》, 케이소쇼보

토다야마 카즈히사 《논리학을 만들다(論理学をつくる)》, 나고야대학출판회

이이다 타카시 《언어철학대전Ⅰ 논리와 언어(言語哲学大全Ⅰ 論理と言語)》, 케이소쇼보

이이다 타카시 《언어철학대전Ⅱ 의미와 양상(상)(言語哲学大全Ⅱ 意味と様相(上))》, 케이소쇼보

이이다 타카시 《언어철학대전Ⅲ 의미와 양상(하)(言語哲学大全Ⅲ 意味と様相(下))》, 케이소쇼보

이이다 타카시 《언어철학대전Ⅳ 진리와 의미(言語哲学大全Ⅳ 真理と意味)》, 케이소쇼보

《철학의 역사〈제11권〉 논리 · 수학 · 언어(哲学の歴史〈第11巻〉論理 · 数学 · 言語)》, 이이다 타카시 편, 중앙공론신사

야기사와 타카시 《의미 · 진리 · 존재 분석철학 입문 · 중급편(意味 · 真理 · 存在 分析哲学入門 · 中級編)》, 고단샤

탄지 노부하루 《콰인–홀리즘의 철학(クワイン―ホーリズムの哲学)》, 헤이본샤 라이브러리

모리모토 코이치 《데이브드슨 – '언어'란 존재하는 것일까(デイヴィドソン―「言語」なんて存在するのだろうか)》, NHK출판

토다야마 카즈히사 《지식의 철학(知識の哲学)》, 산업도서

토다야마 카즈히사 《과학적 실재론을 옹호한다(科学的実在論を擁護する)》, 나고야대학출판회

이토 쿠니타케 《물어 철학의 역사 자신과 세계를 생각하기 위해(物語 哲学の歴史 自分と世界を考えるために)》, 중공신서

이토 쿠니타케 《프래그머티즘 입문(プラグマティズム入門)》, 지쿠마신서

우오즈 이쿠오 《프래그머티즘 사상(プラグマティズムの思想)》, 지쿠마문예문고

오가 유키 《희망의 사상 프래그머티즘 입문(希望の思想 プラグマティズム入門)》, 지쿠마쇼보

오카모토 유이치로 《네오 · 프래그머티즘이란 무엇인가 포스트 분석 철학의 신전개(ネオ · プラグマティズムとは何か ポスト分析哲学の新展開)》, 나카니시야출판

노야 시게키 《입문! 논리학(入門!論理学)》, 중공신서

노야 시게키 《논리학(論理学)》, 도쿄대학출판회

미우라 토시히코 《논리학 입문 추론의 센스와 테크닉을 위해(論理学入門 推論のセンスとテクニックのために)》, NHK북스

야기사와 타카시 《분석 철학 입문(分析哲学入門)》, 고단샤선서메티에

아오야마 타쿠오 《분석 철학 강의(分析哲学講義)》, 지쿠마신서

토다야마 카즈히사 《과학 철학의 탐험 과학의 목적과 방법을 찾다(科学哲学の冒険 サイエンスの目的と方法をさぐる)》, NHK북스

모리타 쿠니히사 《과학 철학강의(科学哲学講義)》, 지쿠마신서

이치노세 마사키 《영미 철학사강의(英米哲学史講義)》, 지쿠마문예문고

노에 케이치 《과학 철학으로의 초대(科学哲学への招待)》, 지쿠마문예문고

노에 케이치 《과학의 철학(科学の哲学)》, 방송대학교육진흥회

《이와나미강좌 철학〈3〉언어 / 사고의 철학(岩波講座 哲学〈3〉言語／思考の哲学)》, 이이다 타카시, 나카하타 마사시, 노에 케이치, 무라타 준이치, 이토 쿠니타케, 이노우에 타쓰오, 카와모토 타카시, 쿠마노 스미히코, 시노하라 모토아키, 시미즈 테쓰로, 스에키 후미히코, 나카오카 나리후미 편, 이와나미서점

야마모토 타카미쓰, 요시카와 히로미쓰 《뇌가 알면 마음이 알까 – 뇌과학 응용 양성 강좌(脳がわかれば心がわかるか―脳科学リテラシー養成講座)》, 오오타출판

야마구치 히로유키 《인지철학 – 마음과 뇌의 인식론(認知哲学―心と脳のエピステモロジー)》, 신요샤

카나스기 타케시 《마음의 철학 입문(心の哲学入門)》, 케이소쇼보

미야하라 이사무 《그림해설 현대 철학을 생각하다 〈마음 · 컴퓨터 · 뇌〉(図説 · 現代哲学で考える 〈心 · コンピュータ · 脳〉)》, 마루젠

《이와나미강좌 철학 〈5〉 마음/뇌의 철학(岩波講座 哲学 〈5〉 心/脳の哲学)》, 이이다 타카시, 나카하타 마사시, 노에 케이치, 무라타 준이치, 이토 쿠니타케, 이노우에 타쓰오, 카와모토 타카시, 쿠마노 스미히코, 시노하라 모토아키, 시미즈 테쓰로, 스에키 후미히코, 나카오카 나리후미 편, 이와나미서점

고바야시 미치오 《과학의 세계와 마음의 철학 – 마음은 과학으로 해명할 수 있을까(科学の世界と心の哲学―心は科学で解明できるか)》, 중공신서

《시리즈 신 마음의 철학 I 인지 편(シリーズ 新 · 心の哲学 I 認知篇)》, 노부하라 유키히로, 오타 코지 편, 케이소쇼보

《시리즈 신 마음의 철학 II 의식 편(シリーズ 新 · 心の哲学 II 意識篇)》, 노부하라 유키히로, 오타 코지 편, 케이소쇼보

《시리즈 신 마음의 철학 III 정동 편(シリーズ 新 · 心の哲学 III 情動篇)》, 노부하라 유키히로, 오타 코지 편, 케이소쇼보

고다마 사토시 《공리와 직관 – 영미논리사상사 입문(功利と直観―英米倫理思想史入門)》, 케이소쇼보

이세다 테쓰지 《동물로부터의 논리학 입문(動物からの倫理学入門)》, 나고야대학출판회

나가이 히토시 《논리란 무엇인가 – 고양이 아인디히트의 도전(倫理とは何か―猫のアインジヒトの挑戦)》, 지쿠마쇼보

가토 히사타케 《현대논리학입문(現代倫理学入門)》, 고단샤학술문고

가토 히사타케 《환경과 논리 – 자연과 인생의 공생을 요구하다 신판(環境と倫理―自然と人間の共生を求めて 新版)》, 유히카쿠아루마

이리후지 모토요시 《시간은 실재하는가(時間は実在するか)》, 고단샤현대신서

미우라 토시히코 《가능 세계의 철학 '존재'와 '자기'를 생각하다(可能世界の哲学「存在」と「自己」を考える)》, NHK북스

스즈키 이쿠로, 아키바 다케시, 타니카와 타쿠, 쿠라타 쓰요시 《워드맵 현대형이상학 – 분석 철학이 묻다, 인간·인과·존재의 수수께끼(ワードマップ現代形而上学―分析哲学が問う、人 · 因果 · 存在の謎)》, 신요샤 《이와나미강좌 철학 〈2〉 형이상학의 현재(岩波講座 哲学 〈2〉 形而上学の現在)》, 이이다 타카시, 나카하타 마사시, 노에 케이치, 무라타 준이치, 이토 쿠니타케, 이노우에 타쓰오, 카와모토 타카시, 쿠마노 스미히코, 시노하라 모토아키, 시미즈 테쓰로, 스에키 후미히코, 나카오카 나리후미 편, 이와나미쇼텐

《현대철학 키워드(現代哲学キーワード)》, 노에 케이치, 카도와키 슌스케 편 유희카쿠

《이와나미 철학 · 사상사전(岩波 哲学 · 思想事典)》, 히로마쓰 와타루, 고야쓰 노부쿠니, 미시마 켄이치, 미야모토 히사오, 사사키 치카라, 노에 켄이치, 스에키 후미히코 편, 이와나미쇼텐

《신판 철학 · 논리용어사전(新版 哲学 · 論理用語辞典)》, 사상의과학연구회 편, 산이치쇼보

《이념과 역사 알기 서양철학소사전(概念と歴史がわかる 西洋哲学小事典)》, 이키마쓰 케이조, 이토 슌타로, 이와타 야스오, 기다 겐 편, 지쿠마쇼보

《철학 키워드 사전(哲学キーワード事典)》, 기다 겐 편, 신쇼칸

《현대사상 포커스88(現代思想フォーカス88)》, 기다 겐 편, 신쇼칸

《철학의 고전 101가지 이야기 신장판(哲学の古典101物語 新装版)》, 기다 겐 편, 신쇼칸

《철학자 군상 101(哲学者群像101)》, 기다 겐 편, 신쇼칸

야마모토 타카시, 미야모토 히사오, 카도와키 슌스케, 다카하시 테쓰야, 今井知正, 후지모토 다카시, 노야 시게키 《철학 원전자료집(哲学 原典資料集)》, 도쿄대학출판회

아소 다카시, 이코타 마사루, 구와타 노리아키, 카와타니 아쓰시, 이이다 노부유키, 쿠로사키 쓰요시, 쿠보 요이치 《원전에 의한 철학의 역사(原典による哲学の歴史)》, 공론사

나가이 히토시, 고바야시 야스오, 오사와 마사치, 야마모토 히로코, 나카지마 다카히로, 가와모토 히데오 《사전 · 철학의 나무(事典 · 哲学の木)》, 고단샤

누키 시게토 《그림해설 표준 철학사(図説 · 標準 哲学史)》, 신쇼칸

누키 시게토 《진리의 철학(真理の哲学)》, 지쿠마신서

누키 시게토 《철학 맵(哲学マップ)》, 지쿠마신서

후나키 토오루 《현대사상사 입문(現代思想史入門)》, 지쿠마신서

구마노 스미히코 《서양철학사 고대부터 중세까지(西洋哲学史 古代から中世へ)》, 이와나미신서

구마노 스미히코 《서양철학사 근대부터 현대까지(西洋哲学史 近代から現代へ)》, 이와나미신서

이마미치 토모노부 《서양철학사(西洋哲学史)》, 고단샤학술문고

카지 노부유키 《비기너스 클래식 중국의 고전 논어(ビギナーズ·クラシックス 中国の古典 論語)》, 가도카와쇼텐 소피아문고

후쿠시마 《비기너스 클래식 중국의 고전 사기(ビギナーズ·クラシックス 中国の古典 史記)》, 가도카와쇼텐 소피아문고

유아사 쿠니히로 《초입문 '중국사상'(超入門「中国思想」)》, 다이와문고

도마스 아키나리 《동양의 현자의 사상을 잘 알 수 있는 책(東洋の賢者の思想がよくわかる本)》, 중경출판

오가와 히토시 《세계의 엘리트가 배우는 교육으로서의 일본철학(世界のエリートが学んでいる教養としての日本哲学)》, PHP연구소

마쓰오카 세이고, 아카사카 마리, 사이토 타마키, 나카자와 신이치 《별책 NHK 100분 명저 '일본인'은 어떤 사람인가!(別冊NHK100分de 名著「日本人」とは何者か?)》, NHK출판

야마타케 신지 《신기할 정도로 보인다! 정말 알기 쉬운 철학(フシギなくらい見えてくる! 本当にわかる哲学)》, 일본실업출판사

미우라 토시히코 《신기할 정도로 보인다! 정말 알기 쉬운 논리학(フシギなくらい見えてくる! 本当にわかる論理学)》, 일본실업출판사

오카모토 유이치로 《신기할 정도로 보인다! 정말 알기 쉬운 현대사상(フシギなくらい見えてくる! 本当にわかる現代思想)》, 일본실업출판사

타카미 코이치 《신기할 정도로 보인다! 정말 알기 쉬운 논리학(フシギなくらい見えてくる! 本当にわかる倫理学)》, 일본실업출판사

VALIS DEUX 《그림으로 알기 쉬운 현대사상(絵でわかる現代思想)》, 일본실업출판사

고다 레츠 《손에 잡힐 듯이 철학을 알 수 있는 책(手にとるように哲学がわかる本)》, 간키출판

세계사상사연구회 《손에 잡힐 듯이 동양사상을 알 수 있는 책(手にとるように東洋思想がわかる本)》, 시마다 히로미 감수 간키출판

하타노 마사루 《재미있을 정도로 잘 알게 되는! 철학 책(面白いほどよくわかる! 哲学の本)》, 세이토샤

고스다 켄 《재미있을 정도로 잘 알게 되는 도해 세계의 철학·사상(面白いほどよくわかる 図解 世界の哲学·思想)》, 일본문예사

누키 시게토 《도해잡학 철학(図解雑学 哲学)》, 나쓰메샤

고사카 슈헤이 《도해잡학 현대사상(図解雑学 現代思想)》, 나쓰메샤

고사카 슈헤이 《그랬구나 현대사상 니체부터 푸코까지(そうだったのか現代思想 ニーチェからフーコーまで)》, 고단샤+α문고

슬라보에 지젝 《라캉은 이렇게 읽어라!(ラカンはこう読め!)》, 스즈키 쇼 역, 기노쿠니야서점

존 R 사르(ジョン·R·サール) 《MiND 마음의 철학(MiND 心の哲学)》, 야마모토 다카미쓰, 요시카와 히로미쓰 역 아사히출판사

벤 듀프레(ベン·デュプレ) 《인생에 필요한 철학 50(人生に必要な哲学50)》, 곤도 다카후미 역, 근대과학사

토마스 네이글(トマス·ネーグル) 《철학이란 어떤 것일까?(哲学ってどんなこと?)》, 오카모토 유이치로, 와카마쓰 요시키 역, 쇼와도우

요슈타인 가아더(ヨースタイン·ゴルデル) 《소피의 세계(ソフィーの世界)》, 스다 아키라 감수, 이케다 카요코 역, NHK출판

알 코니, 시어도어 사이더(アール·コニー, セオドア·サイダー) 《형이상학 레슨-존재·시간·자유를 아우르는 철학 가이드(形而上学レッスン―存在·時間·自由をめぐる哲学ガイド)》, 단지 노부하루 감수, 고야마 토라 역, 춘추사

윌 버킹엄 《철학의 책(哲学大図鑑)》, 고스다 켄 역, 산세이도

도미니크 포르쉐 《연표로 읽는 철학·사상소사전(年表で読む哲学·思想小事典)》, 기쿠치 신지, 스기하라 아스히코, 마쓰다 카쓰노리 역, 하쿠스이샤

마커스 위크스 《10대부터의 철학 도감(10代からの哲学図鑑)》, 스티븐 로 감수, 히구라시 마사미치 역, 산세이도

안 쳉 《중국사상사(中国思想史)》, 시노 요시노부, 나카지마 다카히로, 히로세 레이코 역, 지센쇼겐

고등학교 공민과 논리 교과서, 도쿄 서적/기요미즈 서원/야마카와 출판사/수켄 출판사

《논리 용어집(倫理用語集)》, 하마이 오사무 감수, 고데라 사토시 편, 야마카와 출판사

《한번 더 읽는 야마카와 철학 - 단어와 용어(もういちど読む山川哲学―ことばと用語)》, 고데라 사토시 편, 야마카와 출판사

부록

색 인

ㄱ

가능 세계 ——————— 340
가능 세계론 ——————— 342
가다머 ——————— 145
가족 유사성 ——————— 245
감각질 ——————— 302
강한 인공지능 ——————— 295
개념 실재론 ——————— 057
《개념을 명석하게 하는 방법》—
——————— 190
《개소리에 대하여》 ——— 202
개인은 평등하게 1명으로 센다. 그
누구도 그 이상으로 셀 수는 없다.
——————— 373
객관 ——————— 360
객체 ——————— 360
거경 ——————— 092
거경궁리 ——————— 093
거울상 단계 ——————— 168
격물치지 ——————— 094
격차 원리 ——————— 327
견백론 ——————— 057
결정론 ——————— 347
겸애 ——————— 050
겸애교리설 ——————— 049
경향성 ——————— 284
경험 기계 ——————— 337
경험주의의 두 도그마 ——— 256
《계몽의 변증법》 ——— 146
계산주의 ——————— 293
《고찰 순례》 ——————— 106
공(空) 사상 ——————— 134
공리주의 ——————— 372
공손룡 ——————— 023
《공손룡자》 ——————— 023
공자 ——————— 018
《공정으로서의 정의》 ——— 200
《과정과 실재》 ——————— 192
《과학 혁명의 구조》 ——— 201
《과학과 근대 세계》 ——— 192
《과학론》 ——————— 107
과학사회학 ——————— 269
《과학의 사회학》 ——— 197

과학적 실재론 ——————— 262
과학 철학 ——————— 246
관계적 존재 ——————— 135
관념론 ——————— 280
《관념의 모험》 ——————— 192
교리 ——————— 049
교토학파 ——————— 123
구상력 ——————— 126
《구상력의 논리》 ——————— 107
구조주의 ——————— 387
구키 슈조 ——————— 106
국가의 이데올로기 장치 — 184
군자 ——————— 032
궁리 ——————— 093
귀납법 ——————— 219
규범 윤리 ——————— 318
그림 이론 ——————— 240
극기복례 ——————— 033
《근본적 경험론》 ——————— 190
기(氣) ——————— 088
기개 ——————— 128
기계 속의 유령 ——————— 282
기능주의 ——————— 291
기본적 자유의 원리 ——— 326
기술 이론 ——————— 239
《기술복제시대의 예술 작품》—144
기원 ——————— 134
기적 논법 ——————— 263
기회 균등의 원리 ——————— 327
꼬리를 진흙 속에 묻고 끌다 — 081

ㄴ

나는 생각한다. 그러므로 나는
존재한다 ——————— 359
나비의 꿈 ——————— 077
《내적 체험》 ——————— 145
네오프래그머티즘 ——— 261
네이글 ——————— 204
노동의 소외 ——————— 376
노자 ——————— 018
《노자》 ——————— 018
노직 ——————— 204

《논리 철학 논고》 ——— 194
논리실증주의 ——————— 249
《논리적 관점에서》 ——— 196
《논리적 구문론》 ——————— 195
《논어》 ——————— 037, 084
농가 ——————— 029
니시 아마네 ——————— 104
니시다 기타로 ——————— 104
니시다 기타로 철학 ——— 119
니체 ——————— 354

ㄷ

다나베 하지메 ——————— 105
대륙 철학 ——————— 148
대문자의 타자 ——————— 171
대자 ——————— 371
대장부 ——————— 043
《대학》 ——————— 084
덕치주의 ——————— 034
데닛 ——————— 206
데리다 ——————— 355
데이비슨 ——————— 199
데카르트 ——————— 352
데카르트 극장 ——————— 298
덱스터의 쾌락 ——————— 147
도(길) ——————— 035
도가 ——————— 062, 076
도교 ——————— 063
도구주의 ——————— 223
도덕 언어 ——————— 321
《도덕과 종교의 두 원천》 — 144
도덕법칙 ——————— 368
《도덕적 사유》 ——————— 325
도사카 준 ——————— 107
독자의 탄생 ——————— 179
《동물 해방》 ——————— 328
동물의 권리 ——————— 329
동일설 ——————— 286
동일성 ——————— 344
동중서 ——————— 024
《동중서 백 스물 세 편》 — 024
듀에무 · 콰인 테제 ——— 253

듀이 ——— 191
들뢰즈 ——— 355
디노테이션 ——— 176
《딜레마 - 일상 언어 철학》 — 195
딱딱한 결정론 ——— 347
딱딱한 비양립론 ——— 349

ㄹ

라일 ——— 195
라캉 ——— 146
라플라스의 악마 ——— 349
러셀 ——— 193
레비스트로스 ——— 355
레종데트르 ——— 383
로고스 ——— 126
로티 ——— 203
롤스 ——— 200
루이스 ——— 205
리버럴리즘 ——— 326
리비도 ——— 379

ㅁ

마르크스 ——— 354
《마르크스를 위하여》 ——— 180
마리의 방 ——— 306
《마음의 가소성과 실재론》— 206
《마음의 개념》 ——— 195
마음의 철학 ——— 276
만물제동 ——— 078
《말과 대상》 ——— 196
맥타가트 ——— 192
맹자 ——— 020
《맹자》 ——— 020, 084
머튼 ——— 197
메타 윤리 ——— 318
명가 ——— 056
명제 ——— 234
모드 체게 ——— 147
모조 게임 ——— 294
목장형 ——— 132
몬순형 ——— 132

묘호인 ——— 139
무(無) ——— 064
무명 ——— 064
무분별지 ——— 137
무어 ——— 193
무용지용 ——— 080
무위자연 ——— 067
무의식 ——— 378
《무정부, 국가 그리고 유토피아》
——— 204
무지의 베일 ——— 326
무한 후퇴 ——— 270
무한대의 술어 ——— 117
묵가 ——— 049
묵자 ——— 019
《묵자》 ——— 019
문장 ——— 234
문제 해결 ——— 227
《문학과 악》 ——— 145
물리주의 ——— 280
물자체 ——— 367
《물질과 기억》 ——— 144
《미국 미완의 프로젝트》— 203
미니마 모랄리아 ——— 146
미키 기요시 ——— 107
미태 ——— 128
미해결 문제 ——— 320
《민주주의와 교육》 ——— 226
밀 ——— 353

ㅂ

바르트 ——— 147
바타유 ——— 145
박쥐가 된다는 것은 어떤 것일까?
——— 314
《박쥐가 된다는 것은 어떤 것일까?》
——— 204
반(反) ——— 371
반기효주의 ——— 270, 271
《반사실적 조건문》 ——— 205
반실재론 ——— 262
반증 가능성 ——— 250

발화 내 행위 ——— 273
《방법에의 도전》 ——— 268
방법적 회의 ——— 358
백마론 ——— 056
백마비마설 ——— 056
《백일신론》 ——— 104
《백학연환》 ——— 104
버클리 ——— 353
번역의 불확정성 ——— 259
범신론 ——— 362
법가 ——— 060
법치주의 ——— 061
베르그송 ——— 144
벤담 ——— 353
벤야민 ——— 144
변증법 ——— 370
별(別) ——— 041
별애 ——— 049
병가 ——— 054
병행설 ——— 279
보증된 주장 가능성 ——— 225
부드러운 결정론 ——— 347
부정변증법 ——— 160
《부정변증법》 ——— 146
분서갱유 ——— 084
분석적 윤리 ——— 318
분석적 진리 ——— 254
분석적 형이상학 ——— 334
분석 철학 ——— 230
《불평등론》 ——— 202
블랙박스 기능주의 ——— 293
블록 ——— 207
비공 ——— 053
비관적 귀납법 ——— 263
비양립론 ——— 347
비인지주의 ——— 325
비트겐슈타인 ——— 194
《비트겐슈타인의 역설》 ——— 205
비판적 합리주의 ——— 250

ㅅ

사단 ——— 038

색인

색인

사덕 —— 038	성질 이원론 —— 278	실존은 본질에 앞선다 —— 383
사람은 선천적으로 선하다 — 038	《세계의 다수성에 대하여》 — 342	실존주의 —— 382
사람은 선천적으로 악하다 — 046	소거주의 —— 297	《실천 윤리학》 —— 328
사르트르 —— 355	소국과민 —— 074	실체 이원론 —— 278
사막형 —— 132	소쉬르 —— 354	《심리학》 —— 190
사서오경 —— 084	소외 —— 376	심신 병행설 —— 279
《사서집주》 —— 025	소요유 —— 081	심신 상호 작용설 —— 279
사실 확정적 발언 —— 272	소진 —— 021, 157	심신 이원론 —— 361
사양지심 —— 038	소칼 —— 209	심재좌망 —— 083
《사회 개조의 제원리》 —— 193	소크라테스 —— 352	심즉리 —— 097
《사회 이론과 사회 구조》 — 197	손무 —— 019	싱어 —— 208
사회적 신화 —— 177	《손자》 —— 019, 054	
《사회학적 양의성》 —— 197	수기치인 —— 034	
《산술의 근본 법칙》 —— 191	수반 현상설 —— 305	ㅇ
《산술의 기초》 —— 191	수오지심 —— 038	아도르노 —— 146
상대무의 장소 —— 118	순수 경험 —— 111	아리스토텔레스 —— 352
상대성 이론 —— 194	순수 지속 —— 152	아우라 —— 162
상부 구조 —— 377	순자 —— 023	아우프헤벤 —— 371
상상계 —— 170	《순자》 —— 023	아인슈타인 —— 194
상선은 물과 같다 —— 069	술어적 논리 —— 116	안티테제 —— 371
상징계 —— 171	슈바벤 —— 310	알튀세르 —— 147
상호 작용설 —— 279	슈퍼에고 —— 379	애브덕션 —— 218
《생각하는 것을 생각하다》 —— 204	스마트 —— 200	앨런 소칼 —— 209
생명 윤리 —— 330	스웜프맨 —— 344	약한 인공지능 —— 295
생물학적 자연주의 —— 312	스즈키 다이세츠 —— 105	양립론 —— 347
생산 수단 —— 375	스피노자 —— 352	양명학 —— 095
생산관계 —— 375	시간 —— 338	양상 실재론 —— 342
생의 약동 —— 155	《시간과 자유》 —— 144	양심의 소리 —— 368
서(恕) —— 032	《시간론》 —— 106	양지 —— 098
서(序) —— 041	시간의 비실재성 —— 339	언어 게임 —— 243
《서경》 —— 084	《시간의 비실재성》 —— 192	언어 분석 철학 —— 230
《서양 철학사》 —— 193	《시경》 —— 084	《언어 행위》 —— 203
선(善) —— 114	시비지심 —— 038	언어 행위론 —— 272
《선과 일본 문화》 —— 105	시행착오 —— 226	《언어·진리·논리》 —— 197
《선의 연구》 —— 104, 114	신(信) —— 032, 040, 041	언어론적 회전 —— 230
설 —— 203	신과학 철학 —— 267	《언어와 행위》 —— 198
설명 격차 —— 302	신상필벌 —— 061	언어의 자의성 —— 384
성(性) —— 090	신유학 —— 087	에로티시즘 —— 158
성선설 —— 038	신측자연 —— 363	《에로티시즘》 —— 145
성악설 —— 046	신화작용 —— 177	에스 —— 379
성욕 —— 379	실용주의 —— 221	에이어 —— 197
성인(聖人) —— 091	《실재론과 이성》 —— 202	《에크리》 —— 168
성즉리 —— 090	실존 —— 382	에크리튀르 —— 174

엘랑 비탈 ——— 155
역사주의의 빈곤 ——— 196
역성혁명 ——— 045
연역법 ——— 219
연횡책 ——— 059
《열린 사회와 그 적들》 196
영도의 에크리튀르 ——— 175
《영도의 에크리튀르》 147
영미 철학 ——— 211
염선 ——— 137
영원의 상 아래에서 ——— 365
예(禮) ——— 032, 038
《예기》 ——— 084
예미(曳尾) ——— 081
예지적 일반자 ——— 118
예지적인 세계 ——— 119
예치주의 ——— 048
오라 ——— 162
오류가능주의 ——— 217
오류 ——— 041
오류오상 ——— 041
오상 ——— 040
오스틴 ——— 198
오행설 ——— 058
와츠지 데츠로 ——— 106
왕도(정치) ——— 044
왕양명 ——— 025
우연 ——— 129
《우연성·아이러니·연대》 203
《우연성의 문제》 ——— 106
우연적 진리 ——— 340
운명 순종 ——— 080
원인과 결과의 법칙 ——— 348
유(有)의 장소 ——— 119
유가 ——— 030
유교 ——— 031
유물론 ——— 280
유약겸하 ——— 071
유학 ——— 084
유형 ——— 200
유형 동일설 ——— 288
육경 ——— 084
윤리학 ——— 318

《윤리학 원리》 ——— 320
《윤리학》 ——— 106
음양가 ——— 058
음양설 ——— 058
음양오행설 ——— 058
응용 윤리 ——— 318
의(義) ——— 038, 041
의미 ——— 232
《의미와 필연성》 ——— 195
의식계 ——— 118
의식의 분야 ——— 119
《의식의 수수께끼를 풀다》 ——— 206
《의식의 양상》 ——— 209
의식의 하드 프로블럼 ——— 303
《의식하는 마음》 ——— 209
의의 ——— 236
《이 모든 것은 무엇을 의미하는가》 ——— 204
이(理) ——— 088
이기이원론 ——— 088
이데아 ——— 356
이드 ——— 379
이론적 대상 ——— 260
《이름과 필연》 ——— 340
이마주 ——— 150
《이성·진리·역사》 ——— 336
이성이여, 안녕 ——— 201
이원론 ——— 361
이키 ——— 128
《이키의 구조》 ——— 106
인(仁) ——— 032, 038
인간의 본성은 악하고, 선은 인적 조작에 의해 만들어진다 ——— 046
인공 언어파 ——— 231
인공지능 ——— 295
인과율 ——— 300
인과적으로 닫혀 있다 ——— 305
《인류에게 미래는 있는가?》 ——— 193
《인생론 노트》 ——— 107
인시론 ——— 057
인식론적 단절 ——— 181
인와겐 ——— 207
인의 ——— 042

인지 철학 - 뇌 과학에서 마음의 철학으로 ——— 206
일본 이데올로기론 ——— 107
일본적 영성 ——— 137
《일본적 영성》 ——— 105
일상 언어파 ——— 231
일원론 ——— 280, 363
《일하는 것에서 보는 것으로》 ——— 104

ㅈ

자각적 일반자 ——— 118
자아 ——— 360, 379
자연 ——— 130
자연계 ——— 118
자연법칙 ——— 368
자연주의 ——— 255
자연주의적 오류 ——— 321
자연주의적 이원론 ——— 309
《자유는 진화한다》 ——— 206
《자유와 이성》 ——— 199
《자유와 행위의 철학》 ——— 199
자유의지 ——— 346
자유의지론 ——— 347
장소적 논리 ——— 119
장의 ——— 022
장자 ——— 020
《장자》 ——— 020
《재생산에 대해》 ——— 147
잭슨 ——— 208
저자의 죽음 ——— 179
《저주받은 부분》 ——— 156
전면적 개정 가능론 ——— 253
《전습록》 ——— 025
전체론 ——— 253
절대 모순적 자기 동일 ——— 122
절대무 ——— 121
절대무 자각 ——— 121
절대무의 장소 ——— 121
절대지 ——— 370
절학무우 ——— 072
정(情) ——— 091

정(正) ——————— 371
정동주의 ——————— 323
정언명법 ——————— 369
《정의론》 ——————— 200
정체성 ——————— 344
제(俤) ——————— 032
제1원리 ——————— 359
제1 정리 ——————— 359
제임스 ——————— 190
제자백가 ——————— 028
조삼모사 ——————— 079
족함을 알다 ——————— 073
존재 이유 ——————— 383
《존재의 본성》 ——————— 192
종 차별 ——————— 329
《종교적 경험의 측면》 ——————— 190
종의 논리 ——————— 124
종합적 진리 ——————— 254
종횡가 ——————— 059
주객미분 ——————— 113
주관 ——————— 360
《주역》 ——————— 084
주자학 ——————— 087
주체 ——————— 360
주희 ——————— 025
중국 철학 ——————— 027
중국어 방 ——————— 311
중국 인민 ——————— 310
중립 일원론 ——————— 278
《중용》 ——————— 084
중층적 결정 ——————— 183
즉자 ——————— 371
즉자대자 ——————— 371
지(智) ——————— 038
《지각언어 - 센스와 센서빌리티》
——————— 198
지령주의 ——————— 324
지물론 ——————— 057
지시의 불가측성 ——————— 258
지양 ——————— 371
지의 아나키즘 ——————— 269
지적 사기 ——————— 209
지족 ——————— 073

지평 ——————— 166
지평융합 ——————— 167
지행합일 ——————— 099
직관주의 ——————— 321
진리값 ——————— 233
《진리와 해석》 ——————— 199
진리의 유용성 ——————— 221
진인 ——————— 083
진테제 ——————— 371

ㅊ

차머스 ——————— 209
참회도 ——————— 124
참회도로서의 철학 ——————— 124
창조적 지성 ——————— 227
창조적 진화 ——————— 155
《창조적 진화》 ——————— 144
처칠랜드 ——————— 206
천인분이 ——————— 047
《철학 입문》 ——————— 105
철학 좀비 ——————— 308
철학·예술·언어 ——————— 145
《철학과 자연의 거울》 ——————— 270
《철학의 개조》 ——————— 191
체념 ——————— 128
초자아 ——————— 379
최대 다수의 최대 행복 ——— 374
추연 ——————— 021
《춘추》 ——————— 084
충(忠) ——————— 032
측은지심 ——————— 038
치양지 ——————— 098
친(親) ——————— 041

ㅋ

카르나프 ——————— 195
카테고리 오류 ——————— 283
칸트 ——————— 353
컬처럴 스터디즈 ——————— 177
컴퓨터 기능주의 ——————— 293
코노테이션 ——————— 176

콘스타티브 ——————— 272
콰인 ——————— 196
쾌락 계산 ——————— 373
쿤 ——————— 201
퀄리아 ——————— 302
크립키 ——————— 205
큰 도가 사라지자 인의가 나왔다
——————— 066
키르케고르 ——————— 353

ㅌ

타오 ——————— 064
탕진 ——————— 157
테세우스의 배 ——————— 344
테제 ——————— 371
텍스트 ——————— 179
토막토막 끊긴 몸 ——————— 168
토큰 ——————— 288
토큰 동일설 ——————— 288
통 속의 뇌 ——————— 336
통약불가능성 ——————— 266
튜링 ——————— 198
튜링 테스트 ——————— 294
《특수 및 일반 상대성 이론에 대해》
——————— 194

ㅍ

《파사주론》 ——— 144, 164
파스칼의 인간의 연구 ——— 107
파이어아벤트 ——————— 201
파토스 ——————— 126
판단적 일반자 ——————— 118
패도(정치) ——————— 044
패러다임 ——————— 264
패러다임의 변화 ——————— 264
퍼스 ——————— 190
퍼트남 ——————— 202
퍼포머티브 ——————— 272
포스트 구조주의 ——————— 185
포퍼 ——————— 196
《폭력 비판론》 ——————— 144

색
인

표상 ——————— 237, 301
풍토 ——————— 132
《풍토》 ——————— 106
프랑크푸르트학파 ——— 160
프래그머티즘 ——————— 215
《프래그머티즘》 ——————— 190
프랭크퍼트 ——————— 202
프런티어 정신 ——————— 222
프레게 ——————— 191
프로이트 ——————— 354
플라톤 ——————— 352
필연적 진리 ——————— 340

호연지기 ——————— 043
홉스 ——————— 352
화이트헤드 ——————— 192
환경 윤리 ——————— 330
효(孝) ——————— 032
효제 ——————— 032
후설 ——————— 354

기타

A 계열 ——————— 338
B 계열 ——————— 339
C 계열 ——————— 339
《MiND 마음의 철학》 —— 203

ㅎ

하버마스 ——————— 355
하부 구조 ——————— 377
하이데거 ——————— 354
한비자 ——————— 024
《한비자》 ——————— 024
합(合) ——————— 371
합종연횡 ——————— 059
합종책 ——————— 059
《해명되는 종교》 ——— 206
해석주의 ——————— 285
해석학 ——————— 166
행동주의 ——————— 284
행동주의 심리학 ——— 285
행위 수행적 발언 ——— 272
《행위와 사건》 ——— 199
행함으로써 배운다 ——— 227
허무 ——————— 126
허행 ——————— 022
헤겔 ——————— 353
헤어 ——————— 199
현대 사상 ——————— 148
《현대 사회의 신화》 —— 147
현대 형이상학 ——————— 334
현상적 의식 ——————— 301
현상학 ——————— 381
현실계 ——————— 173
형상 ——————— 126
호르크하이머 ——————— 355

색
인

그림과 함께 이해하는

철학용어 도감

2019. 4. 5. 초 판 1쇄 인쇄
2019. 4. 13. 초 판 1쇄 발행

지은이 | 다나카 마사토
옮긴이 | 김선숙
펴낸이 | 이종춘
펴낸곳 | **BM** **(주)도서출판 성안당**

주소 | 04032 서울시 마포구 양화로 127 첨단빌딩 3층(출판기획 R&D 센터)
10881 경기도 파주시 문발로 112 출판문화정보산업단지(제작 및 물류)

전화 | 02) 3142-0036
031) 950-6300
팩스 | 031) 955-0510
등록 | 1973. 2. 1. 제406-2005-000046호
출판사 홈페이지 | **www.cyber.co.kr**
ISBN | 978-89-315-8784-5 (03100)
정가 | 18,000원

이 책을 만든 사람들
책임 | 최옥현
진행 | 김해영
교정·교열 | 장윤정
본문 디자인 | 상:想 company
표지 디자인 | 임진영
홍보 | 김계향, 정가현
국제부 | 이선민, 조혜란, 김혜숙
마케팅 | 구본철, 차정욱, 나진호, 이동후, 강호묵
제작 | 김유석

www.cyber.co.kr
★★★
성안당 Web 사이트

■ 도서 A/S 안내

ZOKU TETSUGAKU YOGO ZUKAN :
CHUGOKU, NIHON, EIBEI (BUNSEKI TETSUGAKU) HEN
by Masato TANAKA (author), Tetsuya SAITO (editor/supervisor)
Copyright © 2017 Masato TANAKA
All rights reserved.
Original design and illustration by Masato TANAKA
and Mayuko WATANABE (MORNING GARDEN INC.)
Originally published in Japan by PRESIDENT INC., Tokyo.
Korean translation rights arranged with PRESIDENT INC., Japan.
through THE SAKAI AGENCY and IMPRIMA KOREA AGENCY.

이 책의 한국어판 저작권은 THE SAKAI AGENCY와 IMPRIMA KOREA AGENCY를 통해 PRESIDENT INC.와의 독점계약으로 **BM** **(주)도서출판 성안당**에 있습니다. 저작권법에 의해 한국 내에서 보호를 받는 저작물이므로 무단전재와 무단복제를 금합니다.